Em Sintonia com a
Marca

Como desenvolver uma cultura organizacional
que viva a essência da marca

Hamish Pringle e William Gordon

Tradução
SANDRA LUZIA COUTO

Consultoria Editorial
PAULO STANDERSKI
Professor da FGV-EAESP

EDITORA CULTRIX
São Paulo

Título do original: *Brand Manners*.

Copyright © 2001 John Wiley & Sons Ltd.,
Baffins Lane, Chichester,
West Sussex PO19 1UD, England.

Tradução autorizada da edição em inglês publicada pela John Wiley & Sons Ltd.

Todos os direitos reservados. Nenhuma parte deste livro pode ser reproduzida ou usada de qualquer forma ou por qualquer meio, eletrônico ou mecânico, inclusive fotocópias, gravações ou sistema de armazenamento em banco de dados, sem permissão por escrito, exceto nos casos de trechos curtos citados em resenhas críticas ou artigos de revistas.

O primeiro número à esquerda indica a edição, ou reedição, desta obra. A primeira dezena à direita indica o ano em que esta edição, ou reedição, foi publicada.

Edição	Ano
1-2-3-4-5-6-7-8-9-10-11	04-05-06-07-08-09-10-11

Direitos de tradução para a língua portuguesa
adquiridos com exclusividade pela
EDITORA PENSAMENTO-CULTRIX LTDA.
Rua Dr. Mário Vicente, 368 — 04270-000 — São Paulo, SP
Fone: 6166-9000 — Fax: 6166-9008
E-mail: pensamento@cultrix.com.br
http://www.pensamento-cultrix.com.br
que se reserva a propriedade literária desta tradução.

Impresso em nossas oficinas gráficas.

Dedicatórias

Para Victor Gordon e Margaret Maxwell, meus pais, com agradecimentos de coração, e para Joëlle Pineau e Antoine Pineau-Gordon, com amor.

William Gordon

Para Vivienne Pringle, mãe de Sebastian, Benedict, Tristan e Arabella, e co-fundadora da Blooming Marvellous e da Girl Heaven — com amor e admiração.

Hamish Pringle

Sumário

Comentários 1

Dedicatórias 5

Agradecimentos 13

Nota do Editor 15

Introdução 17

Prefácio 19

Parte I O LIVRO DA VIDA DOS MODOS DA MARCA........................... 21

1 **"Os modos fazem o homem"**................................... 23

2 **Clientes — a promessa da marca e os modos individuais**... 27

3 **Empresa — boas surpresas** 33

4 **A história da Tesco** 42

Parte II O CAMINHO DOS MODOS DA MARCA 55

5 **A empresa autoconfiante**... 57

6 **A abordagem dos modos da marca**.......................... 62

7 **Os modos da marca em ação** 72

8 **A história da Orange**... 77

Parte III O CICLO DE APERFEIÇOAMENTO DOS MODOS DA MARCA 93

Seção Um: Comportamentos individuais 95

9 **O condicionamento cria a marca** 97

10 **Os limites geram autoconfiança** 103

8 EM SINTONIA COM A MARCA

11	**Tire partido dos hábitos**	110
12	**Reduza o stress dentro da empresa**	120
	Seção Dois: Encontros	129
13	**Prepare-se para defender a marca**	131
14	**Reduza a distância**	138
	Estudo de caso: Coca-Cola	142
15	**Como gerenciar o irracional**	148
16	**Confiança**	156
	Seção Três: A promessa da marca	167
17	**Boa tecnologia, boa comunicação da marca**	169
	Estudo de caso: A Central Telefônica do *New Zealand Herald*	176
18	**Conviva bem com o consumidor consciente**	182
	Estudo de caso: Barclays Bank	187
19	**Como os problemas da marca podem fazer parte da solução**	192
	Estudo de caso: Gateway 2000	199
20	**Proteja a marca**	205
	Seção Quatro: "Boas surpresas"	211
21	**Como os gestos definidores constroem as marcas**	213
	Estudo de caso: Disney	217
22	**A escuta empática agrega valor real**	223
	Estudo de caso: IPA — Institute of Practitioners in Advertising	230
23	**O poder da carta de compromisso com o cliente**	235
	Estudo de caso: Carphone Warehouse	238
24	**Os momentos da verdade**	243
	Estudo de caso: A "Diferença da Vauxhall"	248
	Seção Cinco: Satisfação	255
25	**Como definir o excelente serviço ao cliente**	257
	Estudo de caso: Pret a Manger	263
26	**A importância de prometer menos e cumprir mais**	267
	Estudo de caso: A Ronseal "faz exatamente o que está escrito na lata"	271
27	**Empregados capacitados cuidam melhor dos clientes**	275
	Estudo de caso: HSBC	280
28	**Recrute em consonância com os valores da marca**	285
	Estudo de caso: Boase Massimi Pollitt	290

Parte IV MODOS DA MARCA — MANUAIS DE PROCEDIMENTO......... 295

29   O CEO...................... 297

30   O diretor de marketing.......................... 305

31   O empregado........................... 311

32   O gerente....................... 319

33   Os clientes...................... 325

Conclusão...................... 329

Bibliografia 333

Websites 339

Agora, cada um de nós tem seu próprio dom especial
E você sabe que isso é verdadeiro,
Se você não me subestimar,
Eu não vou subestimá-lo.

"Prezado Senhorio", Bob Dylan

Agradecimentos

Em Sintonia com a Marca foi criado graças ao esforço de uma pequena equipe e contou com o apoio da família, dos amigos e associados mais próximos, sem mencionar a contribuição de muitas pessoas prestativas das empresas que apresentamos como exemplos ou em estudos de casos, que são citados na Nota do Editor.

Mas em particular devemos agradecer a Accenture, antiga Andersen Consulting, por patrocinar o projeto: nós realmente não poderíamos ter produzido o livro sem os notáveis esforços de Laura Jones e Philip Doherty, os dois pesquisadores que a empresa colocou à nossa disposição.

Há muitos outros a quem devemos agradecer.

Em primeiro lugar, à nossa equipe do John Wiley & Sons, dirigida pela nossa editora Claire Plimmer e habilidosamente apoiada por Karen Weller, Viv Wickham, Stuart Macfarlane, Michelle Long e Julia Lampam.

Em segundo lugar, aos nossos colegas da Accenture, Terry Corby, Jennifer Garland, Stacey Jones, Julie Stibich e Julia Wright.

Pelos conselhos e comentários: Vernon Ellis, David Frankel, Gavin Fraser, Stephen Goodchild, John Stopford e Michael Wemms.

Pela assistência com o IPA Data Bank e seus estudos de casos: Lesley Scott e Natalie Swan.

Pela ajuda com o texto: Helena Lenehan, Maria Oddy, Thomas Sfounis e Roger Ingham.

Pela instrução: Hugo Brown, diretor da Croftinloan School, Pitlochry; Ronald Craig, Noel Barrington-Prowse, Alan e Heather Elliott, David Graham-Campbell e Hugh Price, da Glenalmond College, Perth; Sandy Ogston, Roderick Martin e Bede Rundle da Trinity College, Oxford; e Charles Handy, David Norburn e Will McWillan, da London Business School.

Pelo desenvolvimento profissional: Charles Fiero, Bill Dinsmore e Ian Sym-Smith, do Hay Group; James Kelly e Dan Valentino, da Gemini Consulting; Tim Breene, Joe Forehand, Mary Tolan, Bob Willett e Adrian Lathja, da Accenture; Richard Venables, da Ogilvy & Mather; John McCormick, da McCormick Richards; Martin Boase, da BMPDDB; Michael Conroy, da Publicis; Peter Mead, da AMV.BBDO; John Madell, da MWP; Tim Delaney, da Leagas Delaney; Stuart Bull, da KHBB; Charlie Scott, da Cordiant; John Ayling, da The Lord's Taverners; Andrew Wilkinson, da music3w/com, e Nick Phillips, do IPA.

Pela amizade e estímulo: Charles Blakeney, Didier Bonnet, Richard Demarco, Jonathan Mueller, Louise Grant, Bruce Haines, Michael Hockney, Steven Hurwitz, David King, Kit Molloy, Alan Morgan, Simon Pringle, Simon Prior, Mark Robinson, Bertrand Siguier, Marjorie Thompson e David Urquhart.

Nota do Editor

O editor gostaria de agradecer às pessoas e instituições abaixo, que gentilmente nos concederam permissão para utilizar material de sua propriedade:

BP pela Ilustração 25.
Consumer Insight pela Ilustração 32.
The Co-operative Bank pela Ilustração 34.
Frank Dick pelas Ilustrações 39, 40 e 41.
Forrester pela Ilustração 37.
Future Foundation/Consumers' Association pela Ilustração 30.
Gateway pelas Ilustrações 42 e 43.
Girl Heaven pelas Ilustrações 56 e 57.
Henley Centre pela Ilustração 29.

IPA pelas Ilustrações 19, 20, 46 e 53.
Kogan Page pelas Ilustrações 61, 62 e 63.
London Business School pela Ilustração 59.
MORI pela Ilustração 33.
Ronseal pela Ilustração 54.
Private Eye pelos quadrinhos.
Saatchi & Saatchi pela Ilustração 24.
Tesco pelas Ilustrações 8, 9, 10 e 11.
Vauxhall pelas Ilustrações 48, 49 e 50.
WRCS pelas Ilustrações 17, 18 e 21.

Introdução

Sempre nos espantou o fato de os profissionais de comunicações publicitárias e de consultoria de organização ocuparem universos tão separados e paralelos no fornecimento de serviços profissionais para os clientes. Obviamente, eles têm aptidões e conhecimentos específicos de suas áreas e suas qualidades e caráter variam muito, mas sua meta comum de implementar estratégias voltadas para o consumidor demonstra que esses profissionais têm mesmo muita afinidade.

Em conversas ao longo de um quarto de século — trabalhando cada um em sua área —, nós freqüentemente atuamos nos mesmos mercados e certa vez, embora por um breve período, atendemos o mesmo cliente. Um pensamento sempre nos ocorreu: sem dúvida deve haver algum benefício em se atuar em regime de colaboração entre o mundo *"primário"* da estratégia da empresa e o *"secundário"* das marcas.

Nós também acreditávamos que um enfoque mais holístico não só possibilitaria que a organização interna e seu capital humano se alinhassem melhor por trás das promessas e dos valores externos das marcas, mas também na verdade ampliaria a qualidade da vida profissional dos empregados.

Por fim, sentimos que era o momento certo, ao entrar num novo século, para lançar um olhar ambicioso para o núcleo da personalidade da empresa em que nós mesmos gostaríamos de trabalhar e definir seu caráter em termos tão simples que todos, do escritório dos diretores ao chão da fábrica, pudessem entender e se sentir inspirados e motivados pela idéia. Nós queríamos articular o processo de evolução das empresas em termos tanto administrativos quanto culturais.

Assim, *Em Sintonia com a Marca* nasceu com a intenção de ajudar as empresas a ingressar no novo mundo da "organização autoconfiante".

Hamish Pringle e *William Gordon*

Prefácio

Em Sintonia com a Marca é um livro que estava fazendo falta. Trata-se de uma nova contribuição para todos os que buscam incessantemente o aperfeiçoamento empresarial.

A abordagem adotada por Bill Gordon e Hamish Pringle é surpreendente — e seguramente me surpreendeu! Ninguém pode acusá-los de dar roupa nova a velhas idéias, mas eu na verdade reconheço o ponto central da sua argumentação. Pode haver uma imensa melhoria no desempenho das empresas por meio da adoção do princípio incrivelmente simples de que os bons modos — a boa conduta, o bom comportamento — motivam todo mundo; os empregados, é claro, mas também os clientes, os fornecedores, as comunidades — todos. E as melhorias se mantêm — são auto-sustentáveis. O princípio pode ser simples, mas, na minha experiência, sua aplicação está longe de ser fácil, e *Em Sintonia com a Marca* ensina, por meio dos estudos de casos, como fazê-lo.

Eu recomendo este livro. Ele oferece a perspectiva de alcançar o sucesso nos negócios tornando o ambiente de trabalho um lugar melhor para todos.

Terry Leahy
CEO, Tesco

PARTE

I

O Livro da Vida dos Modos da Marca

Capítulo 1

"Os modos fazem o homem"

Este livro diz respeito a você e a mim. Diz respeito a nós como indivíduos e ao modo como nos comportamos um com o outro. Quase todos nós produzimos e consumimos produtos e serviços de determinadas marcas, que se tornaram uma parte inextricável da nossa vida no trabalho e no lazer. Assim, a fim de compreendermos inteiramente a nós mesmos nessa moderna cultura de marcas, precisamos avaliar o nosso relacionamento com elas e com as empresas que as criam.

As marcas representam promessas — e dizem o que podemos esperar de um produto, serviço ou empresa. Isso na verdade resume o que podemos esperar das pessoas envolvidas no lançamento de sua marca. Bons modos significam bons hábitos no que diz respeito à maneira como as pessoas se comportam umas com as outras, tendo por base um código de procedimentos adequados e baseados no respeito mútuo.

Assim, os "modos da marca" se traduzem na forma como uma organização gerencia sua promessa aos clientes e busca proporcionar-lhes boas surpresas com a máxima freqüência possível. Esses "modos" são empregados em cada encontro entre uma empresa e seu cliente, a quem oferece um produto ou serviço da sua marca.

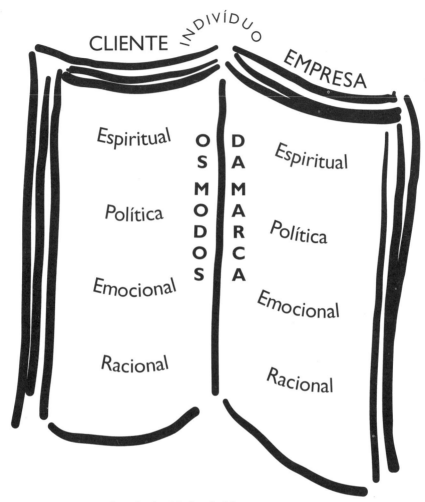

Ilustração 1 *O Livro da Vida dos Modos da Marca.*

Cada uma das nossas experiências, como clientes, constitui um acontecimento absolutamente pessoal. E envolve quatro dimensões distintas:

1. A experiência racional — o que acontece.
2. A experiência emocional — como nos sentimos.
3. A experiência política — por que é correto para nós.
4. A experiência espiritual — aonde ela nos conduz, ou "até onde".

Por meio do gerenciamento explícito dessas quatro dimensões, tanto o cliente quanto o empregado podem beneficiar-se enormemente.

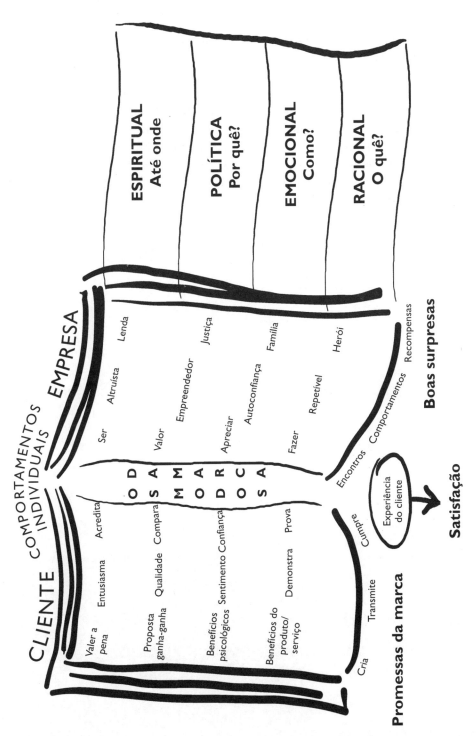

Ilustração 2 *Satisfação*.

O Livro da Vida dos Modos da Marca (Ilustração 1) fornece essa estrutura, em que o cliente e a empresa se encontram na experiência do cliente, por meio dos modos da marca.

Nós chamamos de "Livro da Vida" porque os modos da marca devem melhorar a vida dos clientes e promover maior prazer e satisfação para quem trabalha na empresa. Quando aprendemos a nos relacionar melhor com os outros, nutrimos a esperança não só de que os clientes e empregados ficarão mais felizes, mas também de que, por meio da busca de um propósito mais elevado na nossa existência muitas vezes frenética, teremos uma vida muito mais gratificante. O conteúdo do presente livro se baseia em nível mais alto na Ilustração 2, "Satisfação".

Capítulo 2

Clientes — a promessa da marca e os modos individuais

A página esquerda do Livro (Ilustração 3), correspondente ao Cliente, focaliza a promessa da marca: como é criada, transmitida e cumprida. As marcas no novo milênio têm atributos funcionais e racionais, mas também dispõem de imagens emocionais e psicológicas.

As marcas apresentam uma exigência crescente de valores de ordem mais elevada em termos de atitudes políticas, códigos de ética ou mesmo de atributos espirituais, uma vez que os clientes questionam cada vez mais a administração da empresa e o seu papel, ou o da marca, na sociedade.

No nível funcional ou racional, a tríade "criar, transmitir e cumprir" implica levar os benefícios do produto ou serviço para a vida, demonstrando que são reais e provando que a promessa está sendo cumprida. É preciso criar os benefícios emocionais e psicológicos da marca, fazer que sejam sentidos e que inspirem confiança. A dimensão política consiste em criar uma proposta ganha-ganha para comprador e vendedor, revelando qualidade e possibilitando comparações adequadas que justifiquem a compra. Por fim, o nível espiritual diz respeito ao valor inerente da promessa da marca em termos de sua contribuição para a sociedade e para os indivíduos, de sua

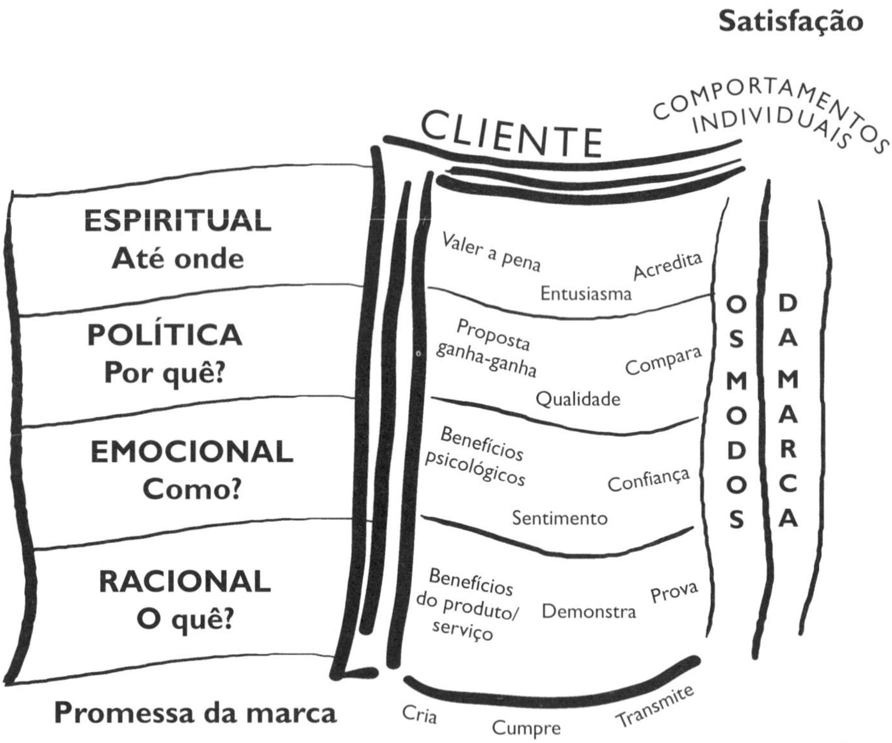

28 EM SINTONIA COM A MARCA

Satisfação

Ilustração 3 *A página esquerda do Livro — o cliente.*

capacidade de entusiasmar as pessoas e, em conseqüência, da crença e da confiança que gera.

O cliente racional

É essencial que a marca do produto ou serviço disponha de alguns benefícios racionais ou funcionais para oferecer aos clientes. Na história das comunicações modernas houve momentos, especialmente no início do século XX, em que as marcas eram quase inteiramente racionais em suas propostas. A era de Rosser Reeves e da Proposição Única de Venda (*Unique Selling Proposition*) atingiu seu auge nos anos 1950. O melhor modo de transmitir os benefícios funcionais ou racionais da marca é por meio de demonstrações do produto ou serviço ou por comparações lado a lado. Também é fácil mensurá-los pelo *benchmarking* competitivo, que revela em que grau a marca cumpre sua promessa no nível racional.

O cliente emocional

Desde o advento da televisão comercial e o surgimento de psicólogos behavioristas como John Watson, os publicitários têm usado atributos emocionais e psicológicos para agregar mais camadas de imagens mentais às marcas. Essa tendência se iniciou nos EUA no final dos anos 1960 e a agência de publicidade Bartle Bogle Hegarty, do Reino Unido, prontamente definiu o enfoque como ESP, ou *emotional selling proposition* (proposição emocional de venda).

Os valores emocionais e psicológicos da marca podem ser estabelecidos pelo tom e estilo das comunicações criativas do produto/serviço e também pelas imagens mentais que provocam no usuário. Esses atributos e valores podem ser mensurados tanto por meio de pesquisa qualitativa sob a forma de grupos de discussão (também chamados de grupos focais) ou de entrevistas em profundidade, como por meio de estudos quantitativos de monitorização de mercado (*tracking*), que podem ser usados para avaliar em que grau as comunicações de marketing definem e cumprem os valores e a identidade da marca prometidos.

O cliente político

À medida que se sofisticaram, os clientes se acostumaram a exercer o poder de sua carteira para apoiar ou vetar as empresas conforme aprovam ou desaprovam suas políticas ou padrões. A defesa do meio ambiente, os derramamentos de óleo, as condições de trabalho no terceiro mundo, a pureza do produto versus o medo de falsificações, os transgênicos versus os alimentos orgânicos, a venda da Rover pela BMW — são preocupações que exemplificam como a dimensão política entra em cena. A marca pode estabelecer valores nessa área de uma maneira tanto defensiva quanto proativa, por meio de uma administração politicamente sensível, de garantias e compromissos públicos com o cliente. É possível mensurar esses aspectos da promessa da marca com a utilização de estudos sobre a satisfação do cliente, de programas de pesquisa em que os pesquisadores visitam as lojas e fazem compras sem se identificar (*mystery shopping*) e de estimativas dos riscos sociais e econômicos.

O cliente espiritual

Mais recentemente, conforme discutido no livro *Brand Spirit*, vimos surgir uma nova dimensão, criada pelo anseio das pessoas por valores mais elevados — seja na vida, seja nas marcas que elas compram. Algumas empresas, como a Body Shop, o Co-operative Bank, a Virgin e a Orange, têm conseguido criar posicionamentos da marca que em si se direcionam a essas necessidades do novo tipo de consumidor que está emergindo. Essas marcas, que não têm uma dimensão ética ou espiritual intrínseca, podem adotar campanhas a longo prazo de marketing social ou ligado a alguma causa. Os resultados obtidos por empresas como a American Express e a Tesco demonstram o poder da vinculação de empresas a boas causas ou a ações que beneficiem entidades com quem elas tenham afinidade ou com quem se "encaixem". Esses valores podem ser mensurados por pesquisa quantitativa do moral do funcionário e da confiança do cliente.

Os modos da marca

A lombada do Livro da Vida é constituída pelos "Comportamentos Individuais" fundamentais, que criam o "Os Modos da Marca" (Ilustração 4). Esses, por sua vez, formam o vínculo entre o cliente e o empregado de uma em-

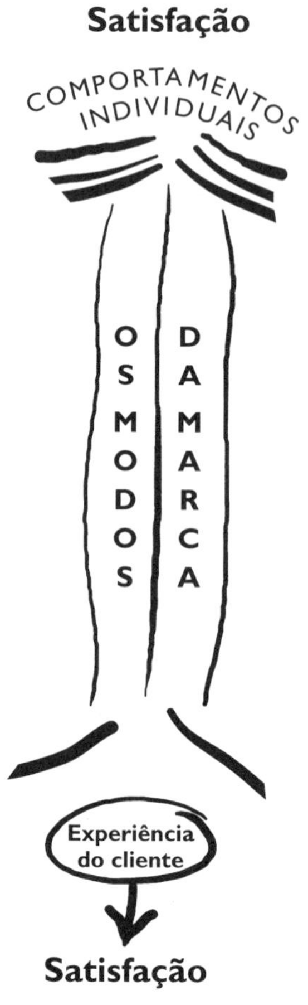

Ilustração 4 *A lombada do Livro da Vida — o indivíduo.*

presa, gerando a total "Experiência do Cliente", proporcionando a ambos a recompensa da "Satisfação". Os "Modos da Marca" constituem a síntese de todos os comportamentos que possibilitam à diretoria, à gerência e também à equipe colocar os valores internos da empresa em sintonia com os valores externos da marca.

Como empregados, somos também consumidores — e clientes da marca, quer trabalhemos para ela ou a compremos. A percepção que o cliente tem da qualidade do serviço recebido numa determinada situação decorre quase inteiramente de suas expectativas preexistentes — que foram criadas pela marca. A percepção do desempenho da marca depende do grau de satisfação ou insatisfação dessas expectativas em conseqüência da interação do cliente com a empresa. Portanto, para as organizações proeminentes de prestação de serviços, é essencial dispor de um conjunto claramente definido e solidamente elaborado de "Modos da Marca", a fim de gerenciar essas expectativas com sucesso.

Comportamentos individuais

A liderança deve possibilitar a criação de uma marca que realize seus sonhos ou visão. Ela deve codificar os comportamentos adequados do empregado e assegurar recompensas e penalidades em conformidade com eles. Na criação propriamente dita da marca, cabe à liderança garantir que essa contenha um conjunto completo de atributos e valores relevantes para seus clientes, que essas virtudes sejam convincentemente transmitidas ao mercado e que seu desempenho realmente cumpra a promessa que a marca representa.

Contudo, é comum não haver qualquer conexão entre a gerência geral e os departamentos de marketing, como bem mostram as empresas de consultoria top de linha, que se concentram nos elementos "primários" da empresa — estratégia, organização e comércio eletrônico —, enquanto as agências de publicidade e grupos de prestação de serviço de marketing focalizam mais os aspectos secundários — desenvolvimento de um novo produto, do posicionamento da marca e de suas comunicações. Isso milita contra uma expressão holística da marca a partir do interior da organização para o mundo exterior. Os modos da marca são incoerentes, ou inexistentes ou inequivocamente contraditórios.

Experiência do cliente

Embora os profissionais de marketing e comunicadores da marca se tenham sofisticado cada vez mais na última metade do século XX, os clientes também se sofisticaram. Os profissionais se deram conta de que é essencial dispor de um posicionamento da marca convincente e totalmente integrado, manifestado por meio dos canais de comunicação. Essa situação é exacerbada pela "desintermediação" e pela criação de vínculos diretos entre comprador e vendedor em inúmeros mercados nos quais antes costumava haver no mínimo um intermediário, quando não dois ou três.

Isso significa que os gerentes não têm mais como evitar o contato direto com seus clientes — contato esse que a era digital não só possibilita como também exige. Aceitar esse desafio coletivo criará elos entre as divisões operacionais das empresas, que já não podem sobreviver em seus antigos silos. E também removerá o "amortecedor" entre a empresa e o cliente, eficazmente constituído por uma empresa contratada para assumir a responsabilidade por esse relacionamento básico num nível abaixo do primeiro escalão. Será necessário mensurar e reportar as avaliações-chave que, na maioria das empresas, jamais chegam até o presidente, conforme uma pesquisa feita por Tim Ambler na The London Business School.

Todo o bom trabalho feito no posicionamento, no marketing e na comunicação da marca pode ser facilmente desfeito por uma interação ruim entre o cliente e o representante da marca. Com que freqüência ocorre uma resposta telefônica a um anúncio ou mala-direta? Com que freqüência o "momento da verdade" entre cliente e empregado acaba com o relacionamento, em vez de gerar a fidelidade do cliente? Quantos compradores agora estão presos na armadilha do "atendimento telefônico"?

O desafio para a gerência geral é garantir que a empresa toda, e em particular os empregados que lidam diretamente com os clientes, na verdade "vistam a camisa" da sua marca e transmitam sua essência em tudo o que fazem em seu nome para o benefício dos clientes e outros grupos com interesse na organização (*stakeholders*).

Capítulo 3

Empresa — boas surpresas

A página direita do Livro, a "Empresa" (Ilustração 5), mostra como a empresa pode proporcionar ao cliente algumas "boas surpresas" que excedem a "promessa da marca".

A imagem espelhada da Ilustração 3, a página "Cliente" do Livro, constitui a Ilustração 5: a página da "Empresa". Trata-se dos "Encontros" com os clientes, os "Comportamentos" envolvidos e as "Recompensas" resultantes. Assim como na página esquerda, aqui também existem quatro níveis em que esses aspectos devem ser desenvolvidos.

A parte racional diz respeito ao que é feito, ou o que acontece, durante a experiência do cliente. Bons comportamentos devem ser repetidos e recompensados: o indivíduo que mostra bom desempenho deve ser tratado como herói dentro da organização. No nível emocional, tanto o cliente quanto o empregado devem apreciar a experiência, estimulando a autoconfiança um do outro de modo não-egoísta e proporcionando uma sensação de pertencimento ou de familiaridade tanto dentro da empresa quanto na relação com o cliente. O nível político trata dos valores reais que são gerados por intermédio do comportamento empresarial (assumindo riscos calculados em

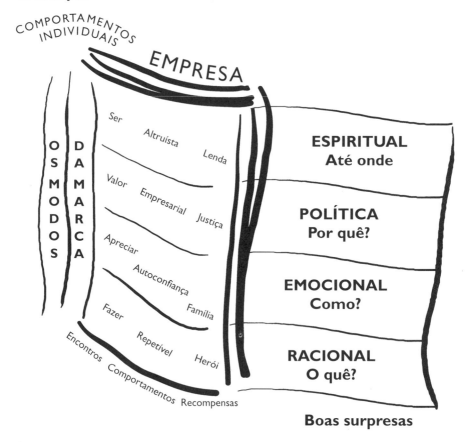

Ilustração 5 *A página direita do Livro — a empresa.*

favor do cliente) e que resultam no senso de eqüidade. O nível espiritual diz respeito ao ser (em oposição ao ter ou fazer) e ao altruísmo, além de criar mitos ou lendas a partir das experiências marcantes para o cliente.

A empresa racional

A dimensão racional — voltada para "o que" é oferecido pela marca —, trata dos componentes práticos funcionais ou racionais dos processos de produção ou da prestação de serviços. Esses processos ocorrem por meio da organização interna, que gera a experiência do cliente e que está presente em qualquer transação por meio de qualquer de seus representantes, agentes ou intermediários. É preciso que os procedimentos básicos da prestação de serviço ou suporte técnico sejam passíveis de descrição clara e objetiva e de repetição. A recompensa aqui deve estar diretamente ligada à remuneração.

A empresa emocional

Com relação à dimensão emocional — o fator "como" da experiência —, deve-se recrutar as pessoas que melhor se identifiquem com os valores essenciais da marca. Seus modos devem servir para reforçar os valores emocionais e psicológicos criados para a marca em todos os seus aspectos: nome, logotipo, embalagem e comunicações de marketing.

Em termos de comportamento, esse deve ser o de pessoas autoconfiantes, que gostam de apoiar sua equipe e a gerência. Os empregados que apresentam esse perfil preferem relacionar-se com colegas e clientes no modo "adulto/adulto", mas são plenamente capazes de reconhecer como adequada a relação "adulto/criança" ou mesmo "criança/adulto" em determinadas situações. A recompensa para o êxito nessa área-chave é simplesmente psicológica: a sensação de "proximidade" e de relacionamento familiar dentro da empresa, perante os colegas e a marca, produzida com o apoio da gerência.

Para ter eficácia ao competir pela atenção de seu pessoal em face das atrações do mundo exterior, representadas pelas atividades de lazer, a empresa tem de trazer o universo emocional para dentro da organização e mantê-lo vivo. O gerenciamento das emoções é vital para que se transmita a promessa da marca aos clientes. Todas as evidências sugerem que as comunicações internas, limitadas a um conteúdo eminentemente racional, são as menos eficazes. São maçantes e pouco fazem para atiçar a imaginação de seu público diversificado. Tanto os empregados quanto os clientes são muito mais suscetíveis a apelos complexos, ricos, baseados num poderoso misto de emoção e razão, com preponderância da primeira.

Para a maioria das pessoas, a conexão tangível entre trabalho e recompensa financeira se diluiu ao longo do tempo. O crédito do salário diretamente na conta-corrente, os impostos retidos na fonte, a disseminação do uso de cartões de crédito e de débito, as ordens de pagamento, os débitos automáticos e todas as demais sofisticações dos serviços financeiros atuais, tudo isso implica o desaparecimento dos vínculos pessoais financeiros tangíveis entre empregador e empregado.

No nível emocional, as empresas devem complementar o processo invisível da remuneração em dinheiro com o reforço visível do que está realmente ocorrendo. O efeito placebo que se observa na medicina demonstra a eficácia dos fatores comportamentais que operam numa receita médica. O mesmo se aplica ao comportamento das empresas em relação ao processo de remuneração. As recompensas devem manter um vínculo estreito com a satisfação do cliente. E devem, principalmente, premiar o comportamento autoconfiante e expressar reconhecimento para com os empregados que se mostrarem preparados para assumir os riscos apropriados em favor de seus clientes, até o ponto em que mesmo o fracasso pode ser celebrado, se a tentativa tiver sido feita com o espírito correto. Por outro lado, as ações egoístas ou ineficazes devem sofrer sanções.

A empresa política

O "porquê", ou dimensão política da experiência interna e externa do cliente, diz respeito à necessidade humana de "vencer" em praticamente qualquer transação. Pode-se satisfazer essa necessidade capacitando-se os empregados — de qualquer nível — para adotarem a postura de assumir de forma sensata riscos de natureza empresarial. Assumir tais riscos dentro de parâmetros financeiros acertados de comum acordo quase sempre resulta em excelente serviço para o cliente. Esse comportamento deve ser recompensado com bônus proporcionais ao desempenho e promoção, contrabalançados por penalidades claramente definidas em caso de irresponsabilidade ou má conduta, todos ministrados de maneira firme, mas justa.

Em cada reviravolta da saga da empresa haverá vencedores e perdedores. Numa cultura empresarial conduzida em larga escala pelo racional e, portanto, carente de atributos emocionais e espirituais, é bem mais provável que as pessoas ajam de acordo com interesses próprios, que são estreitos e calculistas. Em contraste, em ambientes imbuídos de uma visão empresarial motivadora, sustentada por um código de comportamento ou pelos modos da marca, que valorizem o emocional e o espiritual tanto quanto o racional, é muito mais provável que um maior grau de altruísmo entre em qualquer equação política pessoal. Isso não significa que a cúpula administrativa não terá de tomar decisões árduas — ou na verdade ser vítima delas —, que contrariam sua própria pauta política, mas simplesmente que os critérios para a tomada dessas decisões serão visíveis para todos, em benefício do bem maior da empresa.

A dimensão política também é vital no relacionamento com a clientela. Os embaixadores da marca têm de avaliar diariamente os problemas dos clientes e assumir riscos calculados em favor de sua marca. Entretanto, não lhes é possível fazer isso com base apenas nos fatos racionais. Eles precisam ter autoconfiança para fazer julgamentos emocionais e éticos também, fundamentados no seu código de modos da marca e na certeza de que a empresa os apoiará em sua interpretação.

A empresa espiritual

Por fim, com relação aos aspectos espirituais da marca — "até onde" —, a realização máxima dos sonhos de qualquer empresa é propiciar a seus clientes um nível superior de experiência, que esteja além e acima dos outros três aspectos, que são mais tangíveis, e que esteja ligada ao senso do próprio valor e à realização como ser humano. Aplica-se tanto aos clientes quanto aos empregados que os servem mediante sua marca. O ponto de partida desse comportamento intrinsecamente altruísta, o mais valioso dentre todos, é a cúpula da empresa, sendo necessário que o presidente e os membros da diretoria sirvam de exemplo para o restante da equipe. A recompensa consiste em tornar-se parte da "lenda" da empresa, ou seja, da história de seus grandes feitos a serviço dos outros e da marca.

A organização deve investir um considerável esforço para recompensar aqueles que verdadeiramente realizam a visão de seus líderes e o comportamento ideal de sua marca. Com freqüência, o sistema que elege o "empregado do mês" ou o "vendedor do ano" dá mais a impressão de uma fórmula relativamente vazia de premiação. Quantas empresas anunciam esses prêmios em suas reuniões anuais de acionistas e quantas mais convidam os empregados eleitos para participar? Quando eles ganham uma divulgação maior do que a feita no jornal interno? As empresas que homenageiam seus empregados em suas comunicações de marketing e publicidade não vendem a marca apenas para os clientes, mas para seu pessoal também.

A moderna administração deve abarcar essa nova e poderosa dimensão espiritual ou ética de liderança empresarial. Clientes, empregados, governo, grupos de pressão, jornalistas e formadores de opinião, fornecedores, parceiros, consumidores, enfim, todos os interessados, direta ou indiretamente (*stakeholders*), no processo produtivo de uma empresa estão cada vez mais atentos à posição dela na comunidade. Questionam a contribuição que a empresa presta para a sociedade, não só nos termos usuais de lucro e prejuízo, mas com uma preocupação muito mais ampla com a relação entre o que está sendo tirado e o que está sendo devolvido. Daí o aumento da importância dos programas sociais e comunitários, dos trabalhos voluntários patrocinados pela empresa e das campanhas de marketing ligadas a causas ou a aspectos sociais.

Os empregados, diante da atratividade cada vez menor do ambiente de trabalho em comparação com o lazer que os aguarda do lado de fora "do portão da fábrica", precisam de motivos melhores para sair da cama de manhã e ir para o trabalho. Eles precisam de maiores oportunidades para definir e afirmar sua individualidade, para assumir o controle da própria vida e para se exprimir de uma forma que lhes proporcione reconhecimento e realização. Assim, os empregadores precisam dar ao seu pessoal mais do que razões materiais, além de um senso muito maior de que seu trabalho é importante para tornar o mundo um lugar melhor e que, portanto, confere mais sentido à sua própria vida.

Leis naturais

Os modos da marca são percebidos pelas pessoas por meio da experiência do cliente, que deve resultar na satisfação de todas as partes envolvidas nesse encontro, e consistem na forma como vivemos e nos comportamos como indivíduos. Em torno deles estão as leis naturais que regem a nossa vida. As leis que mais afetam os modos da marca são:

- confiança
- responsabilidade
- autoconfiança
- hábitos
- limites
- as quatro dimensões dos modos: racional, emocional, política e espiritual.

Tudo isso faz parte do "Ciclo de Aperfeiçoamento dos Modos da Marca".

Quando compreendemos essas leis e aprendemos a canalizá-las — a seguir o fluxo —, podemos liberar nosso verdadeiro potencial como indivíduos. O presente livro voltará a esse tema reiteradas vezes. Não se obtêm bons modos sem desenvolvimento pessoal.

"A história da Tesco" (Capítulo 4) é um excelente exemplo de criação de bons modos da marca e de "Empresa Autoconfiante". Na seqüência temos "O Caminho dos Modos da Marca" (Segunda Parte), que fornece a estrutura e a abordagem necessárias para a criação dos modos da marca. "A história da Orange" (Capítulo 8) é outro bom exemplo de como dar vida a bons modos da marca.

A Terceira Parte, "Ciclo de Aperfeiçoamento dos Modos da Marca", compreende as seções abaixo e oferece uma visão em profundidade da teoria e da prática dos modos da marca:

1. Comportamentos individuais — como interagimos uns com os outros;
2. Encontros — entre clientes e empregados;
3. Promessa da marca — que determina as expectativas dos clientes;

4. Boas surpresas — que acontecem quando se encanta o cliente;
5. Satisfação — resultado do sucesso dos modos da marca.

Esses cinco fatores formam um ciclo em que a "Satisfação" (Ilustração 2) se traduz em aprendizado para os indivíduos e em comportamentos que se aperfeiçoam continuamente, resultando no círculo virtuoso mostrado na Ilustração 6.

Os tópicos deste livro, definidos em "Satisfação", são explanados ao longo dos capítulos que compõem as cinco seções, fornecendo exemplos da vida real com os estudos de casos e suas implicações para os clientes e empregados.

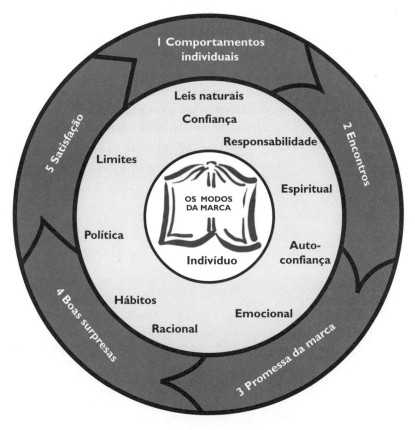

Ilustração 6 *Ciclo de Aperfeiçoamento dos Modos da Marca.*

Os modos da marca — da teoria à prática

Na Quarta Parte, "Manuais de Procedimento dos Modos da Marca", apresentamos uma série de orientações práticas personalizadas para:

- O CEO
- O diretor de marketing
- O empregado
- O gerente
- O cliente

A estrutura deste livro está resumida no sumário dos bons modos da marca (Ilustração 7).

Nosso propósito é explicar o conceito de "bons modos da marca" e mostrar de que maneira a força de vendas, a central de atendimento por telefone, o chão da fábrica e, talvez o mais importante, a gerência e a diretoria inteira podem engajar-se no esforço em benefício da marca e da empresa. Todas essas pessoas que coletivamente constituem a cultura que cria a marca podem ser vistas como clientes internos uns dos outros e fornecedores da marca para os clientes externos, grupo do qual elas também fazem parte.

Empresa — boas surpresas 41

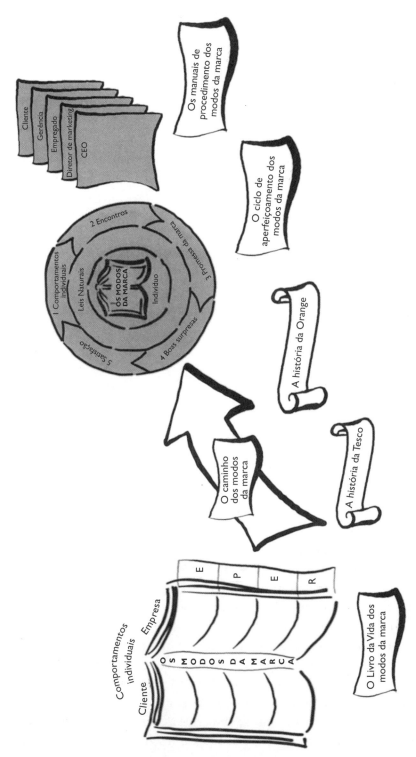

Ilustração 7 *Sumário de "Os Modos da Marca"*.

Capítulo 4

A história da Tesco

A Tesco, rede britânica de supermercados, é um excelente exemplo de modos da marca. Nos últimos cinco anos aproximadamente, a liderança da empresa vem obtendo sucesso na criação de uma organização "autoconfiante" que está triunfando no mercado. Quando uma organização autoconfiante se destaca em determinado setor, os concorrentes que adotam o modelo tradicional de "comando e controle" começam a ficar para trás e logo aumenta a distância entre eles e a empresa líder.

Esse fato é demonstrado pela evolução relativa da participação da Tesco no mercado em comparação com seus concorrentes, conforme mostrado na Ilustração 8. Examinemos os antecedentes dessa grande transformação.

No setor altamente competitivo da *commodity* (comércio varejista) de alimentos, como é possível sair da condição de marca conhecida por todos como uma piada para ocupar a posição de líder no mercado varejista do Reino Unido? Nos anos 1970, um repórter disse que comprar num supermercado Tesco era como rolar ladeira abaixo. Uma agência de publicidade declarou que a imagem da marca que se associava à cor vermelha da Tesco era a da placa de "saída" sobre a porta. Em 1998, a Tesco se tornou não só líder

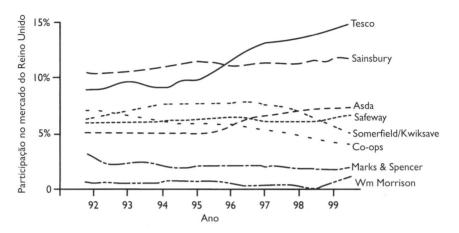

Ilustração 8 *Participação no mercado do Reino Unido — setor de supermercados.*

no setor varejista de alimentos, mas também a rede e a empresa mais admiradas do Reino Unido, conforme pesquisa anual do *Financial Times*.

Terry Leahy, presidente desde 1997, é o líder atual da transformação da Tesco, mas seria o último a reclamar crédito pela façanha. Dizem que Leahy tem duas paixões na vida: a Tesco e o Everton Football Club. Ele partilha essa paixão pelo clube de futebol com metade da população de Liverpool, onde nasceu. E partilha sua paixão pela Tesco com antigos CEOS da empresa. Sob o comando de Jack Cohen e também, nos anos 1980, de sir (posteriormente lorde) Ian MacLaurin (*chairman*) e David Malpas (diretor administrativo), a Tesco desfrutou do tipo de liderança conspícua tão comum no mercado varejista em todo o mundo. Mas Terry Leahy tem uma proposta muito diferente tanto da de Cohen quanto da de MacLaurin/Malpas (a quem ele sucedeu). Leahy poderia salientar que o seu é "um novo estilo para uma nova era no desenvolvimento da Tesco" — mas na verdade não o faria, por ter o cuidado de jamais personalizar ou reclamar o crédito pelo recente sucesso de uma empresa que é a atual líder do setor varejista de alimentos do Reino Unido, tendo superado a J. Sainsbury em meados dos anos 1990.

A Tesco ascende à liderança no Reino Unido

O sucesso da Tesco na década de 1990 se deve muito ao legado dos gerentes anteriores, como Leahy admite. O mais evidente bem herdado é o portfólio básico de lojas e depósitos. A Tesco dispõe de 370 supermercados (lojas a partir de 6.000 m²) no Reino Unido, número esse superior ao de qualquer outra rede do setor. O bom quadro de pessoal, formado por empregados que estão no ramo há muito tempo e o conhecem por dentro e por fora, é outro legado. Nos anos 1990, quantas outras empresas de grande porte e líderes de mercado no Reino Unido puderam gabar-se de que nenhum de seus principais diretores executivos deixou a empresa por terem recebido oferta melhor?

Como legado, o quadro de pessoal é um item central da autoconfiança de Leahy e de sua visão da capacidade essencial da Tesco, conforme demonstram muitos de seus comentários:

> Eu tive a grande vantagem de crescer com a empresa. Sei como ela é, estava bem preparado para desempenhar meu papel e estou bastante consciente das minhas responsabilidades. Isso torna mais fácil mudar a Tesco a partir de dentro.

> A Tesco tem dois pontos fortes insuperáveis que são seu pessoal e sua organização. Nossos funcionários e a equipe administrativa têm grande talento para o comércio. O nosso pessoal mostra empatia com o cliente e dispõe de um otimismo maravilhoso.

Dos bens transmitidos, um menos óbvio, mas talvez mais importante, é a cultura da empresa. Os anos tentando alcançar a Sainsbury sob a direção de MacLaurin e Malpas, na década de 1980, ensinaram que nunca se pode dormir sobre os próprios louros, que é preciso lutar sempre para se aperfeiçoar — hábito que continua sendo de grande utilidade para a empresa mesmo agora que sua liderança no mercado está assegurada. "Nunca nos permitimos ser autocomplacentes. O pessoal da Tesco tem origem humilde e já enfrentou muitos altos e baixos na vida. Isso nos protege contra a autocomplacência e nos possibilita dar os passos necessários para mudar a empresa — 50%, 100% melhor — e não apenas pequenos passos para incrementar aqui ou ali", assegura Leahy.

Não que a Tesco não tenha cometido erros ao longo de sua trajetória. No início da década de 1990, ela era uma empresa forte — como o Everton que Leahy tanto ama, um clube de futebol grande e orgulhoso de sua história. Mas, como o Everton de hoje, a Tesco também esteve em crise. A Tesco não foi a única do setor a reagir com lentidão às mudanças no perfil do cliente. Habituadas ao comércio incessante da era Thatcher, em 1989-1991 as grandes lojas tentaram ciosamente proteger seus lucros, fosse evitando qualquer movimento para diminuir os preços (o que criou um espaço que acabou sendo ocupado pelos formatos europeus de lojas de descontos dentro de margens limitadas, como a Aldi), fosse promovendo uma constante reengenharia da empresa e dos processos relativos a supermercado virtual (*in-store*), eliminando despesas (mesmo quando isso implicava eliminar serviços prestados aos clientes). A Tesco e outras grandes lojas não estavam ouvindo seus clientes. A perda de clientela resultante não foi grande — os consumidores do Reino Unido estavam habituados havia tempo à facilidade de comprar tudo num lugar só que lhes era oferecida pelas grandes lojas. Mas foi suficiente para acionar as campainhas de alarme. Na City, o preço das ações do setor varejista de alimentos desabou, caindo mais de 40% em 1993, em comparação com o restante do mercado. E a Tesco foi duramente atingida em termos tanto de volume de vendas quanto de valor das ações. No final de 1993, a capitalização da Tesco foi de apenas 3,5 bilhões de libras.

O Advento dos anos 1990

Olhando retrospectivamente, o ponto de mutação ocorreu talvez um ano antes de o preço da ação alcançar seu nadir, com a entrada de Leahy na cúpula administrativa — sua nomeação para o cargo de diretor de marketing aconteceu no final de 1992. Foi a Leahy que incumbiram de recuperar o crescimento das vendas verificado na década de 1980 e, em essência, ele executou a tarefa no estilo antigo. "O cliente tem sempre razão", era o que se dizia no comércio e o ressurgimento da Tesco após 1993 se fundamentou na recuperação do relacionamento com os clientes, dando-lhes total prioridade — ou, como Leahy prefere, "investindo nas visitas para compras" (*shopping trips*).

A Ilustração 9 resume de que modo Leahy e a Tesco obtiveram vantagem por meio do marketing. A filosofia da Tesco moderna é permanecer junto do cliente, valendo-se de extensa pesquisa de mercado e do auxílio do Clubcard, cartão de fidelidade líder do mercado, com seu banco de dados. O papel da administração é interpretar o que o cliente deseja — a pressuposição é de que se a Tesco mantiver os clientes felizes, o crescimento das vendas estará assegurado. Se a gerência e a equipe prestarem um bom serviço ou venderem um bom produto ao cliente e se esforçarem para reduzir os custos, visando gerar lucro/justificar melhores salários, e se essa fórmula de sucesso for comunicada ao mercado de ações, então todas as partes envolvidas — clientes, empregados, administração e acionistas — ficarão felizes. A Tesco é dirigida por meio desse "volante" — um círculo em que as quatro partes interessadas no negócio desempenham um papel de igual importância e merecem participação igual na recompensa. Trata-se de uma estratégia que sem dúvida deu certo.

Propósito básico O propósito básico da Tesco consiste em "criar valor para os clientes a fim de conquistar sua fidelidade eterna". Clientes e valor são mencionados repetidamente em muitas conversas com Terry Leahy.

Marketing é o fio condutor do sucesso da Tesco. Sua abordagem usa como ponto de partida "o que se tem, porque, como se descobre depois, aí existe uma gema preciosa com a qual se pode criar". No caso da Tesco, a gema era e é sua reputação de valorizar o cliente.

Pesquisa de mercado Para valorizar o cliente é preciso compreendê-lo melhor do que qualquer outro, o que requer pesquisa exaustiva. Na campanha de 1992 foram entrevistados 250.000 clientes — na verdade, a Tesco os entrevista todos os dias. Painéis de consumidores são promovidos regularmente (Leahy os freqüenta com assiduidade). O Clubcard é outro instrumento que ajuda a entender o comportamento de 30 segmentos de clientes, definidos conforme seu estilo de vida — como, por exemplo, os "consumidores que só compram dentro dos limites do seu orçamento". A Tesco não faz marketing de massa; em vez disso, concentra-se nas necessidades especiais, tomando cuidado para "não deixar escapar uma ou duas", pois isso resultaria em perda de clientes.

Inovação e investimento Baseada na compreensão do cliente proporcionada pela pesquisa de mercado, a Tesco inova e investe. Dentre as inovações destacam-se: uma linha de produtos populares, novos formatos como lojas no centro das cidades (quando o comum era nos arredores), grandes lojas, hipermercados e supermercado virtual. Inovando ainda mais, a Tesco começou a prestar serviços financeiros e a se envolver num diversificado comércio eletrônico (*e-commerce*). Sua internacionalização é outra dimensão das inovações e dos investimentos projetados para manter a Tesco na dianteira dos melhores varejistas, não só do Reino Unido, mas de todo o mundo.

Cuidados com a equipe A equipe cuida dos clientes. Os empregados que entendem os clientes nos diferentes mercados regionais terão sucesso. Para que isso ocorra, recrutar pessoal na própria cidade da loja constitui o foco dos valores de "O pouco que ajuda" da Tesco.

Ilustração 9 *Como alcançar (e manter) uma vantagem por meio do marketing.*

Gerenciamento da promessa da marca

Desde 1993, o marketing da Tesco tem explorado firmemente o fato de "ser a primeira" — a primeira rede de supermercados em nível nacional a dispor de um esquema de fidelidade — o Clubcard —, a primeira rede de supermercados a prometer diminuir as filas no caixa, a primeira a manter suas lojas abertas 24 horas por dia, a primeira a oferecer um sistema, que se espalharia pelo país, que permite fazer compras sem sair de casa. Junto com isso veio uma série de iniciativas de redução de preços — do "Preço Imbatível" de 1994 a "Cortamos os preços de novo" de 1999 — um corte nos preços de 100 milhões de libras foi anunciado só no ano passado. Por fim, tudo isso

"Padre, eu tenho um cartão de fidelidade da Asda, mas fiz compras na Tesco"

Figura 1 *Cartão de fidelidade.*

foi comunicado de maneira aberta aos clientes — o *slogan* "O pouco que ajuda" continua a sublinhar o reconhecimento da Tesco de que é necessário estar perto do cliente.

Como construir uma organização autoconfiante — boas surpresas para o cliente

Simultaneamente com essas medidas de marketing, a Tesco silenciosamente se transformava numa organização autoconfiante, por meio de processos de trabalho "melhores, mais simples, mais baratos", de sistemas recalibrados para ficarem mais fáceis de usar e do aperfeiçoamento do pessoal por meio do desenvolvimento de habilidades básicas que os ajudam a executar melhor suas tarefas. Todo esse esforço teve como apoio um esquema de avaliações e recompensas controlado por placares elaborados especificamente para esse fim (conhecidos na Tesco como Volantes) e também uma série permanente de eventos para mobilizar e motivar as dezenas de milhares de empregados a quem cabe ajudar a atingir as metas e valores da empresa. A Tesco acredita que seu sucesso no futuro será baseado em valores, conduzindo ao aperfeiçoamento contínuo do "Estilo Tesco". Terry Leahy declarou publicamente:

Eu considero esses Valores como uma das mais importantes maneiras de se trabalhar na Tesco atualmente. E nos próximos anos eles darão forma e distinguirão o nosso jeito de servir aos nossos clientes. Os valores são a Tesco — o nosso estilo de trabalhar, de gerenciar —, são e sempre serão tudo o que fazemos. Jamais foi tão importante criar uma cultura em que todos sejam incentivados a explorar seus talentos ao máximo em benefício dos clientes.

Em resposta, os empregados comentaram:

- "Gosto de dizer que trabalho na Tesco."
- "Somos do comércio e nos orgulhamos disso."
- "Não existem respostas certas ou erradas."
- "Sem o cliente, nenhum de nós teria emprego."
- "Se a equipe está feliz, os clientes também ficam felizes."

Graças à adoção de uma abordagem holística, que lhe permite entender seus clientes, e à capacidade de oferecer um bom e homogêneo padrão de atendimento, a Tesco tem colhido os benefícios dos verdadeiros Modos da Marca. Os lucros subiram mais de 70%, chegando a 955 milhões de libras no ano passado: o preço da ação mais do que triplicou. Atualmente, a capitalização da Tesco é de quase 20 bilhões de libras.

A Tesco no século XXI: mais do que uma rede varejista de alimentos...

Assim, nos últimos seis anos Leahy fez a Tesco subir do sopé até o topo da montanha, em termos do segmento de supermercados do Reino Unido. De "lanterninha" a líder da Primeira Divisão. Contudo, o caráter da empresa a leva a continuar buscando o aperfeiçoamento. A Tesco sabe que o mercado varejista de alimentos no Reino Unido é altamente dinâmico e competitivo; não lhe é possível dormir sobre os louros, nem se restringir aos mercados onde já atua. Embora ela seja grande e de modo algum tenha parado de crescer, o mercado varejista de alimentos do Reino Unido oferece oportunidades relativamente limitadas de crescimento para uma rede desse porte. Assim sendo, sob o comando de Leahy a Tesco busca espaço para crescimento de duas formas, que constituem novos desafios para a empresa.

A primeira oportunidade ocorre dentro do Reino Unido — a Tesco visa romper os limites tradicionais entre os setores do mercado varejista. A lógica diz o seguinte: por que uma empresa, cuja marca conta com uma confiança tão ampla que, por semana, 10 milhões de pessoas visitam suas lojas, se limitaria a vender comida? A alavancagem das lojas e da marca constitui o passo seguinte — que pode parecer tão óbvio quanto oferecer artigos não alimentícios cuidadosamente escolhidos e já consagrados pelos consumidores em "sublojas" dentro dos supermercados existentes. A Tesco almeja tornar-se um mercado varejista geral e não só de alimentos. Mas essa alavancagem pode ser algo tão esotérico quanto o desenvolvimento de um setor financeiro. Leahy tem uma visão bastante nítida sobre como ampliar a marca da Tesco e sua capacidade no varejo:

> A essência da marca Tesco é a confiança do cliente. Se os clientes confiam em nós, eles nos levarão consigo. Temos de segui-los. Se gastarem mais com serviços e confiarem na Tesco, eles nos farão transpor as barreiras tradicionais. Nossa inquietação e insegurança nascem entre os próprios empregados. Eles não são arrogantes, tampouco autocomplacentes. Sabemos que não existe lugar seguro, nem condição estável. Temos de nos manter em movimento, desafiando os limites naturais para fazermos as coisas cada vez melhor. Nós colocamos a nossa marca num amplo leque de produtos.

Mais do que apenas um varejista de alimentos do Reino Unido

Hoje se sabe que, seis anos atrás, quando Leahy tomou posse na diretoria, a Tesco não tinha condições de vivenciar o desenvolvimento dos últimos cinco anos, que tanto se destacou nas manchetes. A Tesco é vista atualmente como membro do promissor grupo pan-europeu, se não mundial, de varejistas de alimento, mas em 1993 as coisas eram muito diferentes. Não só seus negócios no Reino Unido necessitavam de atenção, como também a Tesco estava tentando ingressar no já bem desenvolvido mercado varejista de alimentos da França por intermédio da Catteau, uma pequena rede particular de supermercados adquirida em meados de 1993. O mercado varejista de alimentos na França é grande (ligeiramente maior do que o do Reino Unido) e a Tesco sem dúvida estava certa ao prever que o mercado testemunharia a fusão das empresas líderes. Contudo, no país sede do hipermercado, a Tesco lutava para persuadir a si mesma, sem falar nos acionistas, de que essa transação valia a pena. Conseqüentemente, quando as mudanças principais do processo de fusão aconteceram (notadamente quando o grupo Auchan adquiriu a Docks De France, em 1996), a Tesco não teve como justificar seu ingresso no mercado francês. Leahy não havia herdado um legado internacional, mas acabou por se tornar internacional o mandato de sua equipe administrativa. A Catteau foi vendida no final de 1997. Esse era o começo — e não o fim — da expansão internacional, conforme se vê na Ilustração 10.

50 EM SINTONIA COM A MARCA

- Entrou na Polônia em 1995 mediante fusão com a Savia. Investiu 400 milhões de libras para aumentar de 4 para 20 o número de supermercados, em 2001.
- Administra 9 hipermercados e 30 *outlets* menores na Hungria. Abriu 5 novos hipermercados em 2000.
- Administra 13 lojas na República Tcheca e Eslovaca com planos para mais 4 em 2000.
- Entrou na Irlanda em 1997 mediante a compra da ABF. Administra 76 supermercados, construiu um depósito central e abriu 4 novas lojas.
- Na Tailândia, administra 15 lojas e abriu mais 12 nos quatro anos seguintes. Administra 2 lojas na Coréia, assumindo a direção dos centros distribuidores da Samsung em 1999. Avançou para a Tailândia e pesquisa a Malásia.
- O Clubcard, cartão de fidelidade lançado em 1995, agora conta com 10 milhões de usuários, que dispõem de serviços gratuitos via Internet.
- Vendas pela Internet dentro do Reino Unido para 2.000.000 de clientes por intermédio de 100 lojas. Tornou-se a maior mercearia on-line do mundo.
- Iniciou a prestação de serviços bancários on-line em 1999, em parceria com o Royal Bank of Scotland. Iniciou a prestação de serviços financeiros para clientes do varejo em 1996.
- Iniciou a "ciberzona" para os itens não vendidos nas lojas, que variam desde livros a refrigeradores. Estende para todas as 639 lojas do Reino Unido. Está pensando em abrir "cibercafés" nas lojas.

Ilustração 10 *Investindo para se tornar um varejista de classe internacional — transpondo fronteiras.*

A Tesco tem estado ocupada abrindo lojas em mercados varejistas subdesenvolvidos, notadamente na Europa Central — República Tcheca e Eslovaca, Hungria e Polônia. Esse era um território virgem — não só para a Tesco, mas para o varejo organizado em geral. Ao contrário da França, ali não havia redes varejistas instaladas para comprar, nem formatos varejistas para copiar — adaptando e aperfeiçoando conforme a necessidade. A Tesco — empresa do Reino Unido com patrimônio de bilhões de libras que empregava mais de 150.000 pessoas — tinha de tentar e torcer para dar certo. A Tesco — cuja única experiência internacional havia sido menos que auspiciosa com a Catteau — era obrigada a começar do zero em mercados novos. Não admira que seu ex-chairman, Ian MacLaurin, tenha descrito a abertura da primeira grande loja na Europa Central — no Polus Center de Budapeste, na primavera de 1996 — como o movimento mais importante da empresa em mais de uma década, embora ele pessoalmente fosse um homem voltado para o mercado interno britânico.

O processo é demorado, pois os mercados ainda estão em formação, mas a fórmula da Tesco está funcionando, de acordo com Leahy:

> Nós jogamos nossas cartadas internacionais o melhor possível, concentrando-nos no crescimento emergente. Devemos encontrar o jeito certo de ingressar. Foi isso que nos conduziu às hiperlojas e por fim nos capacitou a exportar esse formato de volta para o Reino Unido.

E afinal de contas, por que não funcionaria? Em essência, a fórmula da Tesco — priorizar o cliente e não considerar como garantido o seu retorno às lojas — representa o comércio em sua melhor forma e tem de funcionar seja em Budapeste ou em Basingstoke. O "Estilo Tesco", impulsionado pelas metas e valores da empresa, fornece uma estrutura comum para todas as filiais, de modo que a empresa pode partilhar conhecimento e aprendizado, enquanto amplia sua rede e tecnologia.

A Tesco se globaliza

Claro, a Tesco não parou aí. A Europa Central fica relativamente próxima da matriz, em comparação com a Tailândia e a Coréia do Sul (onde a Tesco vem-se desenvolvendo nos últimos anos), Taiwan e Malásia (mercados que ela está pesquisando com vistas à inauguração de lojas dentro em breve). Tudo isso constitui desafios para a administração. Num espaço de dez anos, a Tesco deixou de ser uma empresa com controle centralizado e atuação limitada ao Reino Unido e se tornou uma semi-automatizada cadeia internacional de alimentos e artigos do gênero, obrigando a sua administração a aprender a delegar autoridade para a periferia do grupo. A Tesco já não está competindo apenas com a Sainsbury: agora tem de competir e fazer *benchmarking* com redes como a Wal-Mart, Carrefour, Ahold e Auchan. Trata-se de redes líderes mundiais e não apenas de líderes no Reino Unido: são concorrentes novos e menos previsíveis, cujos recursos e visão apresentam novos desafios para a Tesco. Mas, de acordo com Leahy, tudo isso exerce um papel importante:

> Nós precisamos ser os melhores, devemos estabelecer padrões elevados para nós mesmos. Isso é difícil quando você se torna o número um no Reino Unido. O pessoal da Tesco é melhor quando está embaixo, olhando para cima, do que quando está em cima, olhando para baixo. Assim, a competição internacional estabelece um novo padrão e nos coloca embaixo de novo, na posição em que somos mais fortes. Enfrentar concorrentes novos e diferentes é bom para nós, é como nos esportes: a competição é o que importa. Esta ainda é uma empresa regional, mas pouco a pouco a economia avança e devemos avançar juntos.

Leahy tirou o seu "time" da zona de rebaixamento e o levou para a outra ponta do sucesso europeu e até mundial. Se ao menos — ele poderia acrescentar espirituosamente —, alguém pudesse fazer o mesmo pelo seu querido Everton. Contudo, para Leahy, o Everton serve a um propósito: "Ele mostra que sempre é possível piorar." Sua avaliação de onde a Tesco se encontra num processo contínuo de transformação é mostrada na Ilustração 11.

Independentemente da avaliação atual, Leahy tem uma idéia muito clara do que é importante para o futuro, que se coaduna com a visão do que a Tesco representa:

> Nós temos 220 mil empregados. Sua *mobilização* e seu comprometimento são o nosso recurso mais importante. Nosso desejo é ficar no sopé da montanha olhando para cima — portanto, cultivar a nossa visão também é fundamental, por mais conscientes que já estejamos dela.

> *Novas empresas* também são fundamentais. Nós devemos seguir o cliente. Nós vimos o varejo eletrônico (*e-tailing*) como uma oportunidade há cinco anos. A maioria disse: "Isso não vai dar certo." Nós respondemos que podíamos fazer dar certo. Estamos usando a tecnologia para transformar nossas empresas antes que os concorrentes o façam. Queremos sair na frente em *tecnologia*, enxergar as coisas antes dos outros na gestão tanto da cadeia de fornecimento quanto dos bancos de dados.

> Dentro desse contexto, o *modelo econômico* também é importante. Nossos pensamentos acerca de varejo eletrônico, internacionalização, visão, etc. devem lastrear-se num modelo econômico que funcione. Temos de agir com os pés no chão, mesmo quando se trata de um formato novo no Reino Unido.

> Temos antipatia pela burocracia. Assim, muitos dos ingredientes em geral mal aproveitados que farão parte das minhas prioridades no futuro serão os aspectos facilitadores, a infra-estrutura que deve existir, mas num pacote integrado — e não emaranhada num verdadeiro pesadelo burocrático.

No futuro, Terry Leahy e a Tesco estarão lá, seguindo o cliente com humildade desde o sopé da montanha até o topo.

A história da Tesco 53

Item	Avaliação atual de Leahy (Apenas começando 1 — 5 — Excelente desempenho 10)	Prioridades futuras de Leahy (Ignore 0 — Mantenha 10 — Foco especial 20)
Mobilização: nós utilizamos a energia mental do nosso pessoal	5	20
Visão: temos visão e valores claros, poderosos e amplamente compreendidos	7	15
Mensuração: temos meios equilibrados de mensurar o desempenho a fim de implementarmos a visão	3	—
Modelo econômico: gerenciamos o portfólio da empresa com base no valor para o acionista	4	6
Infra-estrutura: Nosso investimento físico está em conformidade com os objetivos estratégicos	4	15
Arquitetura do trabalho: Nós buscamos a melhor prática e o aperfeiçoamento contínuo dos processos	3	8
Foco no mercado: Colocamos o foco com clareza nos segmentos-chave do mercado e nas proposições de valor	7	4
Novas empresas: usamos competências estratégicas (core competence) e alianças/aquisições para criar novas empresas	5	10
Mudança nas regras por meio de TI: nossas prioridades de TI dão suporte à estratégia e criam novas oportunidades de negócios	4	15
Sistema de recompensa: nossos incentivos estão vinculados aos objetivos estratégicos e promovem aprendizado e aperfeiçoamento	4	15
Aprendizado individual: investimos significativamente no desenvolvimento das habilidades essenciais do nosso pessoal	3	4
Desenvolvimento da organização: usamos o desenho organizacional e o gerenciamento do conhecimento para alcançar a visão e a estratégia	4	4

Fonte: Questionário em doze partes baseado no livro *Transforming the Organisation*. Gouillart e Kelly, 1995.

Ilustração 11 *Avaliação de Terry Leahy de sua organização.*

PARTE

II

O Caminho dos Modos da Marca

Capítulo 5

A empresa autoconfiante

Os altos executivos perceberão que "administração por circulação" (*management by walking about*) não é um mantra preconizado pelo guru da moda, mas sim uma forma de treinar e aperfeiçoar pessoas e assegurar que a visão da empresa — a que nós chamamos de sonho para reforçar a imagem emocional e espiritual — não só se manterá viva, como também permanentemente atual e relevante. "Segurar o leme" com firmeza e sensatez é crucial para garantir a fidelidade do empregado e a do cliente, cujo hábito de compra se consolida.

Nós acreditamos que a uma equipe autoconfiante correspondem clientes felizes. Isso implica a necessidade de um "código de comportamento da marca", o que torna o mundo da marca um lugar mais feliz onde se trabalhar. Como as pessoas trabalham melhor quando são autoconfiantes, é mais provável que elas excedam as expectativas do cliente, além de se divertirem mais. Encontrar uma maneira de transmitir esse estilo de gerenciamento e assegurar que cada um na empresa genuinamente "viva a marca" em conformidade com um código claro de comportamento é a chave do sucesso e o propósito deste livro. Esse conjunto de comportamentos da empresa evo-

58 EM SINTONIA COM A MARCA

lui conforme as circunstâncias do mercado, embora permaneça em harmonia com a visão ou sonho da empresa.

A exigência de "viver a marca" com eficácia implica que as empresas têm de avançar para além do modelo tradicional, baseado no medo, que consiste em "comando e controle", para atingir um novo espaço administrativo, que chamamos de empresa autoconfiante, a fim de exceder as expectativas do cliente por meio da criação de um ambiente feliz, formado por empregados capacitados e participativos. É comum as pessoas irem para o emprego desanimadas e voltarem para casa à noite também desanimadas. Imagine o quanto seria bom se o trabalho as deixasse bem-dispostas!

A nossa convicção é de que a chave para esse novo ambiente será o seu grau de "autoconfiança". A autoconfiança decorre de os empregados compreenderem inteiramente os parâmetros dentro dos quais devem atuar, confiando que seus empregadores se pautarão pelos mesmos critérios. Da mesma forma, os clientes da marca do produto ou serviço — vendido ou prestado por esses empregados — também podem confiar que a marca cumprirá plenamente a promessa feita em público pelo fabricante ou prestador de serviço.

Esses mesmos empregados podem usufruir de um ambiente de lazer, fora do expediente, ainda mais rico. A multiplicidade de programas exibidos pelos canais de televisão abertos, a cabo ou via satélite é impressionante. A infinidade de opções acessíveis via internet, o padrão cada vez melhor dos filmes, a espantosa variedade de músicas e a abundância de revistas impressas, tudo isso contribui para uma exuberância da mídia que era inimaginável uma década atrás.

Ao mesmo tempo, a maior disponibilidade de renda, a explosão das ofertas de entretenimento dentro de casa, a maior possibilidade de freqüentar restaurantes e o aumento considerável do número de viagens ao exterior estão exercendo um enorme impacto na vida cotidiana. O desenvolvimento de parques temáticos de alta tecnologia, aliado ao crescimento do segmento de museus e atrações culturais, para não mencionar a fartura de eventos esportivos, tudo isso significa que, no terceiro milênio, os cidadãos das economias desenvolvidas têm oportunidades de lazer verdadeiramente extraordinárias.

Essas oportunidades fantásticas de lazer fazem uma concorrência muitíssimo acirrada pela atenção e pela afeição dos empregados. Foram-se os dias em que um empregador podia oferecer ao seu pessoal benefícios genuínos simplesmente instalando aparelhos de ar condicionado na empresa, ou por meio da abertura de uma cantina ou de um salão de barbeiro/cabeleireiro. Como pode uma empresa esperar competir com a gama de atividades prazerosas à disposição depois do expediente e que, mais do que provavelmente, ocupam a mente dos empregados durante as horas de trabalho?

O sonho e a novela da empresa

A resposta é que a empresa tem de desenvolver seu próprio sonho e criar sua própria novela, com o presidente não só escrevendo o roteiro, dirigindo a ação, projetando e construindo o cenário, mas também atuando como narrador, fazendo comentários constantes acerca do desenrolar da trama. O CEO se torna o autor da marca. Assim, os empregados passam a ser personagens de sua própria novela, tão atraente e estimulante quanto aquela da televisão que eles tanto apreciam. Como ocorre na teledramaturgia de verdade, no mundo empresarial é a história simples e atraente que aguça a imaginação e prende a atenção. A diretoria executiva precisa identificar sua obsessão, concentrar-se nela e reiterá-la por meio da questão mobilizadora única, o que pode significar a vida ou morte comercial.

A fim de ser um ator de sucesso, cada um deve conhecer seu papel e seu relacionamento com os outros. Nós optamos por chamar a história de novela porque, por se tratar de um enredo que é vivido, parece-se bem mais com um longo folhetim, cuja trama é escrita à medida que se desenrola, do que com uma peça pronta, em quatro atos, e assim sendo o código subjacente de comportamento, ou conjunto de modos da marca, assume uma importância muito maior do que a submissão a um *script* predeterminado.

Num sentido mais amplo, o presidente pode atuar também como gestor de expectativas tanto internas quanto externas — e a capacidade de conceber, comunicar e concretizar essas expectativas adquire suprema importância. O que impulsiona esse processo é a vontade de realizar a visão da empresa e a capacidade de fazê-lo. Na era do "ritmo da Internet", ser rápido e ter capacidade de tomar um grande percentual de decisões corretas num determinado período é crucial. Avançar com velocidade e massa crítica suficientes para atingir um *momentum* que não se possa deter é muito mais importante do que tentar evitar eventuais erros ao longo do percurso.

Princípios-chave

Enquanto as expectativas do cliente em relação ao serviço vêm aumentando ao longo dos anos, a capacidade das empresas de cumprir — e de exceder — as promessas inerentes à maioria das marcas raramente acompanhou o mesmo passo. Com efeito, embora as inovações tecnológicas possam tê-lo encantado, o cliente na verdade tem cada vez menos experiências gratificantes de compra. Além disso, muitas empresas estão perdendo a sintonia com o cliente porque transferiram a maioria dos contatos diretos e das discussões com ele para empresas prestadoras de serviços de marketing. Mesmo quando a linha de frente da empresa tem percepções valiosas sobre o cliente, essas informações freqüentemente se distorcem ou se diluem em sua trajetória até a cúpula. Com a redução significativa do tempo médio de ocupação dos cargos de diretor de marketing e de CEO, muitas empresas estão operando no escuro no que diz respeito a onde estão seus clientes — tanto os já existentes quanto aqueles em potencial — e onde eles estarão no dia seguinte. Por outro lado, a turma das finanças tende a permanecer no cargo!

O verdadeiro teste para o cumprimento das promessas feitas ao cliente ocorre na interface entre ele e a empresa — e o seu ponto central reside na interação entre os indivíduos, em termos das quatro dimensões abaixo:

1. A qualidade racional da transação: "É até melhor do que eu esperava!"
2. Os benefícios emocionais que brotam dos sentimentos gerados nos dois lados: "Eu gostaria de fazer isso de novo."
3. As realidades políticas da percepção de "ganha-ganha": "Foi um bom negócio para mim?"
4. A experiência espiritual em termos de seu valor inerente: "Eu realmente acredito que me tornei uma pessoa melhor por causa disso, e pode ser um benefício para o mundo também!"

A capacidade de fornecer o que nós chamamos de modos da marca se eleva exponencialmente quando o cliente se move ao longo dessas quatro dimensões. Você pode ingressar nessa progressão em qualquer nível, dependendo das circunstâncias, mas, no final do dia, todos os quatro combinados criam um potencial maior e portanto devem ser trabalhados em harmonia. As comunicações em torno da marca e suas promessas inerentes devem ser elaboradas em torno desses níveis. O que é até mais importante e mais difícil de realizar é a organização, que opera com eficácia ao longo das quatro dimensões.

As implicações disso para o mundo do marketing são profundas. A oportunidade de ultrapassar os atributos racionais para chegar aos emocionais já foi reconhecida até certo ponto. Ir além disso para atingir elementos da dimensão política e da espiritual requer uma nova postura mental e uma abordagem de marketing em seu sentido mais amplo.

As implicações no mundo empresarial, como um todo, também são profundas. A maioria das empresas, mesmo aquelas consideradas atualmente como as que têm melhor administração, em geral operam no estilo "comando e controle", em que a pressão e o risco aumentam à medida que se desce pela hierarquia da organização. Essas são as culturas em que impera a mentalidade "encontre alguém capaz" (contrate em razão de aparente capacidade e "jogue-o na água": se afundar em vez de nadar, despeça-o e procure outro), significando que essa política mina o trabalho em equipe e que o pessoal que atende o cliente é visto apenas como um meio para se atingir um fim.

Nessas organizações, a vasta maioria dos empregados não anseia pelo momento de ir trabalhar, uma vez que seus esforços ou experiências não lhes proporcionam desenvolvimento pessoal. Eles então dão apenas os 80% necessários para cumprir as tarefas satisfatoriamente ao longo do expediente, em vez dos 120% que seu potencial permitiria. Ultrapassar o modelo comando e controle — que tem o medo por base — é difícil, exige visão, disposição e capacidade. Quando esses atributos são aplicados eficazmente, a empresa pode ingressar num novo espaço, que nós chamamos de "empresa autoconfiante", aquela que é requerida para oferecer em caráter permanente os modos da marca para o sucesso a longo prazo do indivíduo e da empresa, assim como para o bem-estar do cliente.

Capítulo 6

A abordagem dos modos da marca

É possível para qualquer presidente de empresa criar um meio ambiente propício ao florescimento dos modos da marca, o que representa um benefício para os clientes e também para os empregados. Nós acreditamos que existam leis naturais que se aplicam às empresas e às organizações tanto quanto às pessoas e ao mundo em que vivemos. Entender e seguir essas leis enseja uma probabilidade maior de sucesso do que lutar contra elas. Há algumas áreas em que essa nova abordagem pode ser adotada:

- no sonho certo
- na equipe certa
- no programa certo
- nas melhorias certas
- no envolvimento certo

Veja na Ilustração 12 a abordagem dos modos da marca.

A abordagem dos modos da marca 63

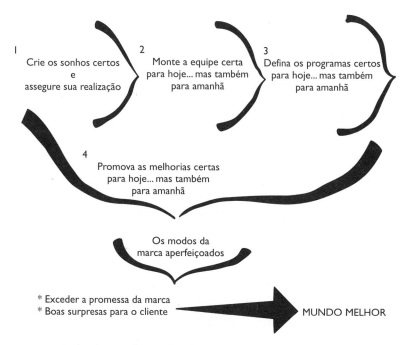

Ilustração 12 *A abordagem dos modos da marca.*

Crie o sonho certo

O sonho certo no presente contexto consiste em definir uma visão para a empresa em que se encanta o cliente com o desempenho de cada empregado. Nós usamos "sonho" porque essa palavra contém o poder das quatro dimensões dos modos da marca — racional, emocional, política e espiritual. Os indivíduos e, portanto, as organizações reagem a cada uma dessas dimensões, que podem contribuir para estimular todo o seu potencial.

Temos de examinar a diferença entre o entusiasmo que muitas pessoas sentem fora do trabalho e compará-lo com o que está disponível para elas, ou que pode ser criado para elas, dentro do ambiente de trabalho. O CEO precisa criar e comunicar em caráter permanente uma "novela empresarial" que capture a imaginação de cada membro da equipe de modo que ele se envolva intimamente com a história à medida que ela se desenrola.

Uma das oportunidades estimulantes que o mundo digital nos proporciona é a possibilidade de aprimorarmos a estratégia e ao mesmo tempo desenvolvermos a nossa capacidade. Longe vão os tempos em que se era obrigado a definir a estratégia para só então implementá-la. Dessa maneira, a estratégia demora muito para dar resultados. É preciso substituir esse sistema por outro em que se aprenda por meio da ação e que indique a direção para que se possa seguir em frente; o conceito de "direcionalmente correto" se·tornou um dos mais libertadores da moderna administração. É preferível estar 80% certo em termos de direção, desde que a organização avance o mais rápido possível: o método "atue-reveja-corrija" substitui ou complementa o "planeje-faça-reveja".

Igualmente importante é o reconhecimento de que nos dias de hoje é possível mudar consideravelmente as variáveis operacionais por meio do desenvolvimento acelerado da capacidade. Assim, o paradigma da estratégia tradicional (esqueça o que eu tenho; o que eu *deveria* ter para obter sucesso?) e o paradigma da capacidade (esqueça o que eu deveria fazer; o que eu *posso* fazer?) devem coexistir, nutrindo-se mutuamente para produzir aperfeiçoamento contínuo dos modos da marca. "Posso" e "Deveria" se fundiram! E assim fornecem à administração toneladas de matéria-prima para enriquecer a novela empresarial.

Essa nova definição de estratégia apresenta outro aspecto importante — em que não só se questionam "por quê" e "o quê", mas também "até onde", ou seja: a dimensão espiritual. Para quem estamos fazendo isso? Qual o sentido de se fazer isso? Oferecer uma visão de ordem mais elevada para a organização atrai a imaginação das pessoas e as incentiva a conquistar coisas que de outro modo elas considerariam impossíveis. Uma vez que a visão superior foi criada, a tarefa da alta administração consiste em transportá-la para a realidade por meio da gestão de uma série de programas.

Monte a equipe certa

A novela precisa dos atores certos. Para tanto, o CEO precisa montar uma equipe seleta não só para hoje, mas também para amanhã. O modelo administrativo de escolher "alguém capaz" já não é suficiente. Essa abordagem parte do pressuposto de que o sucesso está nas mãos de um indivíduo — que tem de triunfar, caso contrário será demitido. Tal enfoque fica fatalmente prejudicado no mundo moderno, onde o êxito requer dois novos ingredientes: velocidade (acelerada, mas que não seja impulsionada apenas pelo mundo digital ou eletrônico) e alavancagem (tornando o conhecimento, a tecnologia e outros bens da empresa inteiramente disponíveis para cada empregado da empresa). Essa abordagem centrada no indivíduo também parte da crença de que, para se obter o máximo, deve-se adotar o modelo "da abordagem descendente", em que o primeiro escalão estabelece as metas e os empregados que "se virem" para atingi-las. Que valor esse modelo de administração agrega no caso acima? Bem limitado, parece-nos.

O que se requer, e principalmente quando se pensa no futuro, é uma equipe de trabalho formada por empregados de setores diversos da empresa ("trabalho horizontal"), uma abordagem holística (em que todas as peças se encaixam) e o foco incansavelmente voltado para o "como", a fim de se alcançar a visão de ordem mais elevada. O "como" e o "até onde" constituem os dois ingredientes-chave necessários para complementar o tradicional "por quê" e "o quê" da organização administrada verticalmente e guiada pela responsabilidade individual. "Por quê" e "o quê" ainda são essenciais, mas não bastam para criar um conjunto completo de modos da marca.

O segredo para a formação de uma equipe de trabalho horizontal, para a adoção do enfoque holístico e do "como", consiste em arregimentar os integrantes certos e ministrar-lhes uma série de programas de capacitação, para que possam atingir as metas de prazo cada vez mais longo que a visão superior implica. A escolha da equipe certa pode parecer absolutamente óbvia, mas não o é. A questão implícita que se deve responder consiste em qual é o equilíbrio mais apropriado entre a administração das operações atuais e o desenvolvimento da capacidade para o amanhã. A equipe executiva atual pode e deve desempenhar os dois papéis? Como trazer sangue novo para a equipe, de modo a nivelar os pontos fortes existentes enquanto se prepara a nova geração de líderes?

Em alguns casos, uma equipe administrativa jovem tem condições de assumir o hoje e o amanhã. Isso talvez seja difícil para muitas equipes do primeiro escalão que sempre administraram as operações com rédea curta, adotando uma postura da cúpula para a base; suas agendas já estão congestionadas com as tarefas do dia. Como esperar que eles se encarreguem de mais uma, principalmente se essa requerer dois dias na semana e não há horário disponível nos três meses seguintes? É preciso identificar esses obstáculos em cada caso e promover o equilíbrio certo.

A escolha se dá essencialmente entre a equipe atual (nesse caso, é preciso decidir se essa é a equipe adequada, dotada dos atributos e anseios certos para o trabalho) e uma outra que combine empregados antigos e novos. Em geral, essa mistura é gerenciada com maior eficácia por um grupo motriz, cuja tarefa é criar o futuro, deixando para a diretoria executiva a administração do desempenho no presente. Acionar a(s) equipe(s) certa(s) e a estrutura administrativa para gerenciar o hoje e o amanhã simultaneamente é essencial e, na verdade, constitui uma das leis naturais. Os responsáveis por recursos humanos e recrutamento devem ter isso em mente e garantir que pessoas com a atitude e as habilidades certas ingressem na organização e possam evoluir, tornando-se verdadeiros embaixadores da marca.

Defina os programas certos

Nós descobrimos que um ótimo caminho para definir os programas certos é o CEO e a(s) equipe(s) do primeiro escalão selecionarem uma questão mobilizadora única e se dedicarem a ela por, digamos, 20 meses. Por que 20 meses? Primeiro porque o mundo está mudando tão depressa que muitas das suposições que fazemos hoje provavelmente não se concretizarão depois desse prazo. Segundo porque, conforme a nossa experiência, ainda são necessários 6 meses no mínimo para se construir uma capacidade organizacional significativa. Então, deve-se estabelecer um prazo entre 6 e 20 meses. Para as empresas menores, e as de comércio eletrônico, 6 meses é uma boa opção. Para as organizações maiores, com um número de empregados igual ou superior a 1000, o esforço exige mais tempo e depende da diversidade do negócio que se administra. Um período de tempo que coincida exatamente com o padrão de ano ou de semestre financeiro pode ajudar a garantir a conclusão do projeto, por evitar cortes orçamentários a curto prazo.

A questão mobilizadora única oferece uma oportunidade para a(s) equipe(s) do primeiro escalão concentrarem a atenção num tópico, que exercerá um impacto considerável sobre a experiência do cliente e, em decorrência, sobre a posição da empresa no mercado. A equipe pode usar essa questão para carrear as energias da organização para esse programa holístico, resultando numa ampliação significativa da capacidade.

A escolha de uma questão única requer a combinação criativa de todas as quatro dimensões. A racional: a questão assegura valor para o acionista? A emocional: a questão despertará a imaginação da grande maioria do pessoal da empresa? A política: a questão utilizará o momentum e o potencial disponível por meio da alocação de pessoal e da agenda de trabalho das pessoas mais poderosas da organização? E, finalmente, a espiritual: a questão contribuirá de forma relevante para o senso de propósito da organização e o partilhará com os empregados, possibilitando-lhes perceber um sentido em sua vida?

A "lógica dos modos da marca" fornece a estrutura para que se identifique corretamente a questão mobilizadora única. Mesmo a diretoria executiva das empresas, em geral formada por pessoas que se conhecem há anos, freqüentemente luta para distinguir entre sintomas e causas. Isso ocorre principalmente quando a equipe precisa adaptar-se a um modo novo de trabalhar: não apenas as pessoas têm "mapas mentais" diversos, mas as mesmas palavras apresentam significados diferentes para cada uma delas. A estrutura oferecida na Ilustração 13 inclui a seguinte questão única mobilizadora: decidir concentrar-se em "o quê" — o modelo centrado no negócio — ou em "como" — o modelo centrado na administração —, dependendo da situação. E também trata de objetivos fundamentais da empresa — as formas de se avaliar o progresso, tendo por base a questão mobilizadora, tanto em termos quantitativos como qualitativos, bem como os fatores cruciais para o sucesso. Além disso, a estrutura abrange as tarefas que devem ser executadas com eficácia — tanto "o quê", ou seja, os elementos do pro-

Lógica dos modos da marca

Ampliar o valor para o acionista por meio
dos modos da marca

Questão mobilizadora única
*prioridade da alta administração por 6-20 meses
*foco em "o quê" — o modelo centrado
no negócio — ou em "como"
— o modelo centrado na gestão

Objetivos da empresa
*Avaliações quantitativas
por exemplo, fidelidade do cliente,
retorno de capital, tempo de
permanência do empregado na
empresa, eficácia operacional
*Avaliações qualitativas
por exemplo, entusiasmo do cliente,
desenvolvimento da marca, eficácia
da organização, motivação dos
empregados...

Fatores cruciais para o sucesso
*O que deve ser bem feito
*Como isso será realizado
Prestação de contas, responsabilidades e papéis

*Variáveis controláveis
*Resultados
*Melhorias para o cliente

Ilustração 13 *A lógica dos modos da marca.*

grama, quanto o aspecto mais importante: "como", de que maneira é preciso gerenciar o programa, com a definição de quem presta contas e quem é responsável pelo quê, além das funções correspondentes.

Na nossa experiência, as discussões em torno da "questão mobilizadora", dos "objetivos" e dos "fatores do sucesso" rapidamente distinguem os sintomas das causas e fornecem os meios para desenvolver a compreensão e o espírito de cooperação dentro da equipe. A clareza nesses três tópicos é essencial antes de se avançar para os três últimos itens da lógica dos modos da marca — que são as variáveis controláveis ou as "alavancas" que a administração pode utilizar para promover mudanças, os "frutos" que ela espera colher com o programa e os "benefícios" que fluem naturalmente da decorrente melhoria da experiência do cliente por meio do aperfeiçoamento dos modos da marca.

Para proceder a um diagnóstico, o CEO e a equipe do primeiro escalão podem valer-se da lógica dos modos da marca e acionar um grande número de pessoas dentro da organização para identificar as oportunidades de melhoria da empresa que se relacionem à questão única. É vital envolver um grande número de empregados para que se aborde tanto a dimensão racional ("as oportunidades existem") quanto a emocional ("Eu acredito nessas oportunidades, pois estou envolvido com elas").

O resultado do diagnóstico pode então ser traduzido num programa para resolver a questão imobilizadora única. Para tanto, combina-se o trabalho necessário para implementar as melhorias com as iniciativas já em andamento (e as pessoas encarregadas delas), abarcando assim a pauta política não só dos que detêm maior poder, mas também ao longo da escala hierárquica até chegar ao empregado que atende o cliente. Os empregados dão sustentação a programas que eles sabem que são conduzidos por verdadeiros líderes, por pessoas merecedoras do seu respeito, resolvendo dessa forma os problemas políticos que com tanta freqüência solapam iniciativas que, não fosse por isso, seriam absolutamente sólidas.

Isso dá ao CEO a oportunidade de estabelecer relações entre o programa, a novela da empresa e a visão superior, acrescentando assim a dimensão espiritual, que verdadeiramente se torna a liderança da marca. Por fim, o programa pode ser conduzido por uma estrutura administrativa baseada na dinâmica da equipe do primeiro escalão que vimos na seção anterior.

Promova as melhorias certas

As melhorias nos modos da marca da empresa devem ser vistas pela perspectiva do cliente. Isso parece óbvio, mas as organizações com, digamos, mais de 500 empregados têm muitas dimensões: as funções — marketing, gerenciamento de compras de bens e serviços (*sourcing*), cadeia de suprimentos, produção, finanças etc. — e os diferentes tipos de negócio ou de formatos de empresa, muitas vezes com clientes em comum ou diferentes em localizações geográficas variadas. Costurar tudo isso com coerência, para que os modos da marca possam realmente ser implementados, não constitui tarefa fácil.

O que demonstra que houve melhoria é que ela flui em direção ao capital, convertendo-se então em valor para os acionistas. As melhorias devem impulsionar os números e não o inverso, caso contrário não se sustentarão. O ponto de partida consiste freqüentemente nas projeções do valor para os acionistas baseadas na posição no mercado, em comparações de *benchmarking* e com os concorrentes. Esse é o modelo de negócio "da cúpula para a base", que deve fornecer à organização um conjunto de metas correto em termos de direção e de receitas, custos e capital.

Descobrimos que a analogia com a mina de ouro costuma ser útil para explicar tudo isso. No modelo de negócio do tipo "da cúpula para a base", a administração, acreditando que "existe ouro nas montanhas", sugere que sua abundância justifica o custo da mineração e a empresa, então, estabelece algumas hipóteses viáveis sobre sua possível localização. O diagnóstico deve identificar a verdadeira localização da mina, aproveitar as oportunidades e comprovar a autenticidade do ouro — com operações de linha de frente e o suporte da função financeira local. Projeta-se o programa para cavar o ouro começando pela base e subindo até o topo — ou seja, oportunidade por oportunidade —, um modelo de negócios testado e aprovado para avaliar o progresso de maneira transparente, por meio da estrutura administrativa escolhida, e o apoio ativo dos "barões ladrões" (*Robber-Barons*)! Veja a Ilustração 14.

Lembre-se, a reinvenção envolve muito mais do que simplesmente definir uma série de projetos — é preciso que eles se encaixem, que se reforcem reciprocamente e contem com o apoio total e constante da equipe do primeiro escalão. O perigo é comprometer recursos, quantitativos e qualitativos, insuficientes para o sucesso. Cada organização tem uma porção de iniciativas em andamento, cada uma delas baseada em justificativas sensatas, embora apenas uma minoria disponha de um modelo de negócios adequado. A questão é: como encaixar todos os projetos — será que um amplia o outro? E será que existem espaços em branco — estará faltando alguma coisa? A equipe do primeiro escalão precisa providenciar para que o volume adequado de recursos seja investido e que o grupo motriz, ou qualquer que seja o corpo administrativo, esteja a postos, removendo incansavelmente as barreiras que inevitavelmente surgirão — dentre as quais as mais difíceis são as de natureza política.

Implementação — o envolvimento certo

Até aqui nós já devemos ter identificado o sonho, a equipe, o programa e as melhorias certas. Embora tudo isso seja importante em termos de criação das condições ótimas para o sucesso, a parte difícil ainda está por vir: a realização. É preciso que muitas das pessoas envolvidas no diagnóstico das melhorias necessárias se envolvam na implementação do programa, para assegurar não só a sua continuidade, mas também a sua exeqüibilidade. É fácil vender as vantagens de uma salsicha voadora, mas criá-la é um tanto difícil! Assim, os participantes do projeto devem "comprometer-se até os ossos" para transformar o sonho em realidade (dimensões emocional e política).

O volume e a qualidade dos recursos empregados tanto no diagnóstico quanto na implementação são cruciais para o sucesso. Escolher as me-

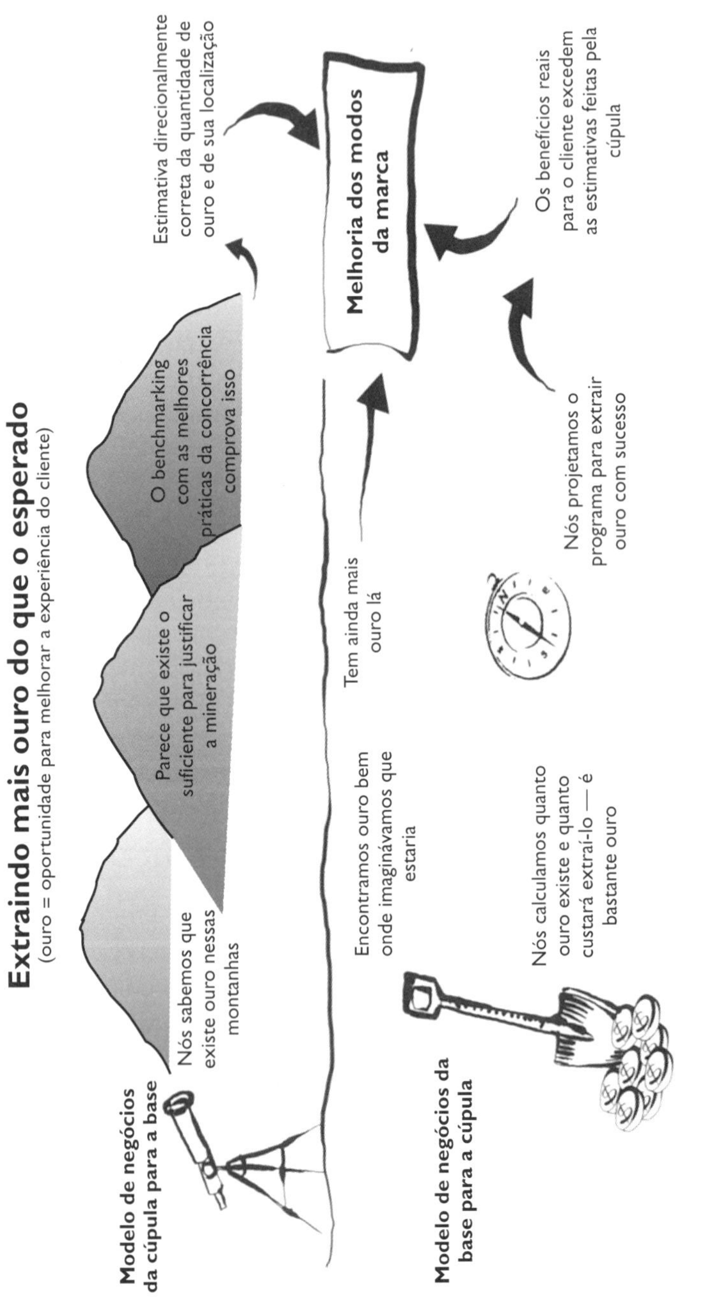

Extraindo mais ouro do que o esperado

(ouro = oportunidade para melhorar a experiência do cliente)

Modelo de negócios da cúpula para a base

Modelo de negócios da base para a cúpula

Nós sabemos que existe ouro nessas montanhas

Parece que existe o suficiente para justificar a mineração

O benchmarking com as melhores práticas da concorrência comprova isso

Estimativa direcionalmente correta da quantidade de ouro e de sua localização

Encontramos ouro bem onde imaginávamos que estaria

Tem ainda mais ouro lá

Nós calculamos quanto ouro existe e quanto custará extraí-lo — é bastante ouro

Nós projetamos o programa para extrair ouro com sucesso

Melhoria dos modos da marca

Os benefícios reais para o cliente excedem as estimativas feitas pela cúpula

Ilustração 14 *Extraindo ouro.*

lhores pessoas da organização para trabalhar em tempo integral no programa é uma medida que oferece muitos benefícios e a probabilidade de êxito será muito maior, pois eles trabalharão nas dimensões emocional e política. Os resultados chegarão perto de 120%, contra os convencionais 80% do nível racional, e serão mais sustentáveis, pois os indivíduos crescerão imensamente e se tornarão gerentes gerais mais completos. Além disso, os espaços abertos na organização pela alocação de pessoal no programa serão rapidamente preenchidos por empregados que até então não haviam tido oportunidade de crescimento acelerado.

Embora a retirada das melhores pessoas das operações cotidianas possa parecer difícil, até mesmo imprudente naquele momento, o retorno virá bem depressa. Uma advertência: o processo de remanejamento de pessoal dentro da empresa deve ser justo, sólido e transparente. Para que os empregados possam assumir o risco de se afastarem de seu posto, de suas tarefas diárias, é essencial que a organização como um todo os trate da maneira apropriada — e que, na verdade, lhes permita progredir na carreira mais rapidamente do que se tivessem continuado em seus antigos postos. Se isso for bem feito, a organização adquirirá fluidez e contará com empregados capazes de trabalhar em projetos que expandem fronteiras e que são essenciais para criar a energia vital da empresa no futuro.

Não utilizar alguns dos melhores talentos da empresa em razão de preocupação com a continuidade da rotina diária provavelmente resultará em apenas 80% da implementação, bem como em arrependimento pela prolongada sensação de que teria sido possível assegurar mais 50% de melhoria. Os 120% farão falta, infelizmente. Jamais se esqueça de que o talento de cada empregado lhe permite trabalhar com 80% de seu potencial ou com até, digamos, 120%. A autoridade para isso vem de baixo para cima, e não o inverso.

Capítulo 7

Os modos da marca em ação

Uma vez que se definiu o programa certo com os recursos certos, o papel do corpo administrativo ou grupo motriz é assegurar os objetivos certos e remover os obstáculos à medida que se apresentarem. Dar a esse corpo de liderança o mesmo nome do programa — que deve ser escolhido de modo a refletir a pauta de ordem superior e, portanto, conquistar corações e mentes — constitui um mecanismo eficaz de comunicação e uma oportunidade que não se deve perder.

Nas reuniões, só se deve relatar o progresso excepcionalmente: não é preciso desperdiçar o tempo com o que está indo bem, a menos que haja lições sobre a melhor prática que tenham utilidade para outros setores da organização. A equipe deve concentrar-se em tomar decisões e colocá-las em prática.

A mobilização é o caminho para introduzir oxigênio no trabalho, assegurando assim que as pessoas sempre sintam "o vento impulsionando as velas". O diretor-presidente deve definir quem deve prestar contas de quê, para que a diretoria executiva possa gerenciar ativamente os fatores cruciais do sucesso e para que as pessoas a quem se delegou autoridade sejam vistas constantemente dando suporte ao programa e mesmo assumindo riscos pessoalmente, como indivíduos. O CEO deve dividir a equipe de primeiro escalão expandida — que inclui os gerentes atuais e os futuros líderes da empresa, perfazendo um total de, suponhamos, 100 integrantes — em subgrupos gerenciáveis de, digamos, 30. No início do programa, o CEO deve passar de três a quatro horas com eles, definindo a pauta e respondendo a perguntas difíceis em fórum aberto.

Essa providência reforça a credibilidade e cria intimidade. E também diminui a percepção de riscos do pessoal. Existem três ingredientes-chave necessários para construir a confiança que se tornará os músculos da futura organização. O conceito de "conselho comunitário" pode ser altamente energizante para a organização. Toda a cúpula administrativa deve reunir-se com seus gerentes duas vezes por ano, em grupos de no máximo 300.

Os quatro quadrantes do modelo de gestão estratégica conhecido como *balanced scorecard* (BSC) — Cliente, Pessoal, Operações e Finanças — podem constituir uma base excelente para se discutir como a empresa transformará seus planos ousados em realidade operacional e como criará as condições para os bons modos da marca florescerem. Após um intervalo que permita que os participantes se sociabilizem e conversem sobre o que ouviram, o CEO deve iniciar um debate dirigido com a platéia, principiando com perguntas, mas terminando com um diálogo com os indivíduos em suas mesas. Esse esquema ajuda os diretores a circularem pela sala, encorajando as pessoas a formular aquelas perguntas difíceis que normalmente são feitas apenas nos corredores e banheiros.

A realização bem-sucedida do programa depende da mistura certa de ingredientes, de colocar o foco não só no "o quê", mas também no "como", e do trabalho horizontal cooperativo que rompe as fronteiras organizacionais. Quanto aos ingredientes, esses devem concentrar-se na melhoria da experiência do cliente por meio do aprimoramento dos modos da marca. Os empregados da linha de frente, que lidam com o cliente todos os dias, constituem o caminho para se chegar a isso. O trinômio composto pela simplificação das tarefas, pelos sistemas TI — que, além de apropriados para o serviço, são fáceis de usar — e pelas habilidades básicas tornam o trabalho mais fácil e gratificante. Se a empresa se orientar por mensurações equilibradas, feitas sob medida para o ambiente de trabalho, poderá prosseguir nesse caminho até chegar à organização autoconfiante necessária para os modos da marca aperfeiçoados, conforme se vê na Ilustração 15.

Quando se coloca o foco no "como", percebem-se nuances extremamente importantes. As de maior importância são "consultar" versus "informar" e "mostrar" versus "contar". Trata-se de aspectos essenciais para clarificar os papéis e as autoridades, de forma que todo o pessoal compreenda quem é responsável pelo que e de que modo se espera que cada pessoa con-

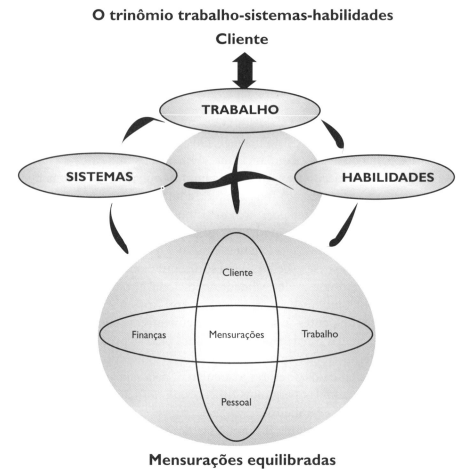

Mensurações equilibradas

Ilustração 15 *Para servir melhor ao cliente.*

tribua ou de que modo ela pode fazê-lo. Evite quem tenta executar as tarefas de seus subordinados. Uma vez que tudo está em ordem, a nitidez sobre quem se deve consultar e quem deve ser informado sobre uma atividade-chave pode evitar frustração e aumentar os níveis de energia.

Consultar as pessoas também é uma providência de considerável impacto, já que todos reagimos bem quando nos perguntam sobre o nosso modo de ver os temas que nos interessam, além de nos colocar na dimensão emocional e com freqüência também na política. A própria palavra "comunicação" implica o ato simples e unidirecional de "informar" — que pode exercer um efeito desenergizante e minar o comprometimento dos empregados. Daí a mobilização ser tão importante quanto a comunicação, já que essa constitui o mínimo requerido para que as pessoas ao menos tenham alguma idéia do que está ocorrendo na novela da empresa. Imagine um teatro em que os atores apenas lessem o *script* — a companhia teria de fechar as cortinas mais do que depressa!

Isso nos conduz ao segundo aspecto de "como": "mostrar" versus "contar". Quantas vezes os executivos arrancam os cabelos, perguntando: "Por que eles não entendem? Eu já expliquei três vezes... por que não fazem direito?" Boa parte da resposta está na maneira como as pessoas reagem a estímulos e como aprendem. Muitas das iniciativas das "Melhores Práticas" fracassam nas empresas porque elas tentam contar para o pessoal o que deve ser feito e até mesmo como! Os seres humanos freqüentemente reagem mal quando "lhes contam". É muito melhor mostrar e deixar que tirem as próprias conclusões, dando-lhes espaço para aprender e — se pararmos para pensar — para ser, no sentido mais completo da palavra.

Podem ser espetaculares os resultados da abordagem em que se diz: "Eis o que os outros descobriram que dá certo; agora vão e adaptem tudo à situação de vocês... se funcionar bem, partilhem o aprendizado com os colegas." A última peça do quebra-cabeça do "como" — o trabalho horizontal, conforme mostra a Ilustração 16 — consiste em envolver o pessoal que será afeta-

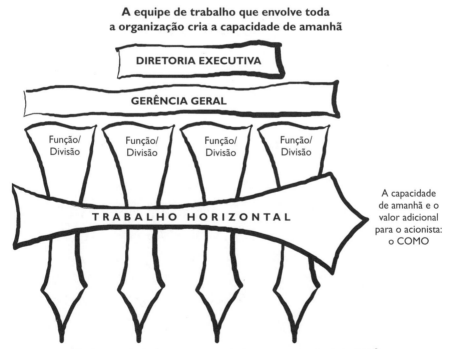

Ilustração 16 *Trabalho horizontal*.

do pelas mudanças organizacionais na identificação das oportunidades e na concepção de novas e melhores formas de executar o trabalho. A forma mais eficaz de se atingir esse objetivo é a criação de equipes naturais de trabalho, ou seja, congregando pessoas que seriam as naturalmente indicadas para aquela oportunidade específica. Com freqüência, essas equipes naturais de trabalho precisam da supervisão de um grupo operacional motriz, para garantir a realização nas dimensões emocional e política; dentre os participantes devem estar os gerentes seniores das unidades/funções envolvidas.

O enfoque dos modos da marca: resumo

O panorama descrito acima, que visa colocar em prática o caminho dos modos da marca, se aplica tanto às pequenas empresas quanto às grandes organizações e se concentra nas lições sugeridas pelas leis naturais que abordamos anteriormente. Os modos da marca também se aplicam à "Nova Economia", particularmente em termos do foco sobre a experiência do cliente e a capacidade de exceder continuamente suas expectativas.

Em "A história da Tesco" (Capítulo 4), nós nos concentramos no lado direito do Livro da Vida dos Modos da Marca — a empresa. Com a história da Orange (Capítulo 8), que foi a quarta empresa a entrar no mercado da telefonia celular no Reino Unido, nós nos concentramos no lado esquerdo do livro: o cliente.

Capítulo 8

A história da Orange

A história da Orange ilustra um dos mais assombrosos sucessos em termos de construção de marca dos anos recentes. O valor de mercado da empresa cresceu de zero, em 1994, a 28 bilhões de libras no ano de 2000. Sem dúvida o fechamento de um bocado de acordos, a criação de um sistema engenhoso de distribuição e o desenvolvimento tecnológico foram os principais fatores que contribuíram para essa espantosa conquista, mas, para a maioria dos observadores, incluindo seu CEO, Hans Snook, a razão principal foi o poder da marca Orange. Esta história mostra como os clientes podem ser cativados por uma promessa da marca altamente criativa e motivadora, que se dirige aos quatro níveis de necessidade: racional, emocional, político e espiritual.

A presente história se baseia em grande parte nos estudos de Charles Vallance (1996) e Don Izbicki e Cameron Saunders (1998) — todos da WCRS, agência publicitária que cuidava da conta da Orange — elaborados para os IPA Advertising Effectiveness Awards (prêmios concedidos pelo IPA para os que se destacaram em propaganda e marketing). Nós estamos em débito com o Institute of Practitioners in Advertising (IPA), que nos concedeu permissão para usar excertos desses *cases*, a cuja versão integral pode-se ter acesso em www.warc.com ou por meio do IPA, em www.ipa.co.uk. Também somos gratos a Stephen Woodford, CEO da WCRS, por suas lembranças da história da conta da Orange, à qual ele e o chairman Robin Wight estiveram intimamente associados desde o princípio.

A gênese da promessa da marca

O nome, o logotipo (Ilustração 17) e a identidade empresarial da Orange foram criados por Wolff Olins e Doug Hamilton, seu diretor de criação, que era e continua sendo a pessoa-chave para a empresa no que diz respeito à consultoria da marca — e seu trabalho permanece absolutamente vital para o espírito da marca Orange. Sob a liderança de Robin Wight, a WCRS trabalhou bem de perto com Wolff Olins na estratégia voltada para o futuro — foram eles que criaram o slogan *"The future's bright, the future's Orange"* ("O futuro é brilhante, o futuro é Orange"). Ambas as agências acreditavam de coração que a nova empresa acabaria por falir miseravelmente se ocupasse apenas o quarto lugar no mercado e discutiram para valer até encontrarem uma abordagem radical do problema. Um indicativo de seu sucesso nessa empreitada, e da coragem de Hans Snook como cliente, foi o fato de o "bebê" ser batizado com o nome de "Orange" (laranja) mais de quinze anos depois que marcas como "Egg" (ovo) e "Cahoot" (parceria) se tornaram bastante comuns. Na verdade, Hutchison originalmente pretendia lançar-se com o nome Hutchison Microtel, um nome que tinha cheiro de desastre em potencial.

A inspiração para a visão da Orange em relação ao mundo do futuro veio de um dos muitos conceitos que a WCRS pesquisara em grupos focais. Eles haviam testado inúmeros tipos diferentes de proposta e depararam um

Ilustração 17 *O logotipo da Orange.*

conceito fundamentado em relatórios de uma comunidade-teste nos EUA, onde uma empresa estava fazendo experiências com uma cidade digital, sem fios, e onde se telefonava para pessoas e não para lugares. Larry Barker, diretor de criação da WCRS na época, participou desses grupos de discussão. Ele viu que a agência tinha apresentado dezessete declarações de conceito que consistiam essencialmente em uma porção de tolices sem sentido sobre "o futuro ser melhor" e por fim a décima oitava, acerca da comunidade experimental, que decididamente incendiou o grupo em termos de interesse. As pessoas chegaram a se levantar, depois começaram a conversar e se animaram pela primeira vez no decorrer da pesquisa. Esse conceito era o verdadeiro germe do posicionamento visionário da marca de Barker: *The future's bright, the future's Orange.*" Inspirada por essa idéia de um futuro livre dos fios, a WCRS desenvolveu um "mantra" que apregoava que eles não se imporiam à força no velho mercado, mas seriam os primeiros num novo mercado... livre de fios. Essa linha de atuação e de pensamento se tornou a base de uma sedutora "narrativa do futuro", uma visão do amanhã que representava um imenso contraste com o espírito dos tempos dos dias de cão do governo conservador de John Major.

A linguagem da Orange

Em conseqüência, a agência jamais falou sobre celulares e jamais utilizou a linguagem da categoria existente; eles sempre usaram a nova e visionária linguagem do futuro sem fios, que se constituíra num apelo tão emocional e até mesmo espiritual para os clientes. A expressão "sem fios" se tornou uma parte importante do vocabulário da empresa e essencial na de Hans Snook. Era também uma força motriz por trás da estratégia empresarial, vinculada como estava a idéias básicas da organização, tais como a necessidade premente de cobertura. "É uma questão de cobertura, cobertura, cobertura", repetia Snook ao construir a infra-estrutura e os acordos de *roaming* que constituíam as principais escoras do futuro sem fios, em que a transmissão de dados seria tão importante ou até mais do que a de voz.

Também é quase 100% verdadeiro que, no mesmo espírito radical, a WCRS jamais tenha mostrado um telefone celular na propaganda da Orange. Em certa ocasião, houve uma campanha em conjunto com a Motorola em que eles foram pressionados a mostrar um telefone, mas na verdade apenas usaram o raio-X de um aparelho! A WCRS certamente nunca mostrou um telefone nos comerciais de TV e sempre trabalhou com base no pressuposto de que as pessoas sabiam o que era um celular e o que fazer com ele. Em vez disso, a campanha enfatizava o potencial da comunicação sem fio e seus benefícios: o fato de ser possível ligar para pessoas, e não para lugares, que o usuário nunca ficava fora de alcance, bem como todas as coisas que poderiam ser feitas por meio do telefone, além de simplesmente falar através dele, como por exemplo enviar mensagens e informações. A Orange sempre se apresentou como sendo muito mais do que um mero aparelho telefônico.

Talvez o mais importante de tudo tenha sido a forma como a Orange se comunicou. A WCRS sempre teve uma idéia muito precisa sobre o que era e o que não era a Orange em termos do jeito de falar típico da marca. Por exemplo, havia constantemente a voz "em *off*" do artista Paul Vaughan. Além disso, o espectador sempre conseguia distinguir os anúncios da Orange pela direção de arte. Não havia um personagem definido: ele era multirracial, velho, jovem, homem, mulher, mas sempre muito bem fotografado, com o caracteristicamente otimista "brilho do pôr-do-sol", provocando sempre a sensação de amplitude e tranqüilidade.

Durante e após a lua-de-mel

Diante do radical, visionário e potencialmente controvertido pacote da identidade e posicionamento da marca, Chris Moss, na época diretor de Marketing, imediatamente comprou a idéia e, para sua gratidão eterna, Hans Snook de pronto endossou a compra. A campanha publicitária foi apresentada em novembro de 1993, gravada em fevereiro de 1994 e foi ao ar em abril desse ano. A cúpula da Orange se deu conta do grande potencial e todos sabiam que tinham de se envolver.

Contudo, houve um período de perceptível insegurança — de 4 a 6 meses após o lançamento, quando as vendas estavam começando a subir, porém não estavam deslanchando conforme esperado. Houve também uma certa confusão, as pessoas diziam não entender o que era a Orange. Na verdade, demorou um certo tempo para que a empresa como um todo se apaixonasse pela propaganda tanto quanto a agência e o pessoal de marketing. A campanha era vista como excêntrica e a equipe de vendas questionava: "Por que não mostramos o telefone?" e, como isso rompia muitas das convenções do mercado, muita gente se sentia desconfortável a respeito. Talvez o momento de definição tenha sido quando a Orange recorreu à propaganda comparativa com a Vodafone e a Cellnet. Eles foram parar no Supremo Tribunal quando a Vodafone os processou. O caso teve como origem a afirmação da Orange de que seus usuários podiam economizar uma média de 20 libras por mês, em comparação com os da Cellnet e os da Vodafone. Essa declaração se baseava numa análise de 300.000 contas telefônicas dos clientes da Orange que foram cotejadas com as tarifas da Vodafone e da Cellnett então vigentes. Dessa comparação concluiu-se que o usuário da Orange economizava uma média de 20 libras por mês. O diretor da conta da WCRS dessa época suportou dias de agressivo interrogatório pelos advogados da Vodafone, mas no final o processo foi arquivado e eles foram condenados a pagar as custas, o que era inusitado em disputas comerciais como aquela.

Em conseqüência da publicidade em torno do caso e da campanha publicitária que atingia seu auge, a Orange subitamente pareceu capturar a imaginação. As pessoas perceberam a natureza política da batalha legal e também abriram os olhos para os benefícios racionais e práticos da Orange — valor significativamente melhor — e compreenderam o que era aquela marca. A partir dali a imprensa começou a falar em tom mais positivo do que negativo e a marca foi ganhando força. Outra conseqüência do processo jurídico foi que toda a empresa passou a apoiar a campanha, que começava a ganhar prêmios por criatividade, enquanto a Orange principiava a ser considerada uma marca de alcance potencialmente internacional, com um alto grau de conteúdo emocional. Além disso, a empresa estava atenta à flutuação da bolsa de valores e percebeu que o valor da marca constituiria o fator de maior peso na valorização da empresa. E mais ainda, a "sofisticação" dos comerciais de TV da temática Orange provocava uma sensação positiva, quase espiritual, de otimismo em relação ao futuro. Isso significava que a marca Orange fora construída com as quatro dimensões dos modos da marca — a racional, a emocional, a política e a espiritual.

O mercado no lançamento

Sob a luz do sucesso posterior da Orange, agora fica difícil avaliar inteiramente os imensos problemas que a marca enfrentou quando foi lançada, em abril de 1994. As condições dificilmente poderiam ter sido mais adversas. A Cellnet e a Vodafone dominavam o mercado havia 10 anos, com total cobertura nacional e milhões de assinantes de suas redes analógicas. Ambas também haviam desenvolvido com sucesso tarifas reduzidas para o assinante que usa pouco o celular como parte da estratégia preventiva de bloquear a entrada de concorrentes no mercado consumidor, além de reforçarem sua hegemonia com o desenvolvimento de redes digitais (GSM) — Ilustração 18.

O antigo duopólio, portanto, constituía um oponente formidável, mais do que capaz de esmagar uma jovem rede no momento de seu nascimento. E foi por isso que, 6 meses antes do lançamento da Orange, a Mercury One2One também decidiu adotar uma abordagem inteiramente diferente. Com uma rede incipiente que dispunha de cerca de 30% da cobertura, ela reconhecia a impossibilidade de competir com a Cellnet e a Vodafone dire-

82 EM SINTONIA COM A MARCA

**Cobertura da rede na época do lançamento
da Orange (abril de 1994)**

Orange	c 50%
Cellnet Analógica	98%
Cellnet GSM	c 95%
Vodafone Analógica	98%
Vodafone GSM	c 95%
One2One	c 30%

c = aproximadamente
Fonte: Network Coverage Maps

Ilustração 18 *Cobertura da rede.*

tamente e, em vez disso, desenvolveu a famosa estratégia de chamada grátis junto com uma abordagem regionalizada da configuração da cobertura. A estratégia teria um grande êxito em ampliar o número de linhas novas.

Desse modo, a Orange, que se lançava com aproximadamente 50% de cobertura, deparava um desafio tremendo — e viu a maioria de suas oportunidades de mostrar competitividade se perderem. Estava atrasada, tinha um nome excêntrico e vinha de Hutchison, a coelheira onde se criara o azarado Rabbit. Os comentaristas se apressaram a escrever a esse respeito:

> "Conta-se que o bilionário Li Ka-Shing, proprietário da Hutchison Whampoa, está sendo pressionado para deixar o ramo das telecomunicações do Reino Unido ..." *The Times*, 5 de abril de 1994

> "Seria preciso muita coragem para apostar que a empresa de Hong Kong chegará ao final da década." *Investor's Chronicle*, junho de 1994

> "Andrew Harrington, analista de telecomunicações da Salomon Brothers, está convencido de que a Orange não fará sucesso na Grã-Bretanha." *South China Morning Post*, 16 de outubro de 1994

A estratégia certa

Uma questão se impôs ao longo do processo de lançamento e desenvolvimento estratégico. Como a Orange poderia superar, ou minimizar, a enorme desvantagem de ser a última? A experiência da BSB de ser a última no mercado de satélite do Reino Unido estava longe de ser um precedente tranqüilizador. Mas nem tudo era pavor e desespero. A Orange na verdade contava com inúmeros atributos importantes de competitividade. Mais notadamente, ela oferecia um sistema de cobrança por segundo e até por minuto, o que, para a maioria dos usuários, representava uma economia mensal de 20% a 40%, em comparação com a Cellnet e a Vodafone. Dada essa vantagem financeira, à primeira vista uma estratégia monetária/"nós somos mais baratos" seria a rota óbvia. Por várias razões, entretanto, também teria sido desastrosa. Em primeiro lugar, a mais barata não era a Orange, mas sim a One2One. E mesmo que o fosse, a utilização do argumento de oferecer o uso menos dispendioso teria colocado a Orange em confronto direto com o ponto forte da Cellnet e da Vodafone, que consistia exatamente no baixo preço de aquisição. Enquanto a maioria dos aparelhos telefônicos analógicos da Vodafone ou da Cellnet custava entre 49,99 a 99,99 libras, o preço do aparelho mais barato da Orange no lançamento era de 249,99 libras. Acima de tudo, porém, uma estratégia baseada no preço teria sido desastrosa porque aniquilaria a única vantagem de ser a última: a oportunidade de evitar o erro que as outras haviam cometido.

O "erro de categoria" das outras e a oportunidade da Orange

Esse "erro" consistia em permitir que um produto que deveria pertencer a uma categoria absolutamente popular e excitante se tornasse uma simples mercadoria e ficasse desacreditado. Com a exceção parcial da One2One, a categoria de telefone celular estava mais ou menos destituída de marca e de valores de marca. A mentalidade de duopólio da Cellnet e da Vodafone havia resultado num "gueto" da telefonia celular, caracterizado pela confusão, desconfiança e um emaranhado de tarifas complicadas, de acordos e reclamações sobre preços. A última coisa que a Orange devia fazer era enfatizar suas similaridades concentrando-se nos preços. Em vez disso, sua oportunidade era escapar do gueto ao ser a primeira a desenvolver uma sólida identidade da marca. Essa identidade da marca, além disso, podia ser construída no mercado classe A, que fora tão notoriamente negligenciado pelas concorrentes. Depois de conquistar esse segmento, a Orange pôde então veicular sua mensagem baseada no preço, a partir do ponto forte da marca e não do ponto fraco do produto.

Pesquisa de posicionamento classe A

A tarefa, portanto, era encontrar uma expressão desses benefícios que permitisse à Orange posicionar-se bem acima das limitações do mercado existente. Por meio de um processo interativo de desenvolvimento de conceito, a WCRS chegou à seguinte expressão, que se tornaria a visão de marca da Orange:

> Chegará o tempo em que todas as pessoas terão seu número pessoal, que as acompanhará aonde quer que vão, pois já não haverá barreiras para a comunicação; um futuro livre de fios onde você telefona para as pessoas, não para os lugares, e quando todos se beneficiarão com os avanços da tecnologia.

Ser o primeiro em vez de o último

As palavras-chave na visão de marca da Orange eram "sem fio" e "futuro", pois foram elas que possibilitaram a Orange distanciar-se inteiramente do vocabulário e das associações de idéias do mercado. Com efeito, psicologicamente, elas permitiram à empresa criar uma categoria nova e diferente dos dois tipos existentes de telefonia. Ao definir sua própria categoria, a Orange pôde tornar-se a primeira em vez de a última: a primeira empresa de telefonia celular a beneficiar-se da vantagem de ter uma sólida identidade de marca.

Estratégia de mídia

Em razão das dúvidas que cercavam a Orange no lançamento, a tarefa mais importante para a mídia era cercar a marca com uma aura de total confiabilidade. Esse requisito estratégico fundamental se traduzia num cronograma de multimídia bastante assuntivo. Em vez de se voltar para apenas um veículo de comunicação, a Orange dominaria todos com pôsteres anunciando cada novo tema da campanha, a TV comunicando os benefícios básicos da marca e a imprensa fornecendo mensagens detalhadas no caderno informativo dos jornais. Essa abordagem integrada foi adotada ao longo das cinco fases de atividade. A eficiência dos veículos escolhidos foi enfaticamente demonstrada pelo relatório da monitoração de mercado elaborada pela Millward Brown, que provou que a propaganda ajudou em grande medida a empresa a alcançar um posicionamento de invejável proeminência na consciência do público — de tal modo que, depois de apenas dois anos, a marca Orange desfrutava de maior percepção do que a Cellnet ou a Vodafone.

Ainda mais notável, o impacto da estratégia de multimídia da Orange resultou numa percepção da propaganda geral maior do que a da BT, cujo gigantesco orçamento de publicidade no valor de 90 milhões de libras fazia o da Orange parecer raquítico. Esses níveis notáveis de percepção possibilitaram à campanha alcançar a rara distinção de se tornar de propriedade pública. Do *Sun* ao *Telegraph*, ela se tornou parte da voga jornalística, amplificando ainda mais o valor do investimento em publicidade.

A opinião dos especialistas

Pouco a pouco, o sucesso da Orange se tornou mais e mais visível e o ceticismo deu lugar à admiração, mesmo entre os concorrentes diretos:

> "A propaganda da Orange se tornou um marco. Foi bastante útil para Hutchison ao estabelecer uma personalidade distintiva da marca." Sholto Douglas-Home, BT, *Marketing Week*, 6 de outubro de 1995

"Um dos pontos fortes da campanha da Orange tem sido sua coerência." William Ostrom, Cellnet, *Marketing Week*, 1º de março de 1996

Mais importante é que o sucesso da propaganda da Orange foi entusiasticamente endossado pelo comércio. Isso iria representar uma contribuição secundária muito importante da propaganda:

"A imagem e a propaganda da Orange são muito, muito poderosas e ajudaram a construir a marca. Trata-se de um produto e um serviço que realmente despertam a aspiração de todos." Charles Dunstone, MD, Carphone Warehouse, *Money Programme*, 10 de dezembro de 1995

O resultado líquido foi que, mesmo antes da emissão de títulos no mercado, a Orange era saudada como um sucesso sem precedentes. A virada foi notável:

"Trata-se de uma das mais espantosas transformações da história empresarial britânica moderna. Num momento, a Orange aparecia como a "lanterninha" da competição, tendo, além disso, adotado um marketing excêntrico. No seguinte, alcançava o primeiro lugar na corrida, com emissão de títulos no valor aproximado de 2 bilhões de libras." *Sunday Times*, 3 de maio de 1995

Econometria e valor acrescentado

Para atribuir um valor estatístico à propaganda, a agência de pesquisas Millward Brown, em parceria com o departamento de Planejamento de Marketing da Orange, elaborou um modelo econométrico de vendas projetado para isolar todas as variáveis-chave, que identificou e analisou três dificultadores. Em linhas gerais, adotando-se o modelo da Millward Brown, calculou-se que correspondia a 61.000 o número total de linhas novas cuja venda se podia atribuir aos efeitos de curto prazo da propaganda. Descontando o custo de aquisição da linha, e estimando-se a receita média da rede em 37 libras mensais por assinatura, o valor líquido dessas 61.000 linhas adicionais montava a 128 milhões de libras — o que significava um retorno mais de quatro vezes maior que o custo da campanha publicitária.

A era plc* (empresa pública limitada) e a criação de valor para o acionista

Ao longo do período subseqüente — de abril de 1996 a abril de 1998, que foram os dois primeiros anos da Orange em sua nova forma como uma empresa pública da FTSE 100 —, a *raison d'être* da empresa mudou fundamen-

---

*Tipo de sociedade não existente no ordenamento jurídico brasileiro até a presente data. (N. da T.)

86 EM SINTONIA COM A MARCA

talmente. Agora a razão exclusiva de sua existência era criar valor para os seus acionistas, dar-lhes lucro. O imperativo de criar valor para o acionista resultou numa estratégia empresarial muito diferente para a Orange *plc*, em oposição à Orange dos anos de lançamento. Antes da emissão de títulos, o foco era o volume de ações, visando ganhar massa crítica. Após a emissão, o planejamento dos negócios da Orange *plc* resolveu que as ações sem valor nominal constituiriam o fator determinante do sucesso. Diferentemente de seus concorrentes, a Orange não podia sacrificar a *margem* em favor do volume. Ela não podia trocar qualidade por quantidade:

> "O uso e a fidelidade do cliente criam valor para o acionista. Isso significa que nós não objetivamos participação no mercado a qualquer preço." Hans Snook, diretor-gerente do Grupo, 1997, Resultados Preliminares, 12 de março de 1998.

Sob a luz do seu planejamento empresarial, a Orange *plc* estava impossibilitada de aplicar as duas estratégias vigorosas adotadas pelas concorrentes, a saber: corte nos preços e ampliação da rede de distribuição. A primeira comprometeria os valores subscritos tanto a curto quanto a longo prazos. A segunda ou implicaria custo fixo elevado (construir ou comprar uma rede nacional de lojas), ou colocaria em risco as receitas de curto e longo prazos (incentivos maiores para o revendedor). Em vez disso, para alcançar o objetivo da *ação sem valor nominal*, a Orange *plc* tinha três tarefas básicas: garantir o crescimento, manter a segurança e diversificar os riscos. Para tanto, a empresa manteve seu comprometimento com uma estratégia inequivocamente voltada para a marca: precisava impulsioná-la, porque essa era a melhor maneira, em termos de ampliação de valores, de se proteger contra os possíveis efeitos dos seus pontos fracos — o preço e a distribuição. A ampliação da capacidade da marca de atrair o desejo do consumidor se revelaria como a principal vantagem competitiva da Orange *plc*.

A competição fica acirrada

Ao longo de um período recente, verificaram-se três tendências nas empresas de telefonia celular no Reino Unido. Entre 1996 e 1998, o custo médio da utilização de telefone celular caiu 25%. Essa queda é atribuída exclusivamente a mudanças de tarifa promovidas pela Cellnet, Vodafone e One2One. Em vez de cortar o preço juntamente com o mercado, a tarifa básica proposta pela Orange permaneceu inalterada. O resultado foi que a Orange estava aproximadamente 5% mais cara que a Vodafone e a Cellnet, e 20-35% mais cara que a One2One. Essa faixa alta de preço inevitavelmente exerceu impacto sobre o volume de ações, mas não sobre a participação da Orange *plc* no mercado, que constituía a motivação maior do acionista.

Enquanto isso, houve significativas mudanças nas estratégias de distribuição das rivais da Orange. Antes do relançamento de sua marca, marcado para outubro de 1997, a Vodafone gastou milhões comprando canais de distribuição. No terceiro quadrimestre de 1997, a Vodafone possuía de longe a distribuição mais forte dentre as quatro redes do mercado, com mais de 250 lojas inteiramente de sua propriedade, praticamente uma em cada rua principal de todas as cidades do país.

A distribuição da One2One também tinha crescido numa velocidade que espelhava a expansão de sua rede. Entre abril de 1996 e abril de 1998, a rede One2One ampliou a sua cobertura de 45% para 95% (em comparação com os números equivalentes da Orange, de 90% para 96%). A Cellnet assumiu a propriedade do grupo The Link, no Reino Unido, e, na Escócia, da DX Communications, empresa líder do varejo de aparelhos de telefone celular. Isso aumentou consideravelmente a capacidade de distribuição da Cellnet, em adição à sua cadeia nacional de lojas BT. Em contraste, entre abril de 1996 e abril de 1998, a Orange abriu apenas 13 lojas de sua marca e não houve outras mudanças em sua estratégia de distribuição.

Complementando a extensão, havia também a qualidade da distribuição da concorrência. Para as redes essa qualidade se traduzia na probabilidade de um revendedor recomendar seus produtos para um cliente. Essa probabilidade era impulsionada por dois fatores: o primeiro consistia numa avaliação das necessidades dos clientes e futura satisfação com a rede e o segundo eram os incentivos que as quatro redes ofereciam ao revendedor. Num contexto em que preço e cobertura convergiam, o segundo fator adquiria uma importância crescente:

> "Nós estimamos que outras operadoras (não a Orange) aumentaram o pagamento de incentivos aos revendedores no quarto trimestre de 1997, dessa forma estimulando alguns deles a recomendar suas redes em preferência à da Orange, mesmo quando a Orange é em princípio a favorita do cliente." Dresdner Kleinwort Benson Analysts Report, março de 1998

Tampouco o sucesso da campanha publicitária da Orange em seus dois primeiros anos passou despercebido. O resultado consistiu em investimento pesado, por parte de todas as redes concorrentes, em propaganda da marca, com significativo apoio da mídia. O resultado desses aumentos no gasto foi uma redução da participação da Orange no setor de transmissão de voz.

Aferrando-se à promessa e à visão da marca

Por meio de intensa pressão competitiva, a Orange e a WCRS, sua agência, continuaram aferradas à poderosa combinação de comunicações da marca

88 EM SINTONIA COM A MARCA

que consistia na promessa da marca e na decidida transparência de suas ofertas financeiras e tarifas. Como Hans Snook confirmou:

"A maneira como se define uma marca é a maneira como se cumpre sua promessa. E nós sempre cumprimos — com a nossa equipe, nossos clientes e nossos acionistas." *Sunday Times*, 4 de junho de 2000.

Provando a contribuição ao valor para os acionistas

A WCRS também continuou a inovar em termos de avaliação da eficácia da campanha, construindo sobre o modelo econométrico que fora tão persuasivo em seu relatório IPA de 1996. Eles adotaram uma fórmula mais radical para calcular a contribuição da campanha publicitária com base nas práticas de trabalho atuais usadas pelos analistas da City — centro financeiro de Londres — para determinar os valores das ações no mercado do Reino Unido. Com essa finalidade, eles contrataram a Lehman Brothers para aplicar sua sofisticada metodologia de planilhas por meio das quais eles calculavam um valor implícito por ação. A diferença entre esse valor implícito e o real constituiu a base que utilizaram para elaborar suas recomendações para comprar, vender ou manter. Na época, a avaliação feita pela Lehman Brothers do mercado primário de ações mostrava a Orange como ação "boa para compra", com um valor implícito por ação de 528 *pence*, comparado com o valor corrente no mercado, que era de 443 *pence* (Ilustração 19).

A WCRS pediu então a Lehman Brothers que fizesse uma reavaliação, argumentando que os efeitos da publicidade sobre o crescimento do número de assinantes da rede, sobre a renda do cliente e o *churn* (percentual de assinantes que é necessário conquistar a cada ano para manter o nível de assi-

EBITDA Terminal Múltiplo	13,2
Taxa de desconto	9%
VPL fluxo de caixa	1035
VP valor terminal (£m)	6396
Valor da empresa Orange PCS	7432
Valor do número de clientes potenciais	**$209**
Outros negócios	459
Valor do ativo/empresa	7891
Débito líquido (final projetado 1998)	−1571
Valor do patrimônio	6320
Valor implícito por ação	**528**
Preço atual da ação	443
Ágio/deságio atual	16%
Implícito em taxa de crescimento perpétuo	4%

Presume taxa de câmbio £/US$ de 1,6294

Ilustração 19 *Avaliação feita por Lehman Brothers do mercado primário de ações atual.*

naturas) não se aplicavam ao período como *plc* (Ilustração 20). Dessa maneira, chegou-se a um novo valor implícito por ação da Orange, excluindo a publicidade. Os resultados foram uma enfática confirmação da contribuição da campanha publicitária da Orange.

EBITDA Terminal Múltiplo	13,6
Taxa de desconto	9%
VPL fluxo de caixa	328
VP valor terminal (£m)	4.172
Valor da empresa Orange PCS	4.500
Valor do número de clientes potenciais	**$126**
Outros negócios	459
Valor do ativo/empresa	4.959
Débito líquido (final projetado 1998)	(1.616)
Valor do patrimônio	3.343
Valor implícito por ação	**279**
Preço atual da ação	443
Ágio/deságio atual	**–59%**
Implícito em taxa de crescimento perpétuo	4,0%

Presume taxa de câmbio £/US$ de 1,63

Ilustração 20 *Avaliação feita por Lehman Brothers do mercado primário de ações atual removendo-se a contribuição da publicidade.*

Com base nisso, o valor implícito por ação desabou de 528p para 279 p, sugerindo que, sem a publicidade, a Orange *plc* teria um desempenho 19% inferior ao índice FTSE 100. Não só a campanha publicitária visionária permitira à Orange *plc*, com um orçamento de £43,6 milhões, obter um lucro convencional excedente de £276,34 milhões — mais de seis vezes o investimento em publicidade —, como o cálculo da Lehman Brothers também indicava a capacidade da propaganda de aumentar para £2,49 o valor implícito por ação da Orange *plc*. Isso equivalia a um incremento da Capitalização de Mercado de £3 bilhões.

Febre de aquisição

Desde que essa análise foi feita, as mudanças de proprietários da Orange tornaram esse tipo de cálculo absolutamente irrelevante e a estimativa de valor de mercado havia ultrapassado quaisquer expectativas. Em outubro de 1999, tendo sofrido no ano anterior uma perda de £98 milhões antes dos impostos, a Orange foi adquirida pela Mannesmann por £19,8 bilhões. Então, em maio de 2000, em virtude de uma exigência da Comissão Européia para a aquisição da Mannesmann pela Vodafone, a Orange foi vendida à France Telecom por £31,6 bilhões.

90 EM SINTONIA COM A MARCA

A penúltima palavra seria a de Hans Snook, que comentou do modo abaixo, no *Sunday Times* de 4 de junho, após o acordo que marcou época:

> Estamos muito avançados em propaganda e marketing aqui (o Reino Unido). Se tivéssemos lançado a Orange nos EUA, país considerado o lar do conceito de marca, jamais teria dado certo.

A última palavra, entretanto, seria da WCRS. Num final triste dessa história de sucesso, a agência perdeu a conta da Orange para outra agência, na concorrência realizada em agosto de 2000. Seu presidente, Stephen Woodford, declarou o seguinte:

> O caso é que a marca Orange é como um livro aberto. Você pode escrever o livro da Orange com a maior facilidade só de olhar para os anúncios. Assista a um rolo de comerciais da Orange, leia os anúncios nos jornais e você terá apreendido o mantra. É uma campanha de *benchmark* em termos de realmente expressar seus propósitos, revelando às pessoas no que acredita e o que pensa. Por ser honesta, íntegra e transparente, é recebida com confiança. A Orange é de longe a marca mais bem posicionada para capitalizar a explosão do setor de serviços de telefonia digital.

A "propaganda da casa" da WCRS (Ilustração 21), publicada na *Campaign* de agosto de 2000 — depois que a agência perdeu a conta da Orange —, disse tudo.

Será muito interessante observar como a nova proprietária, a France Telecom, administra a aquisição da Orange e como a marca será tratada no futuro. Na história empresarial, há muitos exemplos em que grandes multinacionais adquirem empresas bem-sucedidas e empreendedoras e então surgem tensões entre os novos donos e a direção original. Também existe a perspectiva de que os inúmeros gerentes da Orange que ficaram muito ricos no papel queiram converter suas opções de ações em dinheiro e, nesse caso, haveria uma considerável mudança no pessoal do primeiro escalão. Um outro desafio pode ser representado pela demissão de Wolff Olin da conta da Orange, embora a pessoa-chave, Doug Hamilton, tenha assumido o compromisso de criar a identidade da nova marca H3G, seguindo a bem-sucedida aquisição da Hutchison de sua franquia de celular de terceira geração.

Contudo, a nossa visão do legado da WCRS consiste num etos visionário da marca e numa campanha publicitária tão poderosa e indiscutivelmente global em seu apelo — "O futuro é brilhante, o futuro é Orange" —, que a empresa deverá sobreviver a qualquer desses percalços. A Orange pode ir de ponto forte a ponto forte à medida que a telefonia celular, a Internet e as tecnologias da computação convergirem e a empresa se tornar uma presta-

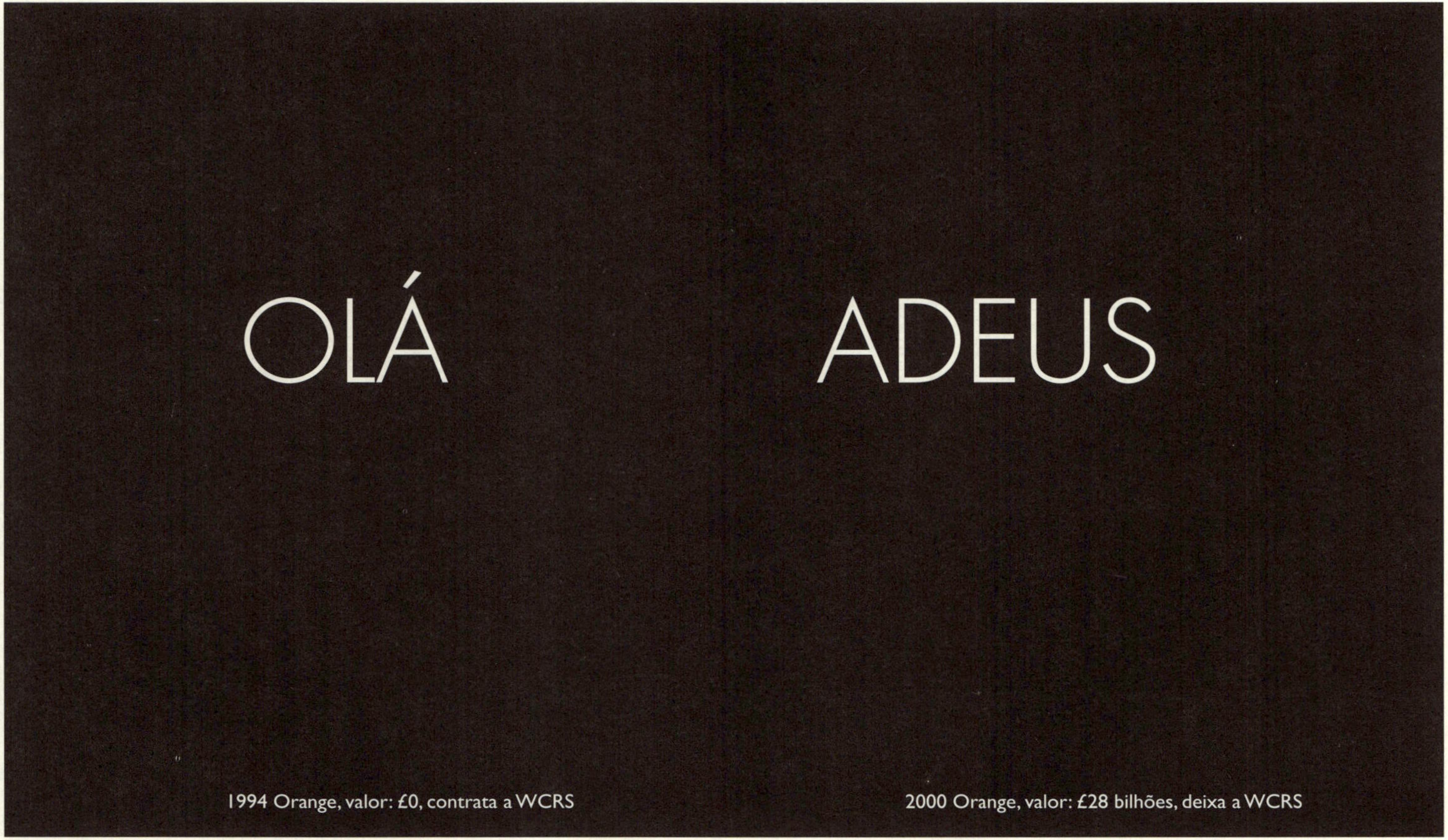

OLÁ

ADEUS

1994 Orange, valor: £0, contrata a WCRS

2000 Orange, valor: £28 bilhões, deixa a WCRS

Ilustração 21 *A propaganda da casa da WCRS.*

dora de serviços pessoais em nível universal. Além disso, a France Telecom pagou o suficiente pela marca e isso deve garantir que cuidará bem dela.

A história da Orange é um exemplo excelente de desenvolvimento dos modos da marca nas dimensões racional, emocional e espiritual, por meio da criação, veiculação e cumprimento da promessa da marca. Embora nos tenhamos concentrado no cliente (lado esquerdo do Livro da Vida) na história da Orange, a empresa também fez um excelente trabalho em cumprir a promessa (lado direito do Livro), resultando em Boas Surpresas para os clientes e satisfação de todos.

Tendo ilustrado o Livro da Vida dos Modos da Marca por meio da história da Tesco e da Orange, nós agora passaremos para a Terceira Parte: O Ciclo de Aperfeiçoamento dos Modos da Marca (Ilustração 22), que começa com "Comportamentos Individuais", avança para "Encontros", passa por "Promessa da Marca" e "Boas Surpresas" até chegar à "Satisfação". Cada uma das cinco seções extrai a teoria e a prática da vida real e sinaliza as lições aprendidas em termos de suas implicações para a administração.

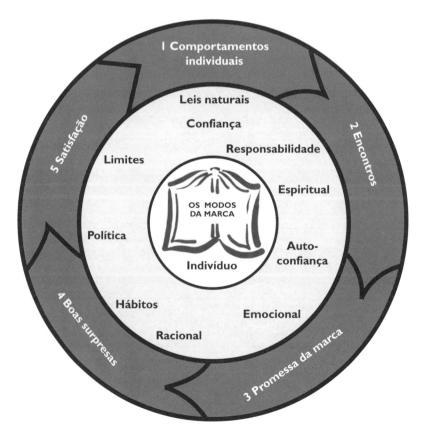

Ilustração 22 *Ciclo de Aperfeiçoamento dos Modos da Marca.*

PARTE

III

O Ciclo de Aperfeiçoamento dos Modos da Marca

Seção Um
Comportamentos individuais

A primeira seção do ciclo focaliza o nosso comportamento como indivíduos. Como os modos da marca ocorrem durante a interação entre as pessoas, é vital ir ao âmago das questões que envolvem o comportamento no que diz respeito a condicionamentos, limites, hábitos e *stress*.

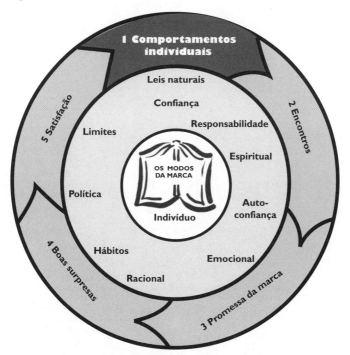

Ilustração 23 *Seção Um: O Ciclo de Aperfeiçoamento dos Modos da Marca — comportamentos individuais.*

Capítulo 9

O condicionamento cria a marca

A experiência física continua sendo o caminho mais produtivo para o nosso aprendizado. As empresas e marcas têm subestimado o próprio poder de ensinar aos empregados e clientes, por meio da interação pessoal, o valor de seus produtos e serviços. Não basta falar sobre visão, missão, papéis, valores, objetivos, estratégias e avaliações. Esses elementos, para terem eficácia, devem manifestar-se na realidade concreta das relações individuais entre os clientes e os representantes da marca.

Nós aprendemos acerca de nós mesmos e do meio ambiente em que vivemos por meio de um processo de tentativa e erro. E aprendemos acerca das marcas e empresas exatamente da mesma maneira. O fato de as marcas constituírem um conjunto de expectativas em nossa mente resulta de toda a série de relações entre nós, clientes, e as marcas de produtos ou serviços que compramos. Assim, pode-se ver que a evolução do relacionamento das empresas e das marcas com os membros do seu grupo de interesse — tais como empregados, clientes, fornecedores e demais *stakeholders* — é semelhante ao relacionamento entre as pessoas. As marcas representam em grande medida uma série complexa de reflexos condicionados, que são criados sempre que um *stakeholder* entra em contato com a marca: todas as vezes nós somos condicionados e nossas expectativas mudam para melhor ou para pior.

Até bem recentemente, os principais subsídios desse processo de aprendizado vinham do uso na prática, que, por seu turno, era condicionado pela propaganda, pela embalagem e pela imagem oferecida pelo departamento de relações públicas, que cercavam a marca do produto ou serviço em questão. Conquanto as empresas e marcas do setor de serviços tenham sempre tido uma interface direta com os clientes — é o caso dos lojistas, por exemplo —, a nova era interativa digital está criando uma situação em que pode haver um contato direto entre praticamente qualquer produto e cada consumidor.

As marcas estão ainda se habituando ao fato de que, ao criarem *websites* e centros de atendimento telefônico, elas na verdade abriram um canal inédito de diálogo direto com o cliente. Isso significa que as empresas, que há tempos podiam controlar as comunicações com o cliente por meio de campanhas publicitárias cuidadosamente planejadas, agora se defrontam com comunicações muito mais variáveis e imprevisíveis. As experiências físicas e emocionais que resultam do grande número de contatos diretos aleatórios com os clientes, seja pessoalmente ou por telefone e correio eletrônico, estão muito mais complexas e exercem efeitos formativos de maior impacto. Isso leva a marca a desenvolver avaliações emocionais sempre que o comportamento da marca é exemplar.

Em termos bem simples, as empresas e as marcas, que antes tinham os clientes empresariais e os atacadistas como amortecedores entre elas e o cliente final, agora estão em confronto direto com ele. Por um lado, essa nova situação aumenta consideravelmente a exposição das empresas aos clientes, o que pode ser visto como potencialmente ameaçador, já que oferece chances muito maiores de fracasso na comunicação e de mal-entendidos. O progresso tecnológico pode facilmente alienar os clientes, como ocorre no caso de uso excessivo de secretárias eletrônicas e outros mecanismos automáticos de resposta, que alijam a dimensão emocional e os sentimentos positivos necessários para reforçar a marca. Por outro lado, essa nova intimidade com os clientes oferece a oportunidade de entabular relacionamentos muito mais profundos e significativos, que ampliam a capacidade da organização de apresentar a marca cara a cara, por meio da interação pessoal direta e das comunicações entre os clientes e os empregados imbuídos dos modos da marca apropriados.

Se agarrarem essa nova oportunidade para estabelecer relacionamentos muito mais intensivos com os clientes, as empresas e marcas então poderão ensinar muito mais a esses clientes acerca do ideal de sua marca. As empresas que não tirarem partido dessa nova situação correrão o risco de perder para os concorrentes por pura falta de foco nessa área-chave da interação interpessoal nas comunicações. Elas se arriscam também a minar seu investimento nas atividades mais convencionais de construção da marca, tais como propaganda, marketing direto, promoções de vendas e todos os demais instrumentos tradicionais do marketing *mix*.

Com que freqüência nós, consumidores, nos desapontamos com o representante de uma marca no ponto de venda ou no balcão de atendimento? Todo o quebra-cabeça foi cuidadosamente montado, mas a figura não se completa porque falta a última e principal peça: o comportamento da marca, expressado pelos empregados que atuam como seus "embaixadores"!

As empresas estão usando seu cada vez mais detalhado cadastro de clientes para elaborar análises bastante sofisticadas do tipo "mineração de dados" (*data mining*), para depois se comunicarem com o público-alvo de forma altamente personalizada. A meta deve ser o desenvolvimento de produtos e serviços que sejam uma verdadeira personalização em massa, atingindo os menores nichos de mercado economicamente viáveis. Um complemento vital para a apresentação dessas marcas consistirá nas comunicações e no comportamento pessoal, que reforçarão os valores das marcas da maneira mais eficaz.

Contudo, ao longo do último século mais ou menos, vem evoluindo um modo paralelo de pensar que se proclama igualmente eficaz no que tange a influenciar o meio ambiente e instigar o comportamento humano adquirido. Trata-se, evidentemente, da dicotomia que constitui a base do debate "natureza x educação". Essa oposição é clara em princípio, mas ocorre de maneiras que ainda não compreendemos inteiramente. É indiscutível que haja uma certa interação de caráter complexo entre características e predisposições herdadas geneticamente e crenças, atitudes e comportamentos adquiridos — esses últimos modificam de forma significativa as qualidades da herança genética e talvez possam ser também transmitidos geneticamente.

Aplicando essa linha de raciocínio ao conceito de marcas, podemos afirmar que essas são compostas basicamente por atributos físicos — sua constituição genética —, mas também podem ser dotadas de imagens poderosas — seus caracteres adquiridos. É possível observar que esses valores adquiridos se estendem cada vez mais para novas áreas, tais como consciência social e ética. É visível que, embora existam na mente dos clientes em potencial ou dos já existentes, esses caracteres adquiridos têm uma profunda conexão — e na verdade se originam deles — com a "genética" da marca e seu comportamento percebido. Eles também interagem e se desenvolvem do mesmo modo que as nossas características humanas e é esse desenvolvimento que deve ser cuidadosamente estabelecido e monitorado.

O pai da escola da "educação" é Pavlov, que demonstrou ser possível ensinar os animais a reagir de determinadas maneiras. Com isso ele provou que o comportamento inato explica apenas em parte as ações do animal e, por extensão, do homem. Seu trabalho foi seguido pelo de, entre outros, John Watson, Edward Thorndike e Burrhus Skinner, que desenvolveram o conceito de reflexo condicionado. Embora a linguagem empregada pareça antiquada, vale a pena ler no original a definição de Thorndike de sua lei psicológica do efeito:

> Das várias respostas produzidas para a mesma situação, aquelas que se fazem acompanhar ou seguir de imediato pela satisfação da vontade do animal, permanecendo constantes os demais fatores, são mais firmemente conectadas com a situação, de forma que, quando esta tornar a ocorrer, há maior probabilidade de elas também se repetirem; aquelas que se fazem acompanhar ou seguir de imediato pelo desconforto do animal, os outros fatores permanecendo iguais, têm suas conexões com a situação enfraquecidas, de forma que, quando esta tornar a suceder, há menor probabilidade de voltarem a se produzir. Quanto maior a satisfação ou o desconforto, maior o fortalecimento ou enfraquecimento do vínculo. *Leis da Psicologia*, Edward Thorndike, 1910.

Traduzindo para o contexto atual, isso significa para a empresa ou marca que é provável que o reforço da mensagem da marca — mediante, por exemplo, uma interação pessoal positiva entre os empregados da empresa que se empenham como "embaixadores da marca" e os clientes — produza um efeito maciçamente amplificador. Ao invés, uma experiência negativa — uma interação ruim com o cliente — inevitavelmente prejudicará a marca. A empresa pode transformar seu produto ou serviço por meio de um processo de condicionamento. Em outras palavras, alçando o estímulo indiferenciado, não condicionado, ligado ao simples objeto de consumo — que normalmente se associa à compra motivada apenas pelo preço e pela disponibilidade — para o *status* de resposta condicionada, ou seja, para um nível superior. Para atingir esse objetivo é possível utilizar-se o nome fantasia, o estilo do logotipo, a embalagem, o comportamento e as comunicações de marketing para fazer promessas sobre o produto ou serviço que satisfaçam as necessidades do cliente em diversos níveis.

Se essas promessas forem de fato cumpridas na prática, então as comunicações da marca se tornam um estímulo externo, que, fiñalmente, com a repetição, acabará por criar um reflexo condicionado nos consumidores. Esses valores da marca podem, portanto, gerar o "benefício da dúvida" e, numa situação limite, agregar benefícios significativos que constituirão diferenciais. Assim, haverá sempre um lugar para códigos de prática na construção do relacionamento empresa-cliente. Desenvolver — e aprimorar continuamente — seqüências adequadas, repetíveis e mensuráveis de modos da marca interativos condicionará as reações aos produtos ou serviços com maior eficácia do que qualquer outra forma de comunicação com o cliente.

É justo tecer essas considerações acerca desse trabalho inicial, que se fundamentava em experiências como a do "rato no labirinto" e inevitavelmente se concentrava no estímulo físico. Para muitos, essas experiências não se traduziam facilmente para as situações humanas — e na verdade provocaram reações negativas comparáveis ao antidarwinismo, baseado em motivos religiosos, daqueles que não aceitavam a implicação de que o homem de alguma maneira descendia de animais. A ligação com o contexto humano só se tornou mais nítida com o trabalho do dr. John Watson, fundador do behaviorismo. Watson juntou-se à agência de publicidade de J. Walter Thompson em 1920. Ele abordava freqüentemente a correlação entre publicidade, vendas e psicologia behaviorista. E afirmou, num discurso de 1935:

> Desde o tempo em que a serpente do Jardim do Éden influenciou Eva, que, por sua vez, persuadiu Adão, o mundo tem tentado descobrir caminhos e meios para controlar o comportamento humano. Na publicidade, nós damos a esse processo o nome de "venda".

Watson acreditava que, no nascimento, as crianças possuíam um estoque de apenas três reações básicas: amor, medo e raiva. Para além dessas emoções, o meio ambiente era responsável pelos hábitos individuais. Assim, a tarefa da publicidade consistiria simplesmente em acionar o medo, a raiva ou o amor e desse modo atingir necessidades psicológicas profundas. Ele descobriu que o melhor modo de alcançar o consumidor era compreendê-lo em profundidade e isso só era possível por meio de pesquisa.

Numa época em que a filosofia dominante no campo da propaganda se fundamentava rigidamente no "manual das técnicas de venda" e nas abordagens racionais, há evidências de que Watson queria "livrar-se quase inteiramente da linha racional" (Coon, 1994).

Ao que parece, Watson deu uma grande contribuição para a teoria — que encontra um número crescente de adeptos — de que a publicidade deveria ser mais agradável esteticamente e apelar mais para as emoções do que para a razão. Essa abordagem radical seria adotada nos anos 1960, com o trabalho pioneiro de agências como a Doyle Dane Bernbach.

A lição empresarial de tudo isso é clara: a administração deve concentrar-se na maneira como o comportamento coletivo da organização e suas comunicações com os clientes condiciona a resposta deles. As ações devem falar mais alto do que as palavras — e é a retórica que, com muita freqüen-

cia, obtém atenção, em vez da ação. Os modos da marca — que reforçam o posicionamento básico da marca do produto ou serviço — são vitais para o condicionamento positivo das respostas dos clientes. A era interativa digital oferece a oportunidade de se entabularem relacionamentos mais diretos com os clientes, a despeito dos riscos. Estabeleça como alvo os menores nichos de mercado economicamente viáveis, personalize o posicionamento da marca em conformidade e desenvolva códigos vigorosos de prática, por meio dos quais os empregados possam aperfeiçoar continuamente os modos da marca.

Capítulo 10

Os limites geram autoconfiança

As empresas questionam cada vez mais a filosofia gerencial baseada em "comando e controle", passando a abraçar com entusiasmo a noção de organização "fortalecida". Contudo, existe um grande perigo em se avançar demais nessa direção. A necessidade de limites e parâmetros é profundamente inculcada em nós durante a infância e, ao longo da vida, as pessoas apresentam desempenho melhor quando estão em ambientes em que há estrutura definida. Com efeito, é essa estrutura, que pode parecer restritiva, que na verdade constitui o trampolim para a criatividade e a capacidade de expressão. Os CEOs devem ver sua empresa como uma família e não abdicar de sua responsabilidade de exercer "controle paterno" e "amor severo" quando necessário.

Talvez a famosa frase dos jesuítas "dêem-me um menino de 7 anos e eu lhe devolverei um homem" estivesse certa. Não há dúvida de que existe na sociedade uma minoria significativa de indivíduos que se desenvolvem tarde e muitos de nós conhecemos alguém que passou por transformações radicais já adulto. Contudo, é provável que quase todos concordemos que o caráter da maioria das pessoas se forma em idade bastante tenra. Se isso ocorre aos 11 ou 17 anos, provavelmente não faz muita diferença, no que diz respeito ao empregador. A questão fundamental é que algumas atitudes muito importantes se fixam na época em que a maior parte dos indivíduos começa a trabalhar.

Esse argumento não deve implicar que um grande percentual da população trabalhadora seja "infantil" em suas atitudes e comportamento. Em vez disso, há cada vez mais indícios que sugerem que na verdade as crianças são notavelmente sofisticadas em suas atitudes, no que se refere ao ambiente de marketing e às comunicações comerciais.

Uma pesquisa realizada junto às mães pela Saatchi & Saatchi Kid Connection (Ilustração 24) em 1998 mostrou que as crianças exercem significativa influência sobre as compras dos pais, não só nas áreas que seriam esperadas, tais como confeitaria e brinquedos, mas também em alguns setores surpreendentes do mercado tais como carros, casas, escolas e viagens de férias.

Que compras são influenciadas pelas crianças?

	%
Cereais matinais	73
Roupas	70
Refrigerantes	60
Refeições do dia-a-dia	54
Artigos de papelaria/material escolar	54
Férias	44
Escolas	35
Computador	33
Restaurantes	30
Casa	22
Carro	17

Fonte: Saatchi & Saatchi/Taylor Nelson AGB Omnimas.
Base: Donas de casa com filhos entre 0-15 anos

Ilustração 24 *Informações da Saatchi & Saatchi Kid Connection.*

É provável que as atitudes perante a vida, perante os outros, o comportamento social, a autoridade, ética profissional, honestidade, integridade, moralidade, enfim, o catálogo inteiro de virtudes e vícios, já se tenha tornado relativamente fixo durante a infância. As implicações disso são muito simples: os empregadores precisam compreender o contexto educacional da infância, a fim de criarem um ambiente profissional eficaz em promover o comportamento adequado para dar suporte à empresa e à marca. Esse conhecimento também deve possibilitar um melhor entendimento de como as pessoas se comportam no contexto de trabalho a partir de um estudo detalhado dos seus antecedentes. Essa informação permite aos empregadores recrutar pessoas que apresentem com maior naturalidade o comportamento que se deseja para a marca.

Será necessário que os CEOs cuidem para que os responsáveis pelos departamentos de Recursos Humanos e de Pessoal não se contentem em recrutar empregados com base somente na competência. A utilização apenas desse critério acaba por formar um quadro de pessoal que é, em linha geral, o oposto do "comportamento da marca". A organização que deseja "viver a marca" precisa desenvolver testes próprios, elaborados sob medida, que cotejem o desempenho e as atitudes humanas com os valores e a missão da marca.

Como todos sabemos, as atitudes sociais em relação à educação e criação de filhos têm passado por mudanças consideráveis ao longo do último século e meio. Nós saímos da era de estilo autoritário — em que os bons modos e a educação eram reforçados tão rigidamente que o ideal era que "as crianças fossem vistas e não ouvidas" — e entramos na era do estilo "criança como acessório da moda" — onde o *laissez-faire* em sua forma mais extrema está na ordem do dia. Não é incomum encontrarmos, tarde da noite, crianças bem pequenas em restaurantes luxuosos, chorando, cansadas e conseqüentemente ocupando o centro das atenções e aborrecendo as mesas vizinhas com seu mau comportamento, enquanto os pais nada fazem, limitando-se a observar com expressão de adoração e perplexidade.

A sala de aula evoluiu da tirania da lousa para a mesa de trabalho em grupo e todas as pessoas politicamente corretas têm horror a qualquer forma de punição física. Certamente não poderia haver contraste mais chocante entre os ensinamentos liberais do dr. Benjamin Spock e as atitudes expressadas por Gradgrind, do romance *Tempos Difíceis*, de Charles Dickens.

> AGORA, o que eu quero são Fatos. Não ensine nada a esses meninos e meninas, mas Fatos. Só os Fatos são desejáveis na vida. Não plante nada mais e arranque a raiz de tudo o mais. O senhor pode formar a mente dos animais racionais apenas com Fatos: nada mais terá qualquer utilidade para eles. Esse é o princípio com o qual eu crio os meus filhos e esse é o princípio com o qual eu crio essas crianças. Atenha-se aos Fatos, senhor!

Há pessoas nos postos do primeiro escalão das grandes corporações de ambos os lados do Atlântico que, sendo um pouco mais velhas, foram educadas ainda em instituições administradas sob um regime quase vitoriano — os internatos "públicos" (chamados de *Stateside* "particulares"). Essa estrutura altamente controladora foi responsável pelo predomínio do estilo "comando e controle" de gerenciamento — caracterizado por um processo administrativo piramidal e extremamente autoritário, em que a liderança máxima assume a intimidativa forma de dominação a distância da vasta maioria dos empregados. Até mesmo no topo dessas empresas a diretoria é essencialmente deferente para com o líder máximo (enquanto as coisas vão bem). Os empregados dos níveis mais baixos da escala hierárquica trabalham com angústia e temem qualquer encontro casual com os executivos, como por exemplo o que ocorre no elevador.

O problema é que esse modelo administrativo não se coaduna com o enfoque educacional que predomina há 30 ou talvez 40 anos. Não é de surpreender que isso signifique que a vasta maioria dos empregados das empresas foi criada, tanto no âmbito da família quanto no da escola, sob uma filosofia completamente diferente, a filosofia do *laissez-faire* do dr. Spock.

Durante a última década e meia do século passado, as empresas começaram a fazer o ajuste necessário em seu estilo empresarial, mudando de "comando e controle" para uma cultura da nova era. São evidentes os paralelos entre esse ajuste e as idéias pedagógicas desenvolvidas nos anos 1960 e 1970. É como se simplesmente houvesse uma defasagem de tempo entre o regime educacional que vigorava durante os anos de formação dos executivos mais velhos e o regime aplicado aos empregados mais jovens, no mesmo período.

O perigo agora é que vemos o pêndulo oscilar de um pólo a outro; do autoritarismo ao *laissez-faire* — e nenhum dos dois realmente fornece os resultados desejados. Um sistema melhor de gerenciamento consistiria em criar um ambiente em que a equipe fosse automotivada, estivesse em sintonia com as crenças estruturadas da empresa e se dedicasse a alcançar as metas e realizar os sonhos por meio do comportamento adequado.

Os estudos sobre o crescimento das crianças afirmam com unanimidade que uma das dinâmicas-chave desse processo é a que envolve proximidade/separação entre pais e filhos. Em termos absolutamente literais, o ser humano é separado da mãe no nascimento e imediatamente colocado sobre o seio dela. A infância parece uma série de passos sucessivos para longe e novamente para perto da mãe. Com crescente autoconfiança e experiência os passos ficam mais longos, a distância aumenta e as conexões invisíveis entre mãe e filhos se estiram até finalmente se romperem na adolescência e ingresso na idade adulta.

O problema da escola autoritária é que ela mantém as rédeas tão curtas que a criança simplesmente não tem chance de explorar os limites da sua personalidade nem espaço para desenvolver idéias próprias e a percepção de si mesma. O problema da abordagem *laissez-faire* é que a falta de limites torna impossível a definição da individualidade, pois, não havendo limites, tampouco existe qualquer indicação de onde o "eu" começa e termina.

A criatividade humana parece viceiar com as limitações. Nós somos uma espécie dotada do talento inato de solucionar problemas. Há muitos exemplos em que as dificuldades extremas impostas pelas circunstâncias e a escassez material conduziram na verdade a algumas das mais extraordinárias demonstrações do engenho humano. Vejam a pura criatividade dos prisioneiros de Colditz. Como foi que eles, dentro daquele castelo, conseguiram construir um planador capaz de funcionar?! Talvez lorde Rutherford — que, em 1911, levou a ciência a entender a estrutura do átomo, o que, por seu turno, conduziu à descoberta da energia atômica — estivesse certo ao dizer: "Nós não temos dinheiro, então temos de pensar."

Nas indústrias criativas, como por exemplo publicidade, *design* e cinema, nutre-se a crença otimista de que uma folha de papel em branco é o estímulo ideal para conceber grandes obras. Nada poderia estar mais longe da realidade. As pessoas criativas, na verdade, gostam de trabalhar a partir do que elas chamam de *"tight brief"* — uma exposição clara e concisa dos pontos principais da questão. O fato é que, ao contrário do que o público acredita, boa parte do trabalho da maioria dos profissionais das assim chamadas indústrias criativas nada tem a ver com vôos imaginativos e pensamentos cor-de-rosa. Quase sempre, quase todas as pessoas devotam suas energias à tarefa de especificar com riqueza de detalhes os parâmetros precisos dentro dos quais uma idéia pode ser considerada criativa.

O processo analítico produz o *"tight brief"*, que se torna um trampolim para o salto criativo, que transforma a análise racional numa peça de comunicação emocional mágica. A questão aí é que tanto os componentes racionais quanto os emocionais são necessários para se obter o resultado desejado. O pensamento não-estruturado muito raramente conduz à criatividade. A questão é saber se isso ocorre também na infância e na educação. A estrutura é necessária para as crianças porque estabelece limites contra os quais elas se insurgem. Por outro lado, as crianças precisam de liberdade para atingir esses limites e finalmente superá-los, podendo retornar impunemente com algum aprendizado de valor.

Administrar esse processo requer delicadeza por parte dos pais. Eles precisam ter senso de proporção, distinguir o que realmente importa do que pode ser posto de lado e usar esse conhecimento como vigamento dessa estrutura, deixando também um "espaço para manobras". É necessário haver princípios, que são inabaláveis, e pontos de vista, que são flexíveis. Ao contrário do que uma minoria ruidosa tem argumentado, as crianças desfrutam de uma sensação maior de segurança quando dispõem de um senso maior de espaço. Em outras palavras, uma compreensão mais profunda do "chão que estão pisando", em vez de se perderem em território desconhecido.

Para apresentar uma cultura coerente, posicionamento de marca, ética empresarial ou quaisquer outras características distintivas e definidoras que produzam vantagem competitiva, é óbvio que é preciso haver estrutura, regras, diretrizes e escala hierárquica. Mas agora nós sabemos que, se isso indicar um regime repressivo, que evoca práticas pedagógicas de séculos passados, então a empresa estará fadada, se não ao fracasso, sem dúvida a um desempenho menos que eficaz.

Assim, a tarefa da administração, dos líderes incumbidos de definir o código dos modos da empresa e da marca, é decidir o que realmente importa e agir com severidade. Da mesma forma, eles precisam ter clareza sobre o que não é importante e onde é possível permitir e até mesmo incentivar ativamente a liberdade. Os empregados têm a necessidade de saber onde estão os limites e também de conhecer a visão para poderem experimentar uma sensação de inclusão e segurança.

Assim como ocorre com os pais, as empresas também usufruem de um enorme benefício com a coerência. Um dos maiores benefícios de se ter clareza sobre os limites é que isso permite que a pessoa se descubra e defina. O problema é que muitos desses limites estão em constante mudança! Boa parte dos atritos familiares se deve ao fato de as crianças notarem que pai e mãe têm padrões diferentes, níveis variáveis de tolerância ou mesmo simples e puras discordâncias, tudo isso resultando em falta de coerência no ambiente de crescimento. Essa falta de coerência pode levar os filhos a deixarem de ver os pais como uma base segura e, à medida que crescerem, a perceber que os pais são mutáveis, não detêm todo o conhecimento e não são infalíveis — e então perdem a confiança neles.

O mesmo acontece dentro das empresas: sinais conflituosos transmitidos por grupos rivais dentro da organização reduzem-na rapidamente à impotência, se não a um estado de beligerância aberta que é mutuamente destrutiva. Pouquíssimas empresas ainda têm conselho administrativo e cada vez mais a liderança se restringe a um único chefe executivo — ou diretor-presidente. Isso confere clareza de direção e um senso de autoria à cultura da empresa e a seu *modus operandi* que é muito difícil obter com um duopólio ou chefia coletiva.

A habilidade exigida pelo novo estilo de liderança, inspirada talvez na noção medieval de "mão de ferro com luva de pelica", consiste em atingir um equilíbrio coerente entre intolerância apaixonada em relação a qualquer ameaça aos valores básicos da empresa e entusiasmo acolhedor perante a liberdade de inovação que conduza à iteração seguinte. Isso cria uma cultura empresarial que pode verdadeiramente ser descrita como "autoconfiante" e que capacita todos os que ali trabalham a realizar seu potencial e maximizar sua contribuição à empresa dentro dos parâmetros estipulados pela liderança.

As organizações verdadeiramente dinâmicas têm a capacidade de desafiar constantemente os seus pontos fortes, de formular perguntas incômodas sobre si mesmas antes que o mercado o faça e de engajar os empregados num diálogo que pode oscilar, com fluência e sensibilidade, do modo "pai para filho" para o modo "adulto para adulto". Na verdade, para ser verdadeiramente bem-sucedida, a administração precisa trabalhar com os três estados do ego descritos por Freud. Os empregados necessitam da "criança natural", com a descoberta lúdica ajudando a inovação e conduzindo a novas descobertas; do "adulto" para permitir a discussão, possibilitar a capacidade de pesar os prós e os contras de uma determinada situação e tomar decisões racionais com base nos fatos; e do papel "paterno" para guiar os demais na direção certa.

A lição a ser aprendida é que as pessoas precisam experimentar uma sensação arrebatadora de pertencimento e amor, mas num contexto em que tenham percepção de si mesmas e de espaço. Elas precisam de limites que se flexibilizem e respondam à sua pressão, e no regramento paterno e ambiental, elas aprendem mais sobre si mesmas e sobre o mundo ao redor.

O mesmo se aplica aos empregados de uma empresa. Por meio de cada aspecto de seu comportamento, os CEOs e os membros do primeiro escalão devem mostrar que amam seus empregados e clientes. Quando os envolverem nesse "cobertorzinho de segurança", os líderes os farão prosperar, mas é preciso que os amem o bastante para serem severos quando a ocasião pedir. Procedendo assim, criarão uma cultura que possibilitará às pessoas serem autoconfiantes em seu comportamento individual para benefício próprio, dos colegas e clientes.

Os gerentes devem tentar entender as atitudes arraigadas de seus empregados (freqüentemente relacionadas ao seu estágio de vida), e definir limites claros — decidir o que importa e não transigir. Essa atitude deve ser combinada com o respeito pelas pessoas como indivíduos e com o contínuo desenvolvimento da confiança. A cúpula administrativa precisa garantir que os mesmos limites e diretrizes sejam definidos para todos, de modo que os empregados não recebam sinais conflitantes de impérios políticos diferentes dentro da organização.

Capítulo 11

Tire partido dos hábitos

Dentre os desafios que os CEOs costumam enfrentar, o mais árduo é o de administrar mudanças, pois isso implica mudar hábitos. O comportamento rotineiro ou habitual pode ser muito útil; os clientes continuam a comprar um produto mesmo quando uma avaliação objetiva lhes diria para experimentar outras marcas. Os empregados permanecem leais mesmo quando poderiam ganhar mais em outro lugar. A familiaridade entre os altos executivos pode resultar numa grande equipe de trabalho. Mas os hábitos também podem ser perigosos. Os executivos mais antigos muitas vezes entram num consenso confortável demais sobre a maneira de gerir os negócios. Os empregados se apegam obstinadamente às suas práticas de trabalho e reagem inflexivelmente contra novas tecnologias. Esses maus hábitos podem efetivamente distanciar a empresa do mercado em constante transformação. Quando ela acorda para a nova situação, muitas vezes já é tarde demais para corrigir o erro.

Nós somos criaturas de hábitos. Nos seminários, após o intervalo do café, voltamos exatamente para a mesma cadeira em que nos sentamos antes. Viajamos em férias e estabelecemos o nosso "território" junto da piscina ou na praia. Então passamos quinze dias protegendo nosso território dos banhistas que chegarem depois. O pessoal que vai todos os dias de trem para o trabalho sabe exatamente qual é o melhor lugar da plataforma para tomarem sua condução e o mesmo se pode dizer dos usuários de ônibus em relação aos pontos, ou do metrô em relação às estações. Nós conhecemos o melhor itinerário de carro até as lojas ou o escritório. Mesmo quando caminhamos no parque, temos preferência por determinadas trilhas e circuitos.

Parece haver dois motivos para isso. O primeiro é que é simplesmente mais fácil e mais conveniente seguir um enfoque testado e aprovado de praticamente tudo o que fazemos na vida. O segundo é que exige mais esforço fazer as coisas de outra maneira, explorar novos trajetos, ficar num lugar diferente da plataforma ou mesmo andar por um corredor não habitual do supermercado que costumamos freqüentar. Romper com um hábito exige um esforço deliberado; os guarda-costas e consultores de segurança têm de insistir para que as pessoas a quem protegem variem sua rotina a fim de evitar seqüestros ou assassinatos. Em conseqüência do vazamento da informação de que o carro de Gerry Adam fora grampeado durante as conversações de paz da Irlanda do Norte, nós agora sabemos que ele mudava de veículo e de itinerário para o local das reuniões no mínimo uma vez por dia.

Até os ladrões parecem ser criaturas de hábitos! Um relatório recente elaborado pelo dr. Mandy Shore, criminologista da Universidade de Huddersfield, concluiu que eram grandes as chances de as casas arrombadas uma vez serem novamente assaltadas pelos ladrões, porque eles se familiarizavam com a propriedade e esse fator parece aumentar significativamente a probabilidade de arrombamentos posteriores. Trinta e sete por cento das casas assaltadas eram vítimas de um segundo arrombamento e, dessas, 43% sofriam ainda mais um assalto.

O mesmo ocorre com a administração de empresas: é muito menos estressante continuar com os velhos costumes, em vez de se adaptar às novas exigências de mercados em permanente mutação. Isso se aplica também aos relacionamentos dos clientes com as marcas: são muitas as compras feitas de forma rotineira, com o mesmo rol limitado de marcas escolhidas ao longo dos anos. As novas marcas, que oferecem produtos ou serviços inovadores, têm de batalhar para conquistar a experimentação e a repetição da compra. Depois que o conseguem, podem esperar pela frente um longo período de fidelidade, principalmente se o posicionamento, as comunicações e o comportamento da marca forem coerentes e reforçarem esse hábito.

Aqui nos defrontamos com um paradoxo: por um lado, existe um forte anseio humano pela rotina e a grande tendência ao conservadorismo; por outro, existe a atração por novas marcas, dotadas de características inéditas e interessantes, freqüentemente baseadas em tecnologia de ponta ou que reflitam mudanças sociais importantes. É por isso que ter uma marca forte é tão essencial para escapar do ciclo de vida do produto — que consiste em lançamento, maturidade e decadência; o poder da marca confere ao produto ou serviço o "benefício da dúvida" na mente do consumidor e compra o tempo necessário para o fabricante inovar, usando novos ingredientes, processos e técnicas.

Nós também somos criaturas de hábitos no que se refere aos nossos pensamentos e crenças. O processo de aprendizado, em termos da química do cérebro, parece consistir em estabelecer caminhos que constituem "seqüências de raciocínio". Quanto mais pensamos em linhas similares e usamos o mesmo conjunto de conexões neurais, mais fácil e depressa a onda de pensamento se propaga. O cérebro não é diferente do resto do corpo — tudo por uma vida fácil!

Os nossos padrões de fala também são repetitivos: usamos um vocabulário relativamente limitado e as modulações da nossa voz ocorrem dentro de uma tessitura específica, de tal modo que aquele *software* de reconhecimento de voz está rapidamente se tornando uma realidade prática de uso diário. Vital para a acurácia de seu uso é o processo de registro, no qual o usuário tem de ler muitos trechos de um texto para que a máquina passe a "conhecer" a voz e estabeleça um perfil de fala que pode ser reconhecido coerentemente e transformá-lo com precisão em palavra escrita. Há indícios de que as crianças "registram" a linguagem de modo semelhante ao ouvir e interagir verbalmente com os pais, na escola e em seu ambiente de modo geral. Todos sabemos com que velocidade as crianças pequenas aprendem os "palavrões" que ouvem na televisão, no parquinho e da boca de adultos descuidados!

É obviamente o caso das indústrias, profissões, grupos de amigos e equipes esportivas que se juntam para um determinado projeto e freqüentemente inventam apelidos, desenvolvem um jargão próprio e compartilham outras propriedades verbais, atividades essas que fazem parte do processo de criação de um grupo homogêneo. Na verdade, no livro *The Wisdom of Teams*, de Jon R. Katzenbach e Douglas K. Smith, os autores mostram que a força da equipe deriva, de várias maneiras, da "linguagem particular" que o grupo desenvolve. Para os que não são da "turma", as "piadas" não parecem ter a menor graça, para não dizer que são irritantes por sua natureza exclusivista, mas esse é justamente o ponto forte que os participantes adquirem — o senso de pertencimento, de "nós" contra "eles".

Nesse contexto, a repetição de palavras e frases-chave, freqüentemente acompanhada por determinados gestos ou expressões faciais, atua como um reforço poderoso da auto-estima do grupo, de sua sensação de ser especial. A aquisição desses "hábitos" grupais pode freqüentemente criar o hábito do sucesso, mas também pode plantar as sementes do fracasso, se deixarem esses hábitos se estagnarem e por fim se calcificarem. Do ponto de vista empresarial, criar esses hábitos deve ser tratado como prioridade. Uma empresa que disponha de uma linguagem em comum, que traduza ao máximo a sua cultura e que capte a essência da marca, dispõe na realidade de um instrumento muito eficaz para a construção de um conjunto de comportamentos capazes de proporcionar ao cliente uma experiência verdadeiramente boa.

As pessoas são criaturas de hábitos também em outro sentido. No sentido da "história" que elas passam a vida criando para si mesmas. A síndrome do "quando eu" é típica disso — um homem de sucesso, por exemplo, que venceu à própria custa, vive fazendo menções ao passado e regalando a audiência com narrativas de "quando eu morava numa tapera cheia de ratos do tamanho de coelhos" e anedotas sobre as privações de sua juventude para mostrar o quanto ele progrediu e conquistou. Essa tendência afeta todos os níveis da sociedade; os alunos de faculdades de renome, que sempre dão um jeito de mencionar Harvard ou Yale em algum momento nas festas, ou o fã que nunca deixa de mencionar nomes famosos de seu círculo de relações. A história da grande maioria das pessoas fica pronta relativamente cedo, por volta dos 20 anos — sendo concebida, ensaiada, modificada, lida, rascunhada e finalizada durante os anos de amadurecimento na adolescência e início da idade adulta.

A adoção de determinadas modas e estilos pode ser transitória como a adolescência, mas, por volta dos 20, 30 anos, as principais características da aparência da maioria das pessoas estão definidas. Os amigos e sócios de uma mulher que costuma vestir costumes sóbrios e apropriados à sua profissão de executiva ficariam profundamente chocados se ela aparecesse no ambiente de trabalho trajada de jeans e camiseta. Um homem que usasse um corte convencional de cabelo, se chegasse um dia com a cabeça raspada, desconcertaria seus colegas, que provavelmente até o julgariam doente. Com muita freqüência essas características da aparência pessoal são uma parte integrante da "história" — um homem com bigode exuberante, uma mulher com unhas longas como garras e um adolescente com tatuagens e *piercings*. O mesmo ocorre com as marcas e empresas; os consumidores continuam a usar a mesma marca até acontecer alguma coisa que os desagrade e os leve a repensar na escolha do produto — como a Coca e o Persil descobriram a duras penas, quando tentaram introduzir novas fórmulas em substituição às "originais".

Em termos ideológicos, é comum os indivíduos passarem de radicalmente esquerdistas, na juventude, para posturas moderadas ou até mesmo de direita com a idade, mas parece relativamente raro que os gostos ou visões das pessoas em muitas outras áreas mudem significativamente ao longo da vida, depois dos anos de formação. Quem adora música erudita aos

25 provavelmente ainda gostará aos 65. Quando dizemos que as pessoas "saem dos trilhos", até essa própria metáfora indica que a maioria de nós almeja seguir por trilhos singelos na vida; nós falamos da crise de meia-idade ou mesmo de colapso mental. O que nos agrada mesmo é a regularidade, tanto a do mundo que nos rodeia quanto a do comportamento da nossa família, amigos e associados no trabalho — e nos chama a atenção quando alguém se comporta de maneira diversa da usual.

O mais importante em relação à história pessoal é ser um bom narrador e provocar nos ouvintes reações relativamente previsíveis e satisfatórias — e o fato de que isso facilita a repetição constitui um benefício. O narrador/protagonista já conhece o estoque de reações à sua história e é improvável que receba qualquer reação surpreendentemente diferente ou mesmo que lhe façam perguntas desafiadoras ou que causem constrangimento. O narrador literalmente conhece todas as respostas e já definiu as expectativas do ouvinte, o que lhe proporciona uma grande segurança.

Esse cuidado com o desenvolvimento da história pessoal está profundamente arraigado na constituição humana e tem relação direta com o alto grau de preocupação de cada um consigo mesmo — que é uma parte fundamental do processo de sobrevivência física e social. Vemos os indivíduos "transmitindo" a história constantemente para os que os rodeiam, num contínuo esforço para se manterem atraentes e despertarem a atenção dos outros.

Novamente, as pessoas são criaturas de hábitos; é muito mais fácil falar sobre si mesmo do que inquirir sobre os interlocutores, o que exigiria esforço. Os "bons ouvintes" são tão valorizados nos círculos sociais porque são muito raros. Os grandes vendedores são quase sempre ouvintes profissionais — com a maior facilidade, todos eles trazem à tona as preocupações e necessidades do cliente em perspectiva, o que lhes permite satisfazer as necessidades e aliviar as preocupações. Mas como as empresas podem converter seus empregados de "transmissores" da própria "história" em "ouvintes" dos clientes? E além disso, se as pessoas passam a vida repetindo sua história para qualquer um que se disponha a ouvi-la, de que maneira uma empresa ou marca pode contar a sua história para os empregados, com a mesma atenção aos detalhes e igual intensidade de transmissão? É evidente que a meta deve ser a de tornar a história da empresa o mais compatível — e integrada — possível com a história pessoal dos empregados. E deve adquirir proporções tão grandiosas quanto a narrativa pessoal deles. Caso contrário, haverá inevitavelmente uma tensão contínua entre as metas e objetivos da empresa e os do empregado.

Talvez no âmago desse comportamento centrado em si mesmo esteja o desejo de segurança e, especificamente, o de autoconfiança. Nos filmes, é o rapaz de boa aparência e autoconfiante que sempre conquista a garota mais bonita e cobiçada (embora o anti-herói tenha uma confiança bastante peculiar e a história de Pigmalião nunca deixe de agradar). Se a falta de familiaridade, as surpresas e a quebra da rotina constituem ameaças porque minam a autoconfiança, então as empresas que quiserem criar um ambiente de trabalho mais produtivo devem fazer de tudo a seu alcance para evitar que seu pessoal sofra esses choques.

É difícil imaginar que uma empresa que não tenha um senso claro de direção, nem um conjunto definido de valores, nem uma base de coerência para seu comportamento, seja autoconfiante. Além disso, é difícil imaginar que os empregados dessa empresa sejam eles próprios autoconfiantes. É uma característica das pessoas autoconfiantes que, a menos que caiam nas garras da arrogância, sua relativa falta de necessidade da aprovação constante dos outros os torna livres para darem essa aprovação aos outros. As empresas precisam criar uma organização na qual os empregados tenham suficiente confiança em si mesmos para poderem focalizar o cliente de maneira muito mais resoluta.

Num grau surpreendente, nós detestamos surpresas! Não é extraordinário que Hollywood promova seus filmes mostrando-nos seus melhores trechos nos *trailers*? Longe de estragar a história, familiarizar-nos com ela na verdade aumenta a nossa expectativa e o nosso desejo de vê-la na versão completa.

Um dos fatores-chave que levam um filme a estourar nas bilheterias é ele fazer inúmeras pessoas assistirem mais de uma vez. Conforme o instituto de pesquisa de audiência CAVIAR*, o *Titanic*, um dos maiores sucessos de bilheteria da história, contou com o retorno de 16% de sua platéia. Desde a infância, nós adoramos reler as nossas histórias prediletas.

Muitos aniversariantes brindados com uma festa surpresa na verdade se divertiriam muito mais se tivessem tido a chance de esperar pela festa e saboreá-la por antecipação. Embora o tempo e o esforço que custa produzir tal evento em si sejam um grande cumprimento ao aniversariante, na verdade é o elemento surpresa que freqüentemente torna o evento desconfortável. Isso pode impedir o aniversariante de desfrutar a festa tanto quanto poderia; ele pode achar que sua roupa está em desacordo com a ocasião; pode não lembrar do nome de alguns convidados; convidados inesperados, gente que fez parte do passado distante podem ser um desafio na hora de ele contar a sua "história".

As empresas e marcas devem, portanto, basear-se no anseio inato de seus empregados por continuidade e repetição. E devem fazer o mesmo em

---

*CAVIAR: The Cinema And Video Industry Audience Research. (N. da T.)

relação aos clientes. Qualquer decisão executiva que possa implicar o rompimento de um hábito importante deve ser cuidadosamente avaliada antes de ser tomada. Mas como conciliar essa estabilidade com a necessidade de mudança num ambiente em que as empresas evoluem com rapidez? Pouco e sempre é o "mantra". É preciso que as empresas tenham sempre as antenas voltadas para os clientes, que os "auscultem" regularmente. "Relançamento", "reposicionamento" e "reestruturação" com freqüência são sinais de fracasso e evidências de falta de contato. A evolução contínua e um firme controle empresarial são essenciais para a transição inconsútil que preserva o senso de familiaridade enquanto se alcança uma nova posição, permitindo que as pessoas "mantenham a fé".

Com freqüência, os especialistas em identidade empresarial são severamente criticados por gastarem grandes somas pesquisando uma empresa e seus mercados com vistas a desenvolver um logotipo atualizado e esse, quando descerram a cortina, revela uma inequívoca semelhança com o antigo. O trabalho feito pela Addison para a BP na era anterior ao logotipo "flor" é um exemplo clássico. Para olhos leigos, as novas letras e cores da BP distinguiam-se apenas vagamente das de suas predecessoras. Contudo, a lição importante a ser aprendida com os especialistas em identidade empresarial é que essa extrema sutileza da evolução do estilo de um logotipo é essencial para preservar a familiaridade almejada pelo consumidor. E é também o mecanismo que impulsiona a marca, conferindo-lhe pequenos detalhes tipográficos e novas cores para que ela sempre provoque a sensação de contemporaneidade. A retrospectiva da história do logotipo da BP ilustra esse processo gradual (Ilustração 25).

O furor provocado pela pintura da fuselagem da British Airways com toda uma gama variada de desenhos, na maioria de origem cultural ou étnica estrangeira, foi resultado tanto do rompimento com a tradição quanto do sentimento nacionalista ferido pela remoção da imagem da Union Jack. A recente reviravolta, alguns anos após a decisão inicial de mudar — e com um custo enorme —, indica a continuidade da força dos sentimentos em relação a esse tema. A ironia é que, tivesse a BA introduzido gradualmente os símbolos dos vários países, sem abandonar os elementos tradicionais da bandeira britânica, é bem provável que agora todos estivessem habituados à idéia. Foi o trombetear da mudança do projeto que causou a maior parte do problema.

Uma das mais poderosas manifestações do anseio humano por continuidade é o fenômeno da novela — que nos países de língua inglesa têm o nome de *soap opera* (ópera/drama "do sabão") em razão de as versões originais terem o patrocínio da Procter & Gamble, fabricantes de detergente. A primeira *soap opera* era um seriado norte-americano de rádio chamado "Ma

Tire partido dos hábitos 117

Ilustração 25 *Logos da BP.*

Perkins", criado em 1933 por uma agência publicitária formada por marido e mulher, Frank e Anne Hummert, e patrocinada pela Oxydol, fabricante de detergente. Com o sucesso do programa na venda de Oxydol, a P&G começou a patrocinar outros seriados do gênero. Então, em 1937, Irna Philips, a rainha da *soap opera*, desenvolveu a "Guiding Light", que depois foi transferida para a televisão e é exibida até hoje no canal CBS — a novela mais longa do mundo!

As novelas estão entre os seriados mais longos e populares tanto do rádio quanto da televisão. No Reino Unido, "Coronation Street", que começou em dezembro de 1960, e sua concorrente mais nova, "EastEnders", lançada em 19 de abril de 1985, são programas "obrigatórios" para milhões de pessoas três ou quatro vezes por semana. A novela "The Archers", da BBC Radio 4, está em exibição há 49 anos e é a mais longa em cartaz no Reino Unido. Num estudo de NOP, feito a pedido da *Marketing Week* de 2 de julho de 1998, descobriu-se que 72% dos ingleses acompanham novelas e, desses, 82% procuram não perder nenhum capítulo.

É claro que os atores que trabalham em novelas acabam por adquirir "dupla identidade" — e os telespectadores também sentem isso. É estranha a freqüência com que os enredos, os dramas e crises focalizados nas novelas se entrelaçam com a vida "real" tanto dos atores quanto do telespectador/ouvinte. As conversas na hora do café são animadas com os comentários dos últimos acontecimentos da novela favorita no momento e essa se torna parte do que está em voga socialmente entre amigos ou dentro das empresas.

Um novo tipo de programa, de viés semelhante, surgiu há alguns anos, com o advento do "*docusoap*" — "documentário do sabão". São documentários com uma abordagem do tipo "se eu fosse uma mosquinha e pudesse ver", que mostram gente real, vivendo situações reais na frente da câmera — e os programas da série Big Brother são sua versão extrema. É o realismo desses programas que atrai os telespectadores, com sua desabusada realidade e *Schadenfreude**, à medida que os "astros" e "estrelas" expõem seus mais embaraçosos e íntimos temores, fobias e fraquezas de caráter diante de milhões de telespectadores. Para parafrasear Andy Warhol, eles começam com o sonho de seus quinze minutos de fama, mas é sempre a infâmia que acabam por atingir.

Existem algumas empresas que têm um enredo próprio tão envolvente quanto o de uma novela. A Virgin e a easyJet, sua nova adversária numa luta como a de Davi e Golias, são conduzidas por empreendedores em busca de publicidade que escrevem o *script* da empresa todos os dias. Esse em-

---

Schadenfreude: "alegria com o sofrimento alheio." (N. da T.)

bate exerce um tremendo impacto sobre os empregados das duas organizações; a vida deles é intrinsecamente dramática e excitante por causa do ambiente de trabalho e essa emoção reforça consideravelmente a sua autoconfiança. Mas nem todas as empresas contam com um misto de liderança visionária e astutos homens de negócios para conduzi-las. Na falta dessa qualidade carismática na cúpula, as empresas precisam criar todos os elementos de sua própria novela, envolvendo uma linguagem em comum, temas em comum, continuidade de propósitos e perspicácia nas comunicações para criar um mundo onde a "história" da empresa e a individual estejam intimamente ligadas. Assim se criará um senso maior de inclusão e significado para os empregados, motivando-os a realmente se engajarem e descobrirem o que está acontecendo, a assumirem maior responsabilidade por seu trabalho e a se sentirem uma parte *integrante* — e não *descartável* — da empresa.

Os hábitos são o que nos leva à indagação: "Para que mudar?" Oferecendo uma visão (ou sonho) estimulante e de ordem superior e transportando-a para a realidade por meio de uma série de programas de questão mobilizadora única, a administração pode responder a essa pergunta de três formas: a primeira, em termos do benefício para o cliente; a segunda, em termos das melhorias para a vida laboral na empresa e a terceira, em termos dos benefícios financeiros que vão desde o valor para os acionistas até uma experiência melhor para o cliente. Isso permite a todos atrelar os aspectos emocional, político e espiritual — além do tradicionalmente racional — da mudança. Então cabe ao CEO e à equipe administrativa atuar com mão firme e sensível para criar uma cultura dotada de ímpeto e da capacidade de fazer seus hábitos evoluírem ao longo do tempo, mantendo-se sempre atuais. O segredo é a empresa ser "movida pela narrativa" ou novela na qual todos são protagonistas.

Capítulo 12

Reduza o stress dentro da empresa

A questão do controle constitui um paradoxo para os CEOs. Por um lado, é da natureza dos líderes controlar as organizações que chefiam — e, como vimos, as pessoas são criaturas de hábitos e prosperam em ambientes controlados, que definem limites e parâmetros de comportamento. Por outro lado, se for demasiado controlador, o contexto social ou de trabalho torna-se contraproducente, pois as pessoas perdem o senso de individualidade e autodeterminação, o que pode levar ao *stress* e a distúrbios de comportamento. Compreender a dinâmica do controle para o indivíduo é a chave para criar um ambiente que tanto pode restringir quanto liberar.

O desenvolvimento humano pode ser caracterizado como o exercício do controle sobre si mesmo e sobre o meio ambiente. Há poucos lugares no mundo que não exibam traços da interferência humana e poucas espécies que não tenham sido mortas, unidas em rebanhos ou cultivadas. Nós gostamos de deter as rédeas, de exercer autoridade, de ter autodeterminação. Embora nos ressintamos e às vezes tenhamos medo, reconhecemos a energia propulsora dos "loucos controlados", que com tanta freqüência dirigem as empresas que mostram crescimento acelerado.

A firme convicção de líderes assim e o sucesso que eles costumam proporcionar são muito sedutores e atraem como ímã aqueles que têm pouco senso de direção e total falta de autoconfiança. Nós consideramos mais fácil nos adequarmos às crenças deles do que desenvolver nosso próprio senso de direção e linha de raciocínio. Relutamos, como seres humanos, em sair da rota mais fácil, que nesse caso é seguir o empresário para quem trabalhamos.

Um outro aspecto do nosso desenvolvimento consiste em controlarmos as nossas emoções. Trata-se de uma atitude de autopreservação. Os ingleses, por exemplo, não gostam de ser vistos em momentos de emoção por acharem que essa exposição os deixaria vulneráveis perante os outros. Já os norte-americanos não têm a mesma dificuldade para demonstrar seus sentimentos — e assim podem recorrer à psicoterapia, valendo-se de uma estratégia que é oposta à dos britânicos e é eficaz na neutralização de qualquer crítica que alguém pudesse fazer. Como nós, ingleses, somos muito sensíveis nesse aspecto, admiramos nos outros a capacidade de ocultar ou controlar as emoções em circunstâncias em que até nós provavelmente não conseguiríamos fazê-lo.

A era vitoriana gerou o conceito de *sang-froid*, sangue-frio, e a "manutenção do semblante indecifrável" que construiu o Império se tornou a marca registrada dos ingleses para o resto do mundo. Na verdade, só recentemente essa característica profundamente arraigada foi substituída por uma resposta mais aberta e emocional aos outros e aos eventos que nos cercam. A grande demonstração de dor na época da morte de Diana, princesa de Gales, provavelmente marcou o momento da mudança e desde então o processo se acelerou — de maneira que já não se diz que homem não chora e mulher não luta. O papel ampliado da mulher na sociedade e a difundida feminização do local de trabalho também podem explicar essa mudança de atitude. As mulheres aparecem cada vez mais na mídia, assumindo papéis mais agressivos e equiparando-se aos homens em todos os níveis, enquanto os homens são freqüentemente retratados como passivos, dotados de características mais emocionais.

Um aspecto do processo de amadurecimento da infância até a idade adulta implica o estabelecimento de controle sobre as próprias ações e isso significa arrancar as rédeas das mãos de outros, como pais, irmãos mais velhos, parentes e professores. Uma vez estabelecido esse poder, nós relutamos em abrir mão dele. Por exemplo, pensamos muito antes de entrarmos em relacionamentos de longa duração com um parceiro; é preciso muito tempo para construirmos uma verdadeira intimidade e um contexto em que possamos abandonar todo o autocontrole.

Contudo, também nos agrada a sensação de estarmos fora de controle — enquanto estivermos com as rédeas nas mãos. As pessoas abandonam deliberadamente as inibições e a necessidade inata de segurança e domínio de si mesmas embriagando-se prazerosamente, ou divertindo-se em brinquedos que provocam sensações fortes nos parques de diversão ou assistindo aos mais recentes filmes de terror. Essas experiências surtem um efeito catártico, pois nós nos expomos a sensações fortes, que estão fora do nosso controle. A expressão máxima disso é quando nos apaixonamos perdidamente; o truque da natureza é que embarquemos pensando estar no controle e depois perdemos as rédeas, em benefício da nossa espécie!

Na verdade, pode-se argumentar que a instituição do casamento evoluiu como um mecanismo de controle social, projetado para criar uma estrutura aceitável para as relações humanas. Sob a proteção do contrato de casamento, podemos percorrer todo um espectro de emoções, desde a paixão inicial, passando pelo amor genuíno e alcançando um maduro e duradouro relacionamento, pela proteção de cada um e da família. Todas as evidências sugerem que isso está em franco declínio. As estatísticas do Reino Unido são impressionantes: o percentual de pessoas que se casam caiu cerca de 20% de 1986 a 1996 e essa tendência continuou em 1997. Nessa época, a média de idade dos nubentes aumentou de 26,3 para 29,3 e o percentual de divórcios também cresceu. Mais de 45% das crianças nascidas no Reino Unido atualmente nascem de mães solteiras. Parece que a maioria das pessoas não deseja mais viver no estado relativamente controlado do contrato de casamento.

E, na verdade, o mesmo se pode dizer das relações com os patrões. Era costume afirmar-se que "o emprego é para a vida inteira", mas hoje o sucesso na carreira não é indicado pelo tempo de serviço numa determinada empresa, mas sim por passagens curtas por várias delas. Parece que perdemos a capacidade, ou a inclinação, de dedicar toda a vida profissional a um empregador só. Talvez não nos devêssemos surpreender com isso. São tantas as empresas que se têm reestruturado, reorganizado, terceirizado e reduzido o quadro de pessoal que o conceito de segurança no trabalho não significa mais nada para muitas pessoas. *The Times* relata que o tempo gasto pelas pessoas no topo da carreira é muito curto e continua diminuindo. Mostra que o CEO das maiores empresas ocupa o cargo por períodos cada vez menores de tempo — em algumas das empresas por alguns poucos anos antes de seguirem em frente.

Às vezes é útil olhar para os extremos de uma situação a fim de entender o que realmente está acontecendo. Por exemplo, quando se reflete acerca de como melhorar uma marca junto ao consumidor, geralmente é mais elucidativo perguntar aos críticos mais ásperos por que sentem tanta aversão por aquela marca do que perguntar aos consumidores mais fiéis por que a apreciam tanto. O que não quer dizer que se deva chegar à conclusão simplista de que o melhor é simplesmente modificar o produto ou serviço só para contentar aqueles que o detestam. Mas é certo que os aspectos que, conforme constatado, concentrarem os prós e os contras devem ser mais investigados e receber maior ênfase.

Assim, por extensão, se a própria vida e sua plena fruição constituem os objetos mais fundamentais do nosso desejo — e cada um de nós tem a oportunidade e talvez o direito de realizá-lo —, então a perda da vida é sem dúvida uma das piores penalidades que podemos sofrer. Se pudéssemos ao menos começar a entender as complexas e específicas circunstâncias nas quais o indivíduo voluntariamente, mesmo que sob o efeito de enorme pressão, dá fim à própria vida, essa compreensão nos ajudaria a descobrir também como conquistar o oposto: uma vida plena e agradável.

No Japão, o *stress* no trabalho tem elevado o índice de suicídio a graus alarmantes. Em 1999, pelo segundo ano consecutivo, o número de japoneses que se suicidaram pode ter ultrapassado 30.000. Em 1991, 16,1 em cada 100.000 pessoas cometeram suicídio; em 1998 esse número aumentou para 25,4. Muitos analistas atribuem essa situação ao rompimento, imposto pela recessão, com uma tradição poderosa: a de ter um só emprego ao longo da vida. O estigma social em relação ao desemprego tem sido simplesmente intolerável para muita gente, cujo conceito de vida profissional vem sendo minado de modo tão alarmante e acelerado.

No início dos anos 1990 — conforme pesquisa feita pela Samaritans, a maior instituição beneficente do Reino Unido que se dedica à prevenção de suicídio —, o número de tentativas de suicídio registradas em hospitais britânicos era estimado em 100.000 por ano. Isso indicava que o Reino Unido apresentava um dos índices mais elevados da Europa. Essa pesquisa revela que o relacionamento com os pais constitui um fator de grande peso e que, em geral, os adolescentes que tentam suicídio crescem em famílias mais turbulentas do que as de outros grupos de adolescentes. Muitos deles vêm de famílias desfeitas (em razão de morte ou divórcio) ou são filhos de pais desempregados, mentalmente perturbados ou viciados. As dificuldades com emprego (incluindo desemprego) e estudos também são muito importantes e parecem afetar mais os rapazes. No caso de tentativa de suicídio, o alcoolismo e o vício em drogas também aparecem como problemas, mas de importância menor — sendo relatados mais freqüentemente pelos rapazes do que pelas moças, o que é um dado significativo.

Não seria fácil buscarmos aqui uma explicação cabal para essas causas de suicídio, todas extremamente complexas, mas é razoável sugerirmos a existência de um fio que une muitos dos fatores identificados pela pesquisa do Samaritans, pelas informações vindas do Japão e outros estudos. Nós nos referimos à falta de um meio ambiente estável e controlado — seja familiar, social ou profissional. Seria um exagero nosso afirmar que, por extensão, um ambiente profissional "sem controle" teria maior probabilidade de promover a infelicidade dos empregados, de aumentar a incidência de doenças relacionadas ao *stress* e também, em última análise, o potencial para o suicídio?

É muito cedo para dizer se a tendência contra o casamento e a favor de famílias monoparentais se revelará um sucesso em termos de grupos sociais, mas a pesquisa do Samaritans não é um bom augúrio. Certamente será interessante ver os efeitos a longo prazo do desmantelamento — que deve ocorrer numa questão de duas ou três décadas — do contrato social de casamento, que evoluíra com sucesso ao longo de dois milênios de teste social.

Como contraponto psicológico direto ao desejo de autocontrole, nós nos ressentimos muito quando somos controlados por outros, principalmente quando isso acontece contra a nossa vontade. Uma das maiores sanções da sociedade contra os que a ofendem é a remoção da liberdade, por meio do encarceramento. Como tememos tal penalidade, presumimos naturalmente que ela coibirá os outros. O interessante é que, embora possa fornecer alguma proteção contra danos futuros e propicie a sensação de vingança contra quem cometeu o delito, parece haver poucos indícios de que esse castigo coíba os atos do verdadeiro criminoso, ou de que seja um remédio realmente eficaz — o que causa muita irritação naqueles que defendem a atitude do "mate e esfole".

A Howard League for Penal Reform* publicou estatísticas que mostram que o índice de retorno à prisão, depois de dois anos, das pessoas colocadas em liberdade condicional em 1994 foi de 56% e o das pessoas que prestaram serviço comunitário, de 54%. A pesquisa mostrou que os homens jovens apresentavam maior probabilidade de retorno à prisão, 75%, e que esse percentual era proporcional ao número de prisões anteriores. Nos casos de mais de 11 prisões anteriores, o índice de retorno era de 78%. O tipo de delito também mostrou influência no índice de retorno: aqueles que cometeram assalto, roubo e receptação apresentaram probabilidade de reincidência maior do que aqueles que cometeram crimes sexuais, fraudes, falsidade ideológica e delitos ligados ao tráfico de droga. Essa é uma grande preocupação, pois a população carcerária alcançou, em 1998, um total sem precedentes de 66.516 pessoas, das quais uma em cada seis era jovem e 21% haviam cometido o crime de roubo ou receptação. Aqui vemos a força que se insurge contra o controle exercido por outrem, que traz em seu bojo a necessidade de exercer o controle sobre si mesmo. Qualquer cultura baseada na imposição de controle parece condenada ao fracasso — se tiver qualquer aspiração que não a do mero refreamento do crime.

---

*Organização não-governamental do Reino Unido que luta por um sistema penal mais justo. (N. da T.)

A tendência atual é a de o ritmo e as pressões da vida moderna minarem a sensação do indivíduo de estar no controle. Calçadas abarrotadas, meios de transporte superlotados e trânsito congestionado, tudo isso decorre do fato de mais pessoas terem mais renda disponível para ir a mais lugares na maior parte do tempo. Contudo, tempo é a única coisa que cada vez existe menos. Uma parcela significativa da população das economias ocidentais pode ser descrita como "rica de dinheiro e pobre de tempo".

É de surpreender, então, que, onde quer que estejamos, deparemos pessoas sofrendo "ataques de fúria"? Ataques dessa natureza ocorrem nas estradas, nos aviões, ônibus, com o computador, com o aparelho de som portátil, nas filas. Essas explosões sociais, nascidas do *stress* e da frustração, embora estatisticamente pequenas, produzem grandes manchetes — e o leitor sente que é provável que os jornais estejam certos quando indicam que se trata apenas da ponta de um enorme *iceberg*.

A Federal Aviation Authority relatou que houve 178 casos de acessos de agressividade em aviões no ano de 1999, o que representa um percentual pequeno do total de incidentes envolvendo passageiros, mas esses episódios em aviões parecem mesmo atrair um bocado de atenção. Sem dúvida, essas ocorrências têm relação com o fato de que a viagem aérea atemoriza grande parte dos passageiros — incluindo as grandes celebridades, dentre elas ídolos como Oasis, Anna Kournikova e Prince Naseem (que, ironicamente, era um dos astros que apareciam na última propaganda da BA).

Os passageiros (e celebridades acostumadas a manter total controle) literalmente colocam a vida nas mãos do piloto da empresa aérea. Com muita freqüência, os executivos em viagem estão a caminho de uma reunião importante, que lhes pode garantir ou destruir perspectivas de bônus ou mesmo a carreira. A disponibilidade de bebida alcoólica de graça quase sempre está na raiz do problema. O álcool parece surtir mais efeito no ambiente de bordo e o fato de o passageiro muitas vezes estar sofrendo distúrbios causados pelo vôo — ou talvez até com hipoxia, em razão da escassez de oxigênio — leva-o à embriaguez muito mais rapidamente do que o habitual.

Se estiver um tanto nervoso em virtude da viagem aérea em si, se teve uma jornada estressante até o aeroporto, se vai numa missão de negócios com muito dinheiro em jogo, se não se alimentou adequadamente e ingere quantidades consideráveis de álcool, o indivíduo se arrisca a sofrer um ataque de fúria. Uma ameaça comum em muitos desses casos é o agressor ver a si mesmo como vítima, por achar que não foi tratado como indivíduo, mas apenas como um número de poltrona. Essa falta de reconhecimento sob *stress* parece estar no âmago do problema.

Novamente é instrutivo olhar para casos extremos como o fenômeno da "fúria" porque contêm lições para situações mais triviais. À medida que a estressante globalização das empresas adquire importância crescente — e

126 EM SINTONIA COM A MARCA

à medida que os procedimentos e processos se unificam — o espaço para a expressão individual dentro da organização se reduz. Não existe aí uma analogia entre a empresa e as companhias aéreas, que transportam passageiros para um destino que todos desejam, mas numa jornada e em condições que para muitos são extremamente estressantes?

Inúmeras companhias aéreas agora estão tomando um cuidado bem maior para examinar os passageiros antes do embarque. Seguindo a nossa analogia, será que as empresas não deveriam também tomar mais cuidado ao examinar os candidatos antes de contratá-los? A Virgin Airways acredita que a adoção de uma abordagem discreta é a melhor forma de cuidar dos passageiros problemáticos — e, graças à sua política de recrutamento de pessoal, sempre contratam empregados com talento para lidar com pessoas. Sua estratégia é estimular um passageiro descontrolado a conversar sobre qualquer que seja o problema, na tentativa de minimizar a tensão. A BA segue uma linha mais rígida e, em 1998, introduziu o sistema do "cartão amarelo", em que se determina formalmente ao passageiro que pare de se comportar mal.

Historicamente, as empresas têm sido administradas sob linhas muito "controladoras", com uma estrutura altamente centralizada e piramidal. Os empregados, principalmente a grande massa envolvida na fabricação ou em outras tarefas repetitivas, vivem sob o comando remoto daqueles que detêm o poder de decisão e têm muito pouco controle sobre seu dia-a-dia no trabalho. Cada vez mais as organizações modernas se afastam dos estilos administrativos baseados em "comando e controle", passando a empregar um enfoque mais cooperativo e igualitário, de empregados dotados de maior autonomia — ou ao menos que dizem que o são. Mas é de se questionar até que ponto essa informalidade — que se traduz num comportamento jovial no estilo "me chame de Bob" ou "venha com roupa esportiva na sexta" — é real ou se existe apenas na superfície, para fazer crer que o conceito foi adotado, quando, na verdade, por trás da aparência de amabilidade jaz a mesma velha cultura repressora imposta pelo medo.

A parte central da discussão é: as pessoas têm uma necessidade fundamental de exercer controle sobre si mesmas e sobre o meio ambiente físico e social. As empresas que ignoram essa necessidade básica humana têm pouca probabilidade de conquistar corações e mentes. Por outro lado, os seres humanos precisam da segurança de um ambiente de trabalho estruturado, em que possam sentir-se seguros; um contexto controlado onde existe alguém que lidera e eles seguem esse líder voluntariamente. O desafio para a empresa é encontrar o ponto de equilíbrio em que todos se sentem autoconfiantes e ninguém os coage ou deixa à deriva.

Parece claro que podemos alcançar a individualidade humana apenas se houver: reconhecimento, auto-expressão e controle. Segue-se daí que, se um empregado sentir falta desses elementos, sairá à procura de um novo meio ambiente com maior potencial. Freqüentemente a alta rotatividade no primeiro escalão de uma empresa não pode ser atribuída à organização real, física, sua localização ou nível de salário, mas sim à falta de recursos suficientes para permitir o desenvolvimento individual.

Se não podem expressar-se, se não são reconhecidos por sua contribuição e não dispõem de controle em sua vida profissional, os empregados simplesmente se dissolvem na organização e se tornam uma parte anônima de uma máquina complexa. O resultado é a sensação — que pode não estar longe da verdade — de que seus esforços não são importantes, já que ninguém os nota, e essa falta de individualidade indica que aos empregados foi atribuída pouca ou nenhuma responsabilidade. Em conseqüência, eles experimentam uma frustração crescente, que os leva a lutar por um ambiente de trabalho onde sejam incumbidos de tarefas mais significativas, que tenham um propósito real. A solução, portanto, para o empregador dos tempos atuais é detectar essa frustração e eliminá-la antes que se transforme em *stress*. Além disso, é fundamental que os empregados sintam que seus superiores são acessíveis, que têm o poder de mudar seu destino e genuinamente se importam com cada um dos subordinados como indivíduos.

Os conceitos de enriquecimento do emprego e de rotatividade não constituem fenômenos novos, embora pareçam estar na base da criação de um ambiente que permitirá aos empregados assumir maior controle sobre a sua direção. Existe uma necessidade humana profunda de ser reconhecido pelo que faz e de se expressar pelo tipo de trabalho que escolhe.

Controle é algo complexo e as organizações têm de exercê-lo de modo a fornecer o apoio psicológico necessário tanto para a administração quanto para os empregados, que podem desfrutar da sensação de estar verdadeiramente na cabine de comando de seu próprio destino profissional. Se a cultura empresarial dispõe de um conjunto definido de valores e de uma visão que permita avaliar o esforço, o comportamento e a realização pessoal, então todos os envolvidos se sentirão proprietários da missão coletiva; eles pertencerão à missão, mas essa também lhes pertencerá. A segurança de nutrir e ser nutrido pela visão é libertadora.

A liberdade pessoal de manobra e o ato de expressão criativa de interpretá-la no cotidiano profissional proporcionam uma sensação maior de autocontrole e ao mesmo tempo intensificam a força controladora da cultura. A chave para reduzir o *stress* consiste em gerar autoconfiança por meio de limites claros, de incentivo, de confiança nutridora e do desenvolvimento do potencial de cada indivíduo. A noção de "emprego para a vida toda" retira o poder individual, constituindo um enfoque pai-filho que não devia mais existir. Quando as pessoas estão em contínuo desenvolvimento e aprendizado, cliente e empregador se beneficiam. Eles também passam a ter mais opções de carreira.

Seção Dois
Encontros

A segunda seção diz respeito à maneira como interagimos uns com os outros. A título de ilustração, nós escolhemos quatro tópicos: a defesa da marca, a minimização da distância dentro da empresa, o gerenciamento do irracional e a inserção da confiança nesse quadro.

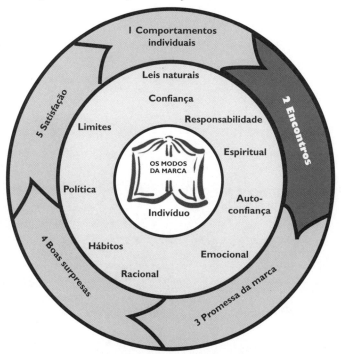

Ilustração 26 *Seção Dois: O Ciclo de Aperfeiçoamento dos Modos da Marca — encontros.*

Capítulo 13

Prepare-se para defender a marca

As culturas empresariais e as marcas que lhes dão sustentação são bens valiosos, que precisam de cuidadosa educação e investimento para sobreviver e prosperar em mercados ferozmente competitivos e em acelerada mudança. Para a maioria dos executivos do primeiro escalão, para os empregados, clientes e outros *stakeholders*, tudo isso pode ser feito com um espírito de cooperação e esforço honesto.

Entretanto existe um inimigo em potencial, tanto dentro quanto fora da corporação, que não respeita os códigos convencionais de comportamento. É vital que os CEOs não se deixem tranqüilizar por uma ilusória sensação de segurança, como ocorreu com o Banco Barings. Eles devem manter-se alertas — numa vigilância quase paranóica de tão intensa — para detectar tendências de queda no valor das ações e devem preparar-se para tratar as ameaças à cultura com "tolerância zero".

Embora evidentemente para a maioria das pessoas o ideal seja a combinação de uma grande liberdade com limites razoáveis, estabelecidos dentro de parâmetros definidos e aceitáveis, existe uma significativa quantidade de indícios que fundamentam uma visão oposta, que deve ser adotada quando se leva em consideração um certo segmento da população.

132 EM SINTONIA COM A MARCA

Há poucas dúvidas quanto à existência de uma subclasse criminosa de considerável porte em atuação na maior parte das sociedades e seria ingênuo acreditar que esse grupo, que desenvolve um sistema próprio de valores em oposição aos da sociedade "honesta", se sujeite aos mesmos códigos morais, éticos e sociais. Em termos estatísticos, haverá em qualquer quadro de pessoal alguns indivíduos com essas características e, assim sendo, a cúpula administrativa precisa conscientizar-se desse fato e se preparar para defender a sua cultura e os demais empregados contra eles.

A experiência acumulada ao longo dos anos tem levado a maioria das pessoas a acreditar na existência de um grupo marginal cuja visão de mundo, contrariamente ao que diria a Howard League for Penal Reform, só lhes permite compreender as regras — e se sujeitar a elas — com o uso da força e por medo de represália. Contudo, desde o final dos anos 1960, quando o movimento liberal do *laissez-faire* realmente eclodiu — tendo como apoteose a voga atual do "politicamente correto" —, a idéia de opor força à força tornou-se antiquada, principalmente entre as classes "formadoras de opinião".

A relevância dessa discussão para os CEOs das maiores corporações é que sempre haverá pessoas e questões dentro da organização que eles terão de tratar com severidade e até mesmo rigor, a fim de preservar a integridade da cultura da empresa e da marca. Eles precisam dispor de força de propósito, da perspectiva precisa e de evidências que sirvam de fundamento para se desincumbir dessa tarefa de maneira convincente. Prevenir é melhor do que remediar e, no futuro, o exame de seleção de candidatos a empregados se tornará mais criteriosa — embora sem ultrapassar as limitações impostas pela legislação, que tem errado cada vez mais em favor do indivíduo e contra as empresas. As equipes honestas não farão objeções — na verdade, darão as boas-vindas à proteção e à segurança que esse rigor proporcionará a elas e à marca para a qual trabalham.

Na verdade, o "Grande Irmão" já está nos observando. Em Londres, num dia comum, o indivíduo é filmado por mais de 300 câmeras de 30 diferentes redes de câmeras CCTV; só no Soho existem 126 à mostra e mais de 85% dos conselhos comunitários têm câmeras CCTV como parte de sua estratégia de prevenção ao crime. Existem relatos de que a introdução das câmeras CCTV reduziu em 75% a incidência de crime no centro de Stirling, Escócia, 70% nos estacionamentos do aeroporto Gatwick e incríveis 96% na estação ferroviária de Chesterfield. É indiscutível o impacto das câmeras na resolução do caso trágico de James Bulger, o menino espancado até a morte por duas crianças pequenas. Entretanto, o papel do vídeo na identificação de criminosos ainda está em discussão.

Uma questão que desperta interesse é o que os cidadãos comuns sentem em relação a esse nível extraordinário de vigilância. Para descobrir a resposta, os autores encomendaram uma pesquisa à Access, que foi realizada em setembro de 1999, por meio de entrevistas telefônicas, utilizando o serviço da BMRB, com uma amostra de 1.014 adultos. A pesquisa foi bastante reveladora a respeito do que os cidadãos comuns do Reino Unido consideravam aceitável — ou não — em relação ao tema delicado da proteção de informações e da vigilância de pessoas.

A primeira pergunta formulada pelo estudo da Access era simplesmente: "Quanto você aprova ou desaprova a vigilância por circuito interno de TV em shopping centers?" O índice de aprovação foi esmagador: 91%. Parece altamente provável que as pessoas compreendam que os criminosos não gostam de ser vistos, que são desestimulados pelo fato de estarem sendo filmados e de que a fita poderia ser usada mais tarde como prova contra eles.

Com o objetivo de explorar um pouco mais esse aspecto, a segunda pergunta era: "Você concorda ou discorda que a vigilância mais rígida, a exigência de documentos de identificação e outras formas de informações pessoais ajudariam a reduzir o número de fraudes contra a Previdência Social, de crimes de rua e outras atividades ilegais?" Novamente, o índice de concordância foi impressionante: 84%. Os cidadãos cumpridores das leis vêem com clareza os benefícios dessa vigilância para as pessoas honestas e, nesse contexto, o "Grande Irmão" na verdade nos observa de forma protetora.

Mas os entrevistados não viam com bons olhos a divulgação dos seus segredos, pois, quando lhes perguntaram: "Você aprova ou desaprova que o

Figura 2 *Gato e rato.*

governo, as instituições de crédito e outras organizações comerciais detenham informações pessoais suas?", o nível de aprovação foi significativamente baixo, 28%, contra 56% de desaprovação. É claro que as pessoas suspeitam dos motivos de várias das organizações tradicionais desse setor e percebem muito acertadamente que os benefícios do levantamento desses dados dirigem-se principalmente às tais entidades e não a elas.

Para confirmar essa conclusão, uma última e mais difícil pergunta foi feita: "Se uma organização em que você confia lançasse um cartão de identidade nacional contendo todos os seus dados pessoais, tais como número do passaporte, da previdência social, do plano de saúde e de seguro, numa tentativa de reduzir a criminalidade, você aprovaria ou desaprovaria?" Com a questão apresentada dessa forma, 71% dos entrevistados expressaram aprovação. As implicações eram claras: a confiabilidade da organização e os benefícios desse sistema de identificação representam fatores absolutamente vitais.

Mais e mais empresas atualmente recorrem a níveis cada vez mais elevados de segurança para proteger tanto suas instalações físicas quanto os sistemas de tecnologia da informação. Estamos ingressando numa era em que será corriqueiro o uso da biometria para identificar corretamente tanto os empregados quanto os clientes. Muito em breve os telefones celulares e os assistentes digitais pessoais recorrerão a uma combinação de número identificador do usuário (*pin number*), sistema de reconhecimento de voz e possivelmente um leitor de impressões digitais para garantir absoluta segurança, principalmente nas transações financeiras feitas por meio de celular ou outros aparelhos móveis (*m-commerce*). Em relação às pessoas, muitos escritórios e lojas usarão escaneamento de íris e sistemas de reconhecimento de assinatura para garantir a segurança da identificação.

Essa precaução é bastante necessária, tendo em vista o crescimento da incidência de crimes eletrônicos. James Finn, da Unisys, previu perdas financeiras em 2001, decorrentes de crimes por meio de computador, no montante de 10 bilhões de dólares. A segurança de 60% das empresas da Fortune 1000 já foi rompida e 51% dessas organizações relataram perda financeira.

Na corrida para a implementação de comércio eletrônico, as empresas multinacionais estão esquecendo que abrir um portão eletrônico para o mercado cria uma via de mão dupla, pela qual podem trafegar tanto as pessoas honestas quanto os criminosos. Dessas invasões, 57% tiveram a Internet como porta de entrada. Nos EUA, embora apenas 2% de todas as transações com cartão de crédito sejam feitas on-line, mais de 90% das fraudes com cartões de crédito são cometidas pela Internet. Talvez o que desperta ainda maior preocupação seja o perfil do *hacker*. As evidências sugerem que suas características são as do empregado ideal: jovem, com idade entre 19 e 30 anos, sem antecedentes criminais, brilhante, criativo, vigoroso, gosta de aventura, é altamente motivado, aparenta autoconfiança e disposição para aceitar desafios. Geralmente é contratado para o setor de processamento de dados ou contabilidade. Alguém com essa mesma descrição quase causou uma catástrofe com o vírus "I love you"!

O problema que esse nível mais rigoroso de segurança e vigilância pode causar, a menos que gerenciado com sensatez, é que a grande maioria dos empregados e visitantes honestos de uma organização se defrontará diariamente com sinais potencialmente negativos por parte da empresa: cartões eletrônicos na entrada, registro no livro de visita, crachás de identificação e protocolos com senha nos computadores de trabalho, para citarmos apenas alguns exemplos.

Como evidenciado pelos participantes da pesquisa da Access, os empregados desejam ter certeza sobre os motivos do empregador. Esse, por sua vez, precisa estabelecer uma relação de genuína confiança com eles, a fim de garantir sua total cooperação na adoção de sistemas de segurança, de forma a isolar o elemento criminoso que houver em seu meio. Existe uma linha tênue que distingue a vigilância em benefício da empresa e a invasão de privacidade — e é mais fácil preservar essa linha quando existe confiança entre empregado e empregador, principalmente se for solidificada pela comunicação.

O risco é que, se não forem geridos de maneira adequada, esses sistemas ampliem a "distância" entre empregador e empregado. Foi só na última geração que a maioria dos trabalhadores se livrou do relógio de ponto, acionado todas as vezes em que se entrava ou saía do trabalho, e do pagamento feito semanalmente em dinheiro dentro de um envelope. Atualmente eles recebem o salário de forma impessoal — por meio de depósito direto em sua conta bancária — e, à medida que evoluímos da fábrica para a prestação de serviço e daí para uma economia de conhecimento, um número cada vez maior de trabalhadores simplesmente liga e desliga o computador no início e no final do expediente, respectivamente.

Nesse contexto, como é possível para o empregador manter uma boa comunicação com o seu pessoal? Como demonstrar regularmente sua estima? Como evitar que seus empregados se sintam apenas "um número"? É preciso haver uma oportunidade no processo de remuneração — e no comportamento que envolve esse processo — para eliminar a distância que separa a gerência de seus empregados e dar à equipe um senso maior do próprio valor, dessa forma promovendo a autoconfiança.

As pessoas são muito sensíveis à "linguagem corporal da empresa". Em outras palavras, ao modo como a empresa se apresenta em todos os aspectos; como é a sua aparência, como atua, como se dirige às pessoas, como fala de si mesma, no que acredita, quem são seus amigos, quem considera como inimigos, o que ama e o que odeia. Muito simplesmente, as empresas são como pessoas e as pessoas reagem a elas em termos humanos.

Por exemplo, espera-se que as empresas se orgulhem de si mesmas e tenham auto-estima. Presume-se que elas farão propaganda e promoções de seus produtos e serviços de uma forma ativa e capaz de demonstrar que estão entusiasmadas e apóiam totalmente esses produtos e serviços. Os clientes não ignoram que as campanhas publicitárias são caras e esse investimento só vale a pena se o produto em questão se tornar um sucesso de venda — "sem propaganda" para eles pode significar "mau produto". Também é por isso que uma estrita atenção aos detalhes da identidade corporativa é tão importante. Se o estilo de um logotipo aparecer de modo uniforme e for tratado com certa veneração, o cliente perceberá e provavelmente tratará a marca em conformidade. Como Ludwig Mies van der Rohe disse: "Deus está nos detalhes" e esses detalhes precisam ser policiados.

Como exemplo, é comum as empresas, principalmente aquelas que possuem grandes lojas, ficarem tentadas a abolir as despesas com pintura e reforma da fachada ou do interior. É tão fácil dizer que "não está tão ruim" ou que "ainda dura mais um ano" e colocar o dinheiro economizado direto no resultado líquido. Os anos se passam e nada é feito, mas, aparentemente, isso não provoca qualquer conseqüência. A verdade é que os clientes mais antigos, mais tradicionais, podem ter-se acostumado com a aparência ligeiramente descuidada da loja e à má impressão causada por esse desleixo, ou simplesmente nem notar, mas os consumidores mais jovens, que não têm qualquer expectativa quanto ao que a loja oferece, certamente notarão. A primeira impressão é tão importante que é essencial manter uma imagem desejável e atual. Os clientes podem retornar a uma loja antiquada se souberem que podem fazer um bom negócio lá, mas poucos entrarão pela primeira vez se ela parecer um bocado sombria e melancólica.

No Reino Unido, a Marks & Spencer descobriu a duras penas que esse processo pode conduzir velozmente ao declínio. Essa outrora orgulhosa "matriarca" do comércio varejista britânico ficou humilhada com a rapidez da sua decadência. Está sofrendo as conseqüências de uma linguagem corporal empresarial cujos sinais durante anos repetiram: "Nós sabemos que estamos certos." Ela expressava isso por meio da sua política de não fazer propaganda, de não aceitar cartões de crédito, não modernizar a decoração, a iluminação e os mostruários, não comprar mais barato no exterior e, em vez disso, ser inflexível com os fornecedores britânicos, e não estocar mercadorias de acordo com as características demográficas da região de cada loja. Com esse procedimento, a M&S pouco a pouco ampliou a distância em relação ao resto da High Street, enquanto novos e jovens clientes em potencial tranqüilamente viravam as costas, replicando "Nós sabemos que eles estão errados" a caminho da Matalan ou da H&M.

O que vimos aqui oferece lições-chave para as empresas aprenderem; a cultura básica da empresa deve ser protegida e a maioria do seu pessoal dará as boas-vindas a uma reação vigorosa contra aqueles que ameaçarem prejudicá-la. É preciso não só criar um código claro de modos da marca, mas também estimulá-lo mediante reforço positivo e defendê-lo contra aqueles que deliberadamente exibem mau comportamento. Se a liderança da empresa falhar nessa tarefa, os empregados presumirão que a cúpula administrativa "não se importa" e, se os chefes não se importam, por que eles o fariam?

A administração tem de demonstrar diariamente que realmente se importa com a empresa e que não existem "janelas quebradas" que fiquem sem conserto. Para tanto, deve examinar sua "propriedade" constantemente. Até que ponto ela está protegida contra membros desonestos da equipe? O sistema de comércio eletrônico é à prova de *hacker*? Qual é a aparência real da marca para os empregados e para os clientes? Ela de fato faz frente aos concorrentes? A empresa está mesmo demonstrando bom desempenho em fatores básicos como atrair e manter clientes, recrutar e reter empregados? O CEO, a diretoria e os gerentes precisam nutrir-se regularmente com essas avaliações básicas do mercado e do quadro de pessoal, o que lhes fornecerá a pulsação da cultura e advertirá quanto ao surgimento de qualquer divergência. Por sua vez, os empregados têm a necessidade de se sentirem valorizados como indivíduos e jamais serem tratados como "apenas um número". A empresa deve mostrar que se importa da mesma forma com os clientes e com os empregados.

Capítulo 14

Reduza a distância

Existe uma tendência intrínseca de ampliação da "distância" que separa o CEO e outros líderes da empresa dos seus empregados. Esse fato se deve ao crescimento e à complexidade cada vez maior da vida empresarial, que resultam na grande escassez de tempo do CEO. Para reduzir o "distanciamento", é possível recorrer aos processos que promovem a "integração" e que constituem uma parte fundamental dos modos da marca.

Os empregados precisam do reforço contínuo dos valores de sua marca e, para tanto, a comunicação desses valores por parte da liderança da empresa é uma das formas mais eficazes de atingir esse objetivo. Contudo, se tal medida preventiva falhar e ocorrer uma crise, a integração promovida ainda será de enorme valia para o planejamento de uma reação rápida e eficaz. Os empregados que estiverem na "linha de fogo" terão maior confiança para reportar toda a extensão do problema, permitindo uma resolução mais ágil e eficiente.

À medida que as empresas crescem, cresce também o número de níveis hierárquicos entre o primeiro e o último escalão das empresas. No caso de empresa bem-sucedida, é possível que, num curto espaço de tempo, o CEO deixe de conhecer o nome de todos os seus subordinados — isso em geral ocorre quando o quadro de pessoal ultrapassa 50 empregados, um pouco mais ou um pouco menos. De acordo com Nigel Nicholson, da London Business School, 40% dos trabalhadores do mundo estão em empresas com mais de 150 empregados, enquanto as maiores corporações, como por exemplo as da Forbes 500, têm uma média de 373.000 empregados. Isso significa que um percentual considerável das empresas, desde as de médio porte até as megaempresas, enfrentam o problema do distanciamento entre a cúpula administrativa e seus empregados. A experiência empresarial mostra que as equipes de trabalho com até 12 membros são ótimas e é interessante notar, com relação a esse aspecto, que os esportes em grupo têm evoluído de modo a formar times com um número bastante semelhante de integrantes (Figura 27).

Críquete	11
Rúgbi	15
Futebol	11
Beisebol	9
Futebol americano	11
Hóquei	11
Pólo aquático	7

Ilustração 27 *Quadro de esportes em grupo com número de jogadores.*

Uma das causas desse problema é a globalização das empresas. As grandes organizações, que têm um número muito grande de empregados, também contam com uma grande quantidade de filiais. Por exemplo, a GE trabalha em 88 países e a General Motors opera em 50 países, com uma presença global em 200. A Hewlett-Packard tem distribuidores em 120 países e a Microsoft tem escritórios em 59 países. Além do mais, as organizações são normalmente divididas em empresas operacionais, dentro das quais existem grupos funcionais ou departamentos — que facilitam a produção ou a prestação do serviço, mas inevitavelmente criam segmentos verticais ou "silos" entre os quais o contato e a comunicação costumam ser pobres.

No interesse da coesão e da eficiência, muitas dessas companhias têm adotado um idioma empresarial único — em geral o inglês, por diversas razões, dentre as quais o império britânico, a hegemonia dos EUA no comércio global e na informática, sem mencionar sua liderança em áreas culturais importantes, tais como a música popular, a televisão e o cinema. Mesmo uma empresa orgulhosamente germânica como a Daimler tem o inglês como sua língua oficial. De acordo com a English Speaking Union, 377 milhões de pessoas usam o inglês como língua nativa, das quais 226 milhões nos EUA e 56 milhões no Reino Unido, representando 6,2% da população mundial, menor apenas que a população chinesa. Na realidade, computando o seu uso como segunda língua e como um instrumento do comércio, mais de um bilhão de pessoas falam inglês e estima-se que mais de 80% de todas as informações estocadas nos computadores do mundo todo estejam nesse idioma. Contudo, o lado negativo desse fato é que grandes percentuais dos empregados dessas companhias não se comunicarão com a direção, nem mesmo com os colegas, na sua língua nativa.

Isso significa que, afora a distância geográfica, existe uma outra maior, lingüística, que amplia o potencial de erros na troca de informações e de mal-entendidos, além de má ou insuficiente comunicação, fatores que estão sempre na raiz dos maiores problemas e crises das empresas. A recíproca também é verdadeira: grandes comunicadores constroem grandes empresas. O melhor CEO é aquele que é um bom "contador de histórias" — sendo essencial que essa história seja ouvida com a maior freqüência possível pelo maior número possível de empregados, *stakeholders* e clientes. Contudo, algumas companhias ainda acreditam na importância de se manter segredo acerca de questões que afetam a organização — as quais, na realidade, nem são tão secretas assim. É comum a nomeação de diretores, as perspectivas de fusão ou aquisição ou mesmo as más notícias provenientes do departamento de vendas serem suprimidas até muito depois de cessada qualquer exigência — legal ou do regimento interno — ou necessidade — em função da concorrência — de sigilo. Tal precaução com a comunicação interna também se estende às relações com o público externo.

Contudo, essas empresas deixam de levar em consideração a crescente eficiência da comunicação boca a boca, estimulada pelo correio eletrônico e pelas telecomunicações em geral. Na falta de informações sobre o assunto de seu interesse ou preocupação, os empregados simplesmente inventam uma versão e quase sempre as suas especulações pintam um quadro mais tenebroso do que o real. Os mexericos de corredor logo transformam a especulação em rumor e o rumor em fato sem fonte determinada. O mesmo tende a ocorrer com os jornalistas. Se eles não tiverem relacionamento real com uma empresa ou com os seus diretores, é muito maior a probabilidade de publicarem histórias negativas antes de se darem ao trabalho de procurar um lado mais positivo. O CEO e o primeiro escalão deviam acautelar-se e não permitir que essas "versões-fantasmas" vagassem pelos corredores de sua empresa e deviam operar sobre a base de que não há segredos e de que comunicar-se com os empregados nunca é demais.

Essa necessidade de comunicação não ocorre apenas no nível do ambiente da fábrica. Muitas firmas internacionais de consultoria promovem "retiros" anuais para todos os membros das suas empresas clientes, além de outros encontros e conferências com a cúpula administrativa — e para elas esse é o mais importante investimento feito no negócio, afora o recrutamento e a remuneração de pessoal. Elas descobriram que só por meio do contato pessoal regular é possível, numa consultoria multinacional, converter informações em conhecimento e experiência, em especialização. Se todos reconhecem que esse tipo de comunicação é valioso, por que tantos CEOs e gerentes seniores em geral parecem evitá-lo? Por que tantas empresas investem tão pouco tempo no diálogo com seus empregados no ambiente da fábrica? Talvez isso se deva em parte ao fato de que, quando o empregador e os empregados e clientes se encontram, quando conversam, os clientes ou empregados aproveitam a rara oportunidade para descarregar toda uma série de problemas e queixas. Essa pode ser uma experiência desconfortável, embaraçosa ou mesmo ameaçadora e é natural que muitos membros da cúpula administrativa procurem evitá-la. O administrador experiente em termos de relacionamento com o cliente sabe que, quanto maior a distância entre os contatos, mais difícil se torna atender o telefone na vez seguinte. Se houver um problema aguardando solução, a distância pode aumentar ainda mais, exatamente no momento em que seria necessário amiudar os contatos, a fim de resolver a questão. O mesmo se aplica aos relacionamentos internos entre gerência e subordinados.

Outro aspecto do distanciamento entre a empresa e seus clientes ocorre, por exemplo, na área vital da pesquisa qualitativa de mercado, em que inúmeras das práticas usuais conspiram para criar barreiras entre a cúpula administrativa e a realidade dos consumidores durante os grupos de discussão. Em geral, o departamento de marketing delega a tarefa a uma agência de pesquisa. Quando os grupos estão sendo conduzidos, dificilmente a empresa interessada envia um representante para participar como observador. Em geral esses eventos são realizados à noite, em locais distantes de casa, de maneira que é preciso bem mais do que um comprometimento mediano com a marca para que o diretor de marketing, ou mesmo um gerente, disponibilize seu tempo e esforço para comparecer. Mais tarde, o relatório é apresentado ao departamento de marketing sob a forma de uma apresentação oral, ilustrada por pontinhos em diagramas e alguns comentários selecionados dos consumidores. É relativamente raro elaborar-se um relatório completo por escrito e praticamente ninguém escuta as fitas gravadas durante os grupos de discussão. Ocioso acrescentar que não se costuma gravar a apresentação oral do relatório. Considerando-se que apenas as conclusões são encaminhadas para a cúpula administrativa, não é de surpreender que essa receba um material que em nada contribui para uma compreensão real do cliente.

Quando se planeja a pesquisa quantitativa, é rara a participação dos altos executivos de outros departamentos que não o de marketing na elaboração e aprovação do questionário. E assim se desperdiça uma oportunidade de eles se envolverem com as questões relativas aos clientes e entenderem de que forma a marca está buscando adquirir maior conhecimento a respeito deles. Deveria ser exigido que esses gerentes também preparassem pessoalmente esses questionários, a fim de observarem a situação pela perspectiva do cliente. Durante o verdadeiro trabalho de campo, é de grande valia os representantes da empresa acompanharem os entrevistadores, para adquirirem um precioso subsídio para as análises estatísticas posteriores. Também é útil eles observarem, no estágio de codificação e análise, algumas amostras aleatórias do questionário, para terem uma noção das respostas abertas/fechadas e da linguagem real do cliente. A equipe de marketing e as de outros departamentos interessados, tais como P&D, devem refletir juntas sobre a necessidade de se proceder a uma análise especial como parte da preparação inicial dos dados, o que resultaria em economia de tempo e de dinheiro. Esse processo também é útil para a elaboração do questionário.

Seria possível argumentar que cabe ao departamento de marketing reunir esse tipo de informações sobre o consumidor e preservá-las em nome da marca. Contudo, existe uma alta rotatividade de pessoal na maioria dos departamentos de marketing, com conseqüente perda da "memória da marca". Pior: a figura do diretor de marketing só existe em cerca de 20% das maiores empresas do Reino Unido. Considerando que a permanência média nesse cargo corresponde a apenas 18 meses, é fácil ver que o CEO e os executivos com poder de decisão acabam por se distanciar da realidade de seus clientes e não receber regularmente as avaliações básicas do mercado.

Esse fenômeno do "distanciamento" pode ser verdadeiramente perigoso para a marca, como evidenciado pelo que aconteceu recentemente com a gigantesca Coca-Cola Company. Sua total cooperação na preparação do seguinte estudo de caso é em si um reflexo da nova abordagem que a empresa adotou para solucionar o problema.

Estudo de caso: COCA-COLA

Foi nos anos 1980 que a Coca-Cola Company realmente começou a adquirir massa crítica e a centralizar-se para tirar partido da nova dinâmica econômica global. De repente, como pareceu na época, a Coca-Cola estava disponível em 200 países, com uma infra-estrutura que era realmente global em escala e capaz de suprir uma demanda que excedia um bilhão de pessoas consumindo a bebida a cada dia. A partir de 1988, entretanto, a Coca-Cola caiu do oitavo para o vigésimo oitavo lugar na lista — baseada no valor das suas ações no mercado — das 500 principais empresas internacionais. Essa queda indicava que alguma coisa prejudicara muito a reputação da sua marca, mas o quê?

O "terror na Bélgica", ocorrido em junho de 1999, foi um incidente em que aproximadamente 200 escolares na Bélgica começaram a se queixar de dor de cabeça, fadiga, náusea e tontura depois de beberem Coke (Coca-Cola). Em conseqüência, foram retirados 65 milhões de garrafas e latas de Coke de quatro países europeus. Os psiquiatras belgas diagnosticaram o problema como sendo causado por doenças psicossomáticas originadas por odores desagradáveis. Isy Pelc, Chefe do setor de Psiquiatria e Psicologia do Brugmann Hospital, da Bélgica, afirmou que a crise da dioxina encontrada em alimentos ocorrida no país e o nervosismo dos estudantes durante as provas eram os principais fatores da crise e que, numa proporção de dois para um, as crianças afetadas eram particularmente sugestionáveis. Psicossomático ou não, isso custou à Coca-Cola Company um prejuízo estimado em US$200 milhões. Mas talvez o que causou maior dano à imagem da marca foi o fato de a empresa dar a impressão de não se preocupar com o problema e demorar para reagir; foi quase como se a crise belga tivesse sido tratada como uma pequena dificuldade ocorrida numa região sem importância para o índice Nielsen.

Crises de pânico semelhantes ocorreram na França e na Holanda, com efeitos que se espalharam até a Itália e a Polônia. A explicação era o uso de dióxido de carbono abaixo do padrão na fabricação de Coca-Cola na Bélgica, além da contaminação com fungicida — presente nos engradados em que o refrigerante era transportado — do lado externo das latas originárias de Dunquerque. Charles Frenette — vice-presidente executivo da Coca-Cola Company e diretor-presidente da Coca-Cola Europa e Eurásia — resumiu a gravidade da situação: "Estou na Coca-Cola há 25 anos e jamais tinha visto nada, incluindo a New Coke dos Estados Unidos, que causasse um impacto tão profundo na nossa empresa. O que aconteceu foi que, de súbito, as mesmas forças que estão interligando o nosso planeta e tornando-o mais homogêneo do que nunca antes na história passaram a dar ensejo de as pessoas das comunidades do mundo inteiro, principalmente as da Europa, defenderem o seu direito de controlar a própria cultura, política e economia local."

Enquanto isso, a Coca-Cola tinha sofrido acusações tanto da Pepsi quanto da Virgin. As duas empresas haviam expressado a preocupação de que a Coca-Cola, valendo-se de sua posição dentro da Europa, estivesse incentivando os comerciantes a parar de estocar outros refrigerantes "cola", oferecendo-lhes bônus por fidelidade e acordos de exclusividade. Tais alegações implicavam um potencial de indenização de 10% do giro. Isso conduziu a inspeções de surpresa em várias engarrafadoras, inclusive as do Reino Unido e da Bélgica. A Coca-Cola sofreria ainda outros reveses comerciais com as acusações de formação de monopólio, em razão da sua tentativa de comprar a Cadbury Schweppes por US$1,85 bilhão — transação essa que foi impedida pelas entidades reguladoras européias. Problemas semelhantes prejudicaram a sua proposta de aquisição da fábrica francesa de refrigerantes Orangina, em dezembro de 1999, que não recebeu autorização das autoridades francesas que regulam o mercado, a despeito do valor de US$840 milhões que fora acertado.

O ataque seguinte à reputação da Coca-Cola foi uma ação judicial impetrada por empregados negros, que acusaram a empresa de discriminação racial. A primeira vez que essa delicada questão veio à tona foi em 1995, com um memorando que detalhava como os empregados negros se sentiam: "Os negros não sobem além dos cargos de salário mais baixo." As estatísticas pareciam confirmar a reclamação: na época, três quartos das funções administrativas da Coca-Cola eram exercidos por negros, mas todos os gerentes eram brancos. Embora tivessem implementado algumas das sugestões feitas pelo sr. Ware, na época o executivo negro de posição mais elevada na empresa, a idéia geral era de que a Coca-Cola não avançava o suficiente nessa área. Além disso, o Departamento do Trabalho dos Estados Unidos, em 1997, concluiu que a Coca-Cola havia violado diversas regras trabalhistas ligadas à diversidade étnica. Frustrados, os empregados negros formaram uma "rede de trabalhadores" para trocarem informações sobre os casos de discriminação e, em dezembro de 1999, todos os 2000 empregados negros da Coca-Cola se uniram numa ação para colocar um ponto final nas alegadas práticas, tais como relegar os candidatos negros nos processos de promoção e lhes pagar salários inferiores aos que eram pagos aos empregados brancos que executavam as mesmas tarefas. Em novembro de 2000, o caso foi resolvido com um acordo que teve o valor recorde de US$192,5 milhões.

Embora não houvesse interligação entre esses problemas — medo de contaminação, acusações de formação de truste e de racismo —, a conclusão dos comentaristas, amplamente divulgada pela imprensa, era de que a Coca-Cola Company, epítome de um estilo de vida descontraído, jovial e aberto se tornara distante e insensível. Como resultado de toda essa controvérsia, a Coca-Cola estava perdendo clientes e valor de mercado — e a marca, construída ao longo de muito tempo, estava sendo arruinada rapidamente. Ficou claro que era preciso fazer alguma coisa e depressa. Providências decisivas foram tomadas com a nomeação de Douglas Daft como novo CEO e ele, por sua vez, apressou-se a impor autoridade. Em seu modo de ver, a Coca-Cola tinha saído do rumo porque se tornara excessivamente centralizada, lenta e insensível e ele descreveu a série de eventos infelizes como sendo "exatamente do que precisávamos. Durante alguns anos, o mundo foi numa direção e nós, em outra".

Num espaço de 6 meses, Daft substituiu praticamente todo o primeiro escalão europeu por executivos de cada país e apenas um em cada dez gerentes americanos permanece como presidente divisional na Europa. A razão para essa mudança tão acelerada pode ser encontrada na explicação de Daft:

> Para cada um dos problemas que sofremos pode-se apontar uma única causa: nós negligenciamos os nossos relacionamentos. É preciso uma boa rede de relacionamentos para evitar o perigo de as pessoas pararem de falar conosco e uma empresa que, nos dias de hoje, centralize tanto o seu poder de decisão não entendeu nada sobre o modo como o mundo evolui atualmente. Em nosso passado recente, tivemos sucesso porque entendemos as pessoas comuns e nos comunicamos com elas. No futuro, teremos igual sucesso; também entenderemos as diferenças regionais e nos comunicaremos em conformidade. O século 21 exige nada menos que isso.

Essa troca, nos principais cargos administrativos, por executivos de cada país foi uma parte fundamental da nova estratégia. O enfoque adotado pela Coca-Cola na gestão de Daft é constituído por três princípios. O primeiro consiste na expansão do global para o local — em que se pensa e age em termos da região —, realizada atribuindo-se responsabilidades e autoridade aos colegas que estiverem mais perto desses bilhões de vendas individuais. O segundo implica escolher como paradigmas os cidadãos de cada comunidade atendida e acreditar apaixonadamente no conceito de Daft de que "não fazemos negócios nos mercados, nós fazemos negócios nas sociedades". Essa noção se baseia em antiga crença da empresa segundo a qual "a Coca-Cola sempre floresce quando permitimos ao nosso pessoal usar a própria percepção para construir a empresa do modo que melhor se ajuste à cultura local e às condições de negócio". Com respeito à acusação de discriminação racial, Daft pôs em prática um conjunto de medidas que revelam um comprometimento real com o gerenciamento da diversidade e vinculou a própria remuneração ao atingimento de suas metas nessa área. A ambição dele é fazer da Coca-Cola "a mais avançada e verdadeiramente diversificada cultura corporativa do mundo".

Como terceiro princípio, Daft reafirmou ser essencial para a empresa apoiar-se na força da marca: "Todo o nosso sucesso flui da força das nossas marcas e da nossa capacidade de nos relacionarmos com as pessoas. É por isso que temos de ser os melhores em marketing do mundo e qualquer extravio dessa missão inibirá o nosso sucesso." Mas essa era uma estratégia de longo prazo e urgia tomar providências para ajudar a empresa a trazer de volta alguns dos consumidores que a Coca-Cola perdera com os desastres na Europa. Conforme Charles Frenette, "só os pedidos de desculpa da empresa e os anúncios inteligentes na televisão não bastariam para resolver a situação. Nós tínhamos de ir para as ruas e colocar pessoalmente uma garrafa bem gelada da nossa deliciosa Coca-Cola nas mãos das pessoas nos lugares onde elas se divertem e desfrutam a vida e a companhia umas das outras." Um exemplo desse novo sistema e dos novos valores em prática pode ser resumido por um comentário feito pelo diretor de marketing da Coca-Cola de Bruxelas e Luxemburgo: "Hoje podemos fazer coisas que seriam impensáveis um ano atrás porque Atlanta não as aprovaria. Agora me dizem para seguir em frente até mandarem parar." Em Bruxelas, enviam *hostesses* para as discotecas, com o propósito de distribuir refrigerantes grátis para adolescentes que estavam ingerindo bebidas alcoólicas, mostrando-lhes dessa forma o prazer de uma "pausa para uma Coke". "Os belgas são festeiros, nós sabemos disso, mas Atlanta jamais teria conhecimento do fato."

Esse novo estilo "mais próximo" de administração, essencial para a recuperação interna da empresa e vital em termos de relacionamento com o consumidor, devia também estender-se para os relacionamentos externos com os governos e entidades reguladoras de mercado. A abordagem adotada pela Coca-Cola foi descrita por Daft para Karel Van Miert, comissário europeu encarregado de questões relativas à concorrência e que era considerado um dos mais acirrados adversários da Coca-Cola durante a crise. Ele disse que era hora de, a despeito de ser conhecida por irregularidades e talvez mesmo por sua arrogância, a Coca-Cola se tornar conciliadora e criar boas relações com os governos do planeta. Doze dias depois de Daft ser nomeado chairman, a agência antitruste italiana chefiada por Giuseppe Tesauro multou a empresa num valor equivalente a 16,1 milhões de dólares por concorrência desleal e comportamento de marketing anticompetitivo. Num "gesto definidor", exemplificando a nova atitude, Daft foi ao encontro de Giuseppe sem advogados, para grande surpresa do italiano. Ele agiu assim porque acreditava que os advogados da Coca-Cola, todos da sede em Atlanta, haviam desempenhado um papel importante demais nos erros cometidos pela empresa na Europa e que era hora de sua voz soar menos dentro da organização.

A experiência do passado havia mostrado que, quando ocorriam problemas, por exemplo os casos de adulteração ou contaminação de produtos, como aconteceu com a Tylenol e a Perrier, uma ação rápida e pública é a melhor abordagem. E é mais fácil empreender esse tipo de ação quando se dispõe de uma cultura de proximidade em que exista um alto grau de confiança entre liderança, gerência operacional e empregados. Numa situação dessa, a marca tem de estar pronta para dizer "desculpe" em tom alto e claro e agir em conformidade. Para começar, a Coca-Cola reagiu com lentidão e sofreu as conseqüências disso, mas, depois de efetuar mudanças fundamentais na sua administração, cultura e estrutura, parece bastante provável que ela reassumirá sua posição de inquestionavelmente a maior marca de refrigerantes do mundo.

Dentre as medidas para minimizar o "distanciamento corporativo" estão:

1. Manter-se perto dos consumidores — não terceirizar todas as pesquisas de mercado e de concorrência. Estimular o pessoal a "andar um quilômetro a mais" para chegar até os consumidores — prosseguir até mandarem parar.
   (a) Sempre que se conduzir pesquisa de mercado qualitativa, um observador da empresa deve estar presente no grupo. O CEO ou o gerente no país deve comparecer a no mínimo dois grupos de discussão de consumidores por ano. A apresentação verbal deve ser gravada e transcrita para distribuição e registro. As fitas dos grupos de pesquisa devem ser ouvidas e transcritas.
   (b) Quando se estiver planejando pesquisa quantitativa, os executivos do primeiro escalão de outros departamentos além do de marketing devem ser incluídos nos processos de elaboração de questionário e o pessoal de marketing deve envolver-se mais no trabalho de campo e nas análises.
   (c) O website da empresa ou da marca deve incluir uma seção para pesquisa de mercado. Deve haver um diretor responsável pelo marketing nas diretorias principal e executiva.
2. Reconhecer que a empresa faz negócios na sociedade, não apenas nos mercados. Forjar relacionamentos de proximidade com os reguladores de mercado locais, com as autoridades governamentais, com os formadores de opinião e os jornalistas.
3. Criar e implementar um sistema de rodízio obrigatório de estágios que possibilite aos membros da administração experimentar anualmente

cada fase da produção ou da prestação do serviço de sua empresa e observar como isso pode afetar o consumidor.

(a) As empresas industriais devem implementar um estágio anual obrigatório de experiência na fábrica para os membros da administração e o pessoal de vendas deve criar e implementar um estágio obrigatório de trabalho nas lojas.

(b) As empresas varejistas devem criar e implementar um ciclo obrigatório de visitas às lojas, que incluem reuniões tanto com o gerente quanto com a equipe. O CEO deve visitar cada loja com uma regularidade que reflita a freqüência da rotatividade equipe/gerente — e no mínimo a cada dois anos.

(c) As empresas prestadoras de serviços devem criar e implementar um estágio obrigatório dos membros da administração em cada ponto do processo de prestação dos serviços.

4. Fazer avaliações objetivas do nível de comunicação entre os principais componentes da empresa. Pode ser entre a administração da matriz e as agências, divisões, filiais ou sucursais regionais. Todos os canais devem ser examinados, incluindo cartas, memorandos, mensagens eletrônicas, ligações telefônicas e reuniões pessoais. As tendências observadas nas freqüências comparativas da comunicação podem ser usadas como barômetro principal do relacionamento entre as partes. Conscientizar-se do desafio dos ambientes poliglotas.

(a) Investir em equipamentos para as conferências por telefone e vídeo. A empresa deve criar uma webcasting e um canal de conversa em tempo real em sua intranet para possibilitar comunicações muito mais freqüentes entre o CEO, os gerentes e empregados.

(b) Dependendo do porte da empresa ou divisão ou departamento, os representantes das equipes devem reunir-se informalmente uma vez por mês. Convém promover uma convenção anual da empresa toda por filial ou região, dependendo dos números/custos.

Capítulo 15

Como gerenciar o irracional

Muitos CEOs, para chegarem a esse cargo, passam pelo treinamento financeiro e pela ascensão na carreira. O curso de Direito também é comum entre esses executivos, mas nem tanto quanto os de Economia e Contabilidade. Essas áreas acadêmicas têm conteúdo bastante racional e são adequadas para as pessoas com maior aptidão para pensar "com o lado esquerdo do cérebro". O que isso significa na prática é que as valiosas áreas do emocional e do irracional não recebem a atenção que merecem. Em conseqüência, as empresas estão subutilizando recursos ocultos de motivação e desempenho em seus negócios; os empregados estão menos engajados do que poderiam. Utilizar o irracional nos encontros interpessoais, tanto dentro quanto fora da empresa, constitui um aspecto fundamental de um conjunto completo de modos da marca.

As empresas tendem a ser organizações políticas voltadas para o racional. Mesmo as que pertencem a um ramo de atividade mais criativa, como as de propaganda, *design* e arquitetura, alocam apenas uma minoria do seu pessoal no que poderia ser chamado de trabalho cerebral do hemisfério direito. Mais ou menos três quartos dos trabalhadores desse setor estão envolvidos em atividades cerebrais do hemisfério esquerdo, com grande ênfase no racional e no funcional. Nas agências do Reino Unido, por exemplo, os redatores de propaganda e os diretores de arte, que são os que realmente produzem a comunicação de propaganda e marketing, representam apenas 14,6% do total de pessoal empregado, conforme o IPA — Institute of Practitioners in Advertising. Mesmo adicionando nessa conta a equipe envolvida na produção criativa, que representa 13,3%, e supondo que um percentual do restante dos empregados seja "criativo", o resultado será igual a talvez metade do quadro de pessoal.

De maneira geral, verifica-se uma forte tendência a eliminar o emocional e o irracional, com o objetivo de imprimir certeza e precisão ao processo corporativo. Na verdade, a própria linguagem utilizada para descrever a função ou a vida no trabalho já ilustra o fato. Nós falamos com aprovação que as empresas são "profissionais", "organizadas" e "eficientes" e é bem menor a probabilidade de usarmos adjetivos como "divertida", "desinibida" ou "engraçada". As conversas entre gerência e empregados são geralmente objetivas e profissionais, em oposição a subjetivas e pessoais. O dramático "falecimento" da boo.com, a loja virtual européia de roupas esportivas, em meados de 2000, sem dúvida reforçou o estereótipo de que as organizações "divertidas" viram pó.

Isso significa que pouquíssimas culturas corporativas são abertamente divertidas e oferecem aos empregados recompensas que possam ser descritas em outros termos que não apenas satisfação no emprego, progresso na carreira e salário. Palavras como prazer, descontração, estímulo ou entusiasmo dificilmente são usadas nas conversas pelos corredores ou durante a pausa para o café. A idéia de que "o *hardware* da empresa é muito bom, mas o *software*, nem tanto" é freqüentemente comentada.

Algumas companhias, percebendo o ponto fraco, trabalham arduamente para desenvolver esses atributos, mas, para atingir tal objetivo, usualmente têm de apelar para as atividades de aproximação e integração do pessoal fora do expediente. Infelizmente, o número de empregados que têm acesso a esses programas é relativamente pequeno. Além disso, a "alta adrenalina" e o elevado senso de camaradagem que podem redundar dos bem-sucedidos "dias fora da empresa" raramente persistem por mais que umas poucas semanas. Uma vez que voltam para o convívio com os seus pares e não contam mais com o reforço diário de um instrutor carismático — que aparentemente obtivera tão bons resultados com eles durante o treinamento —, a tendência é os participantes regredirem para os velhos hábitos e procedimentos.

Seguramente deve haver algum meio de reforçar os bons sentimentos e relacionamentos de maneira mais integrada e contínua, não lhe parece? De que modo a administração pode criar um ambiente e uma cultura que em si propiciem métodos melhores de trabalho? Uma resposta simples consiste em aplicar na organização, em caráter permanente, as técnicas de motivação dos carismáticos gurus do treinamento. Para tanto, talvez seja preciso investir em desenvolvimento de recursos humanos um percentual do orçamento maior do que o usual em inúmeras empresas — e remunerar muito bem a liderança carismática. E também significa que o presidente e o alto escalão devem gastar muito mais tempo simplesmente conversando com o seu pessoal. Na verdade, à medida que a comunicação eletrônica se expande, o valor do contato pessoal cresce desproporcionalmente. O problema é que o tempo disponível é simplesmente nenhum, principalmente no primeiro escalão das empresas; os gerentes vivem ocupados demais com a administração da companhia para gerenciar os empregados — conversar com eles, então, fica fora de questão

Essa dificuldade sugere a necessidade de se criar uma nova função dentro das organizações — ou, no mínimo, de ampliá-la bastante, se o posto já existir em caráter incipiente. Trata-se da função ligada à comunicação interna, aliada à linha administrativa e estimulada pelo encargo de ser guardiã da marca. Esse cargo deve ser ocupado por alguém do primeiro escalão, que provavelmente se reporte à diretoria no mesmo nível que o CEO, que é o mantenedor da visão corporativa e cuja primeira responsabilidade é gerenciar os recursos irracionais da organização. Essa pessoa deve cuidar em profundidade da cultura e se constituir na pedra de toque dos seus valores. No apogeu do Hard Rock Café, a empresa criou o posto de "diretor de atitude". Foi ocupado por uma mulher, a mais antiga garçonete da rede de lanchonetes. Sua importância era inestimável no treinamento de empregados novos e na representação da marca na abertura de novos restaurantes.

Talvez exista uma analogia entre um "diretor de atitude" e o "bobo" da corte medieval. O bobo não tinha autoridade, apenas o amparo do rei, mas sua função era manter o monarca em contato com a realidade, com as complexas correntes de emoção e com as manobras políticas da corte. O bobo executava essa tarefa contando histórias e fazendo humor, freqüentemente à custa do rei, até o ponto do desrespeito. Havia muito de verdade nas brincadeiras e o bobo atuava como pára-raios das tensões entre o governante, a corte e os súditos. O bobo também era o repositório da sabedoria popular, da história e das tradições da corte, funcionando como uma caixa de ressonância de novas tendências e idéias.

Watts Wacker, futurologista e co-autor de *The 500 Year Delta*, descreve a si mesmo como uma versão contemporânea do bobo clássico. Ele viaja pelo mundo "coletando histórias para contar a seus clientes" e fornecendo aos presidentes das maiores corporações a visão da realidade e a crítica às diretrizes adotadas que os vice-presidentes executivos geralmente não têm condições ou coragem política de lhes oferecer. Como seria inspirador para tantas empresas se elas tivessem o seu bobo, ou diretor de atitude, em vez de apenas diretor de Comunicações.

A maioria das pessoas vê as horas do expediente como um dever que se deve cumprir antes de fazer o que elas realmente desejam, ou seja, desfrutar o tempo fora do trabalho em atividades de lazer — financiadas pelo que ganham na parte menos prazerosa do dia. É bastante improvável que o local de trabalho possa ser tão gratificante como a vida particular, mas talvez a ênfase excessiva no racional, com a conseqüente supressão do irracional, seja um dos fatores que conduza ao desequilíbrio. Se os empregados não reconhecerem o problema e dessa forma não refletirem a respeito, então as organizações se basearão num modelo conflituoso por definição e esse efeito cultural negativo alcançará inevitavelmente os clientes e outras partes interessadas.

Na vida particular, grande número de pessoas parece acreditar no irracional em alguma medida. Por exemplo, encontra-se horóscopo em quase todos os jornais diários, dos tablóides aos grandes periódicos, e em praticamente todas as revistas femininas. Mesmo que os proprietários desses jornais e revistas não acreditem no horóscopo que publicam, eles sem dúvida acreditam nas estatísticas que mostram que muitos milhões de leitores consultam horóscopos diariamente. O grau de seriedade com que esses horóscopos são lidos varia enormemente desde o extremo do vício daqueles que não tomam nenhuma decisão importante sem "ouvir" os astros, à vasta maioria que apenas gosta de "dar uma espiada" nas previsões e comentá-las com os amigos. Consta que até o governo dos EUA emprega um astrólogo.

Os autores desses horóscopos se tornam pequenas celebridades e evidentemente contam com um número respeitável de leitores fiéis. Consta que o *Daily Mail*, em 1999, ofereceu £1 milhão a Jonathan Cainer para não perder seus serviços e impedir que ele fosse para o *Express*, seu concorrente. A razão era que ele já ganhava £1 milhão a mais, em razão de sua sociedade meio a meio com o jornal no horóscopo por telefone, que, além de tudo, ainda atraía mais de 100.000 leitores extra por dia.

Os cientistas há já algum tempo tentam identificar as características pessoais ligadas à data de nascimento. Recentemente, divulgou-se um estudo que sugeria que as pessoas nascidas no inverno teriam maior probabilidade de ficar acima do peso ideal em razão de sua propensão a acumular gordura durante o período mais prolongado de frio, em comparação com as pessoas nascidas nos meses mais quentes do verão. E esse fato, por sua vez, pode ter implicações na relativa suscetibilidade a doenças coronarianas que se verifica posteriormente.

Parece bastante provável que ao longo dos próximos anos mais e mais se descobrirá acerca das ligações entre data de nascimento e todo o tipo de características físicas, emocionais e psicológicas. O que isso significa é que a ciência e o esforço científico darão uma explicação racional a algo que muitas pessoas já sabiam, graças ao folclore, que evoluiu ao longo dos séculos, e a não poucos conhecimentos astrológicos. Na verdade, dificilmente se passa um dia sem que haja um relatório sobre descobertas científicas que meramente confirmam uma crença antiga, mesmo que essa crença possa ser considerada como desagradável ou politicamente incorreta. Será que deveríamos confiar mais no folclore e construir com base na experiência de gerações, em vez de descartar tudo isso?

Durante a última década do século 20, os médicos mais esclarecidos começaram a se mostrar mais tolerantes em relação às medicinas alternativas, recomendando-as informalmente aos pacientes para quem as terapias convencionais se revelavam pouco eficazes.

O efeito placebo é conhecido desde o tempo de Hipócrates, mas esse conhecimento tem sido varrido para debaixo do tapete como algo ligeiramente embaraçoso com que os profissionais do mundo da medicina não se conformam. No Reino Unido, por exemplo, nem o General Medical Council nem o Royal College of General Practitioners nem o National Health Service têm qualquer diretriz formal sobre o uso de placebos como remédio.

Esse é um dado interessante, considerando-se que muitos especialistas concordam que até 30% ou mesmo 40% da eficácia de qualquer droga são atribuíveis ao efeito placebo, em oposição ao resultado da interação química. Na verdade, ele é usado como *benchmark* para as novas drogas: se elas não puderem vencer o efeito placebo, não serão introduzidas no mercado. De certo modo, é realmente extraordinário que um efeito que é tão significativo quanto o das drogas mais conhecidas não esteja documentado, classificado e prescrito de maneira mais estruturada. Mas, novamente, dada a reação do sistema de saúde às medicinas alternativas, talvez o fato não cause surpresa.

Costuma-se dizer nas empresas, embora nem sempre se atue em conformidade, que, durante uma palestra, a platéia forma sua opinião sobre o palestrante e sobre o conteúdo apresentado nos primeiros dois ou três minutos. Também o estudo elaborado em 1971 por Albert Mehrabian, da Universidade de Los Angeles, denominado "Silent Messages" (Mensagens Silenciosas), provou que as pessoas interpretam um discurso com base nos seguintes estímulos: visual/linguagem corporal — 55%, voz/tom/inflexão — 38%, conteúdo/palavras — 7% (veja a Ilustração 28). O fato desconfortável é que a forma sempre triunfa sobre o conteúdo.

Da mesma forma, no diálogo com o cliente em potencial, o pessoal de vendas e outros comunicadores profissionais se concentram na linguagem corporal tanto quanto no conteúdo verbal, se não mais. Imitar a posição do

Fonte: A. Bradbury, *Develop Your NLP Skills*.

Ilustração 28 *Gráfico da linguagem corporal, efeito do tom e do conteúdo.*

corpo, as expressões do rosto e os gestos das mãos constitui um meio mais importante e mais sutil de estabelecer contato imediato do que simplesmente repetir o nome, as palavras e frases do outro, refletindo a entonação e o ritmo. Os seres humanos parecem ter uma capacidade extraordinária de reconhecer esse comportamento que se utiliza da mímica e não há dúvida de que é algo que lhes proporciona bem-estar. A razão talvez seja simples egocentrismo: amamos a nós mesmos e amamos as outras pessoas que se parecem conosco e se comportam como nós — a imitação é a forma mais sincera de lisonjear. Mas se o poder desse processo é tão conhecido na situação de venda, isto é, quando um representante da empresa está diante do cliente, por que não se procede da mesma maneira com os empregados?

Os jantares nos restaurantes mais caros realmente têm mesmo um sabor melhor? Talvez nós apenas esperemos que seja assim em razão do ambiente. A decoração, os detalhes que denotam sofisticação, o experiente garçom e o serviço de natureza quase espiritual, tudo isso exerce uma influência muito forte sobre nós. Mesmo a dificuldade de se conseguir uma mesa e o tratamento especial que se recebe por ser alguém bem-sucedido, tudo isso confere um valor superior à experiência, a despeito do preço exorbitante que se paga — ou provavelmente em razão dele. O efeito placebo faz a sua mágica.

Esse tipo de informação de fato constitui um desafio para os que seguem a linha racional, que prefeririam acreditar que só o conteúdo importa e desconsiderariam aspectos essenciais, por considerá-los superficiais. Para esses, a utilização desses aspectos remete ao bufarinheiro ou ao charlatão de rua. Como vimos, um grande número de pessoas acredita no irracional e o integra como uma parte agradável da vida cotidiana. Mesmo quando não é levado a sério, ainda assim proporciona os benefícios da interação social, bem como a oportunidade de explorar as possibilidades pessoais, além de, não raro, acenar com a possibilidade de realizar desejos ou fantasia.

Na maioria das grandes economias, existem loterias atualmente que atraem percentuais notáveis da população. No Reino Unido, por exemplo, a National Lottery alcança um número semanal de jogadores que representa mais de 68% da população elegível, com taxa de conhecimento de 90% da população adulta. E contudo as probabilidades de ganhar são inferiores a uma em 13.983.816, ou seja, a probabilidade de se ganhar a sorte grande é menor do que a de ser atropelado na rua de casa. Nos EUA, 68% da população participa e as probabilidades de ganhar são igualmente infinitesimais.

Os comentaristas, que gastam quilômetros de papel de jornal para apontar a futilidade de se comprar um bilhete de loteria e quebram a cabeça tentando descobrir por que tanta gente continua a fazer isso, não parecem levar em conta a enorme satisfação e a prazerosa interação social que a compra de um bilhete de loteria pode proporcionar. O *post mortem* depois do sorteio da loteria junto com amigos, lamentando seu triste destino de não ter conseguido o número que realmente desejavam — e que foi o premiado — e a expectativa do sorteio da semana seguinte, tudo isso faz parte de um ritual bastante agradável. Então há também a discussão sobre se devem ou não insistir em seus números especiais e o repetido debate sobre se esses números especiais são na verdade uma armadilha. Que terrível seria se, num fim de semana qualquer, deixassem de comprar aqueles bilhetes e seus números fossem sorteados! Sem mencionar, é claro, a fantasia de "o que eu faria se de repente tirasse a sorte grande?" A pura diversão de especular sobre que casa, que carro, que viagem ou que cirurgia plástica seria possível comprar ou fazer com a recém-conquistada fortuna é um entretenimento que não custa caro e permite desviar a atenção da monotonia da vida diária.

Quer os empregadores gostem ou não, praticamente todo mundo em sua organização passa uma porção significativa de seu tempo ativamente envolvido com o irracional e extraindo grande vantagem disso. Além do impacto da apresentação pessoal e da linguagem corporal na comunicação e da fantasia de riqueza que as pessoas conseguem extrair da compra de algo tão mundano quanto um bilhete de loteria, existe considerável evidência que demonstra que a sugestionabilidade humana é extremamente poderosa.

No metrô de Londres há quase sempre gente em demasia, de maneira que é comum as pessoas serem empurradas perigosamente para perto do limite da plataforma, independentemente da eventual tendência suicida de muitos que escolhem ficar ali. Em experiências para descobrir meios para reduzir os riscos de acidente, foi descoberto que pintar uma linha amarela a cerca de trinta centímetros da beira da plataforma exerce um efeito significativo sobre o lugar onde os passageiros decidirão aguardar o metrô. Quase todos resistem a ultrapassar a linha amarela. Deve haver alguma explicação no condicionamento que as pessoas recebem quando passam pela alfândega de aeroportos ou outras situações de fila.

Esse exemplo do irracional em ação nos lembra novamente do efeito potencial do meio ambiente sobre a nossa estrutura mental e sobre o quanto interagimos com o nosso entorno e o quanto esse nos influencia. Para os executivos do primeiro escalão das corporações, a questão principal em tudo isso é que eles deveriam integrar a realidade das abordagens chamadas de alternativas e colocá-las em prática em sua própria organização e, por extensão, em seus relacionamentos com todos os *stakeholders*.

As ações racionais ou transações dentro de uma companhia podem ser ampliadas em 30% ou mais por meio da adição de valores emocionais e psicológicos por meio dos comportamentos e dos rituais apropriados que nos rodeiam. Combinando os elementos espirituais, políticos e emocionais com os racionais, as organizações podem criar uma vida própria capaz de energizar todos os que trabalham para elas, proporcionando iguais benefícios aos clientes. Em grande parte isso diz respeito a "como" as coisas devem ser feitas — e também ao que deve ser feito. Para melhor gerenciar o irracional, deve-se lançar mão do trabalho horizontal, ao longo de toda a empresa, usando equipes naturais de trabalho para conduzir as melhorias na experiência do cliente.

Capítulo 16

Confiança

A nossa desconfiança em relação aos assim chamados "pilares da sociedade" cresce em razão dos abundantes exemplos de mau comportamento em postos do alto escalão, levando-nos a perder a confiança nessas instituições. Por outro lado, as pessoas têm confiado relativamente mais nas empresas e marcas. À medida que avançamos na era digital e aumentam as comunicações remotas entre empresas e clientes, a confiança se torna um dos mais importantes valores da marca para dar sustentação a esses contatos. Além disso, as corporações buscam uma administração mais eficaz no melhor sentido da palavra, e, conforme implementam seus sistemas de modos da marca, elas têm de assegurar a conquista da confiança recíproca com seus empregados e principais *stakeholders*.

É difícil imaginar o efeito placebo atuando em ambientes em que não existe confiança. Para que esse efeito realmente dê certo, é preciso que os pacientes acreditem no médico e na sinceridade do comportamento que circunda o diagnóstico e os procedimentos terapêuticos para que esses funcionem. Da mesma maneira, é preciso que os empregados das organizações possam confiar nelas e na sua administração. Os clientes também precisam confiar nas marcas que estão comprando.

Aceitar um emprego numa companhia implica aderir a seu código específico de comportamento e modos da marca, o que em parte constitui um ato de fé no empregador e mostra confiança de que a empresa cumprirá a sua parte no acordo de trabalho. Quando compramos uma marca, confiamos na sua reputação e acreditamos que ela nos proporcionará os benefícios que esperamos daquele produto ou serviço. Gostamos de confiar que o serviço após a compra será eficiente e eficaz. Queremos acreditar que os nossos direitos como consumidores serão respeitados e que a garantia oferecida será honrada. Contudo, dificilmente se passa um dia sem que algum incidente nos lembre enfaticamente que vivemos tempos turbulentos em termos de confiança. O país mais poderoso da terra suportou um longo espetáculo de quase cinco anos em que seu presidente oferecia uma sucessão de desculpas especiosas e evasivas e de declarações mentirosas em sua covarde tentativa de evitar o *impeachment*. Espantosamente, por meio de ginásticas semânticas, ele escapou da ameaça de remoção do seu posto, um cargo ao qual muitos esperavam que um homem honrado renunciasse naquelas circunstâncias.

O colapso do centenário Barings Bank, como resultado das ações de um negociante trapaceiro, foi simplesmente uma das mais escandalosas manifestações de desonestidade por parte de gente indigna de confiança no setor de serviços financeiros. Antes de qualquer anúncio formal de fusão ou aquisição nas bolsas de valores, os preços das ações das empresas envolvidas sempre sobem rapidamente e, em alguns dos casos, só se pode atribuir essa elevação à "venda" de informações privilegiadas.

O nosso mundo dos esportes também tem sido seriamente assolado por exemplos de comportamento indigno de confiança. A atitude questionável de muitos membros do Comitê Olímpico Internacional — que aceitaram a hospitalidade suntuosa e os presentes caros, equivalentes a um verdadeiro suborno, que lhes foram oferecidos por organizações de determinados países — tem ameaçado apagar a chama idealista da pira olímpica, que costumava ser o símbolo do espírito esportivo ao qual todos aspiramos. Esse comportamento escandaloso das organizações no processo cada vez mais perverso a que as cidades se submetem para conquistar o privilégio de sediar os jogos demonstra o quanto os aspectos comerciais da competição se sobrepõem aos ideais olímpicos que lhe deram origem. A nódoa que maculou as olimpíadas só aumentou com o uso atualmente disseminado de drogas ilegais pelos atletas do primeiro escalão, aparentemente com a conivência dos principais treinadores, que lhes dão cobertura. Os Jogos do Milênio em Sidney, Austrália, acrescentaram mais nuvens negras ao serem distribuídos os melhores lugares para os principais eventos para as empresas australianas a título de cortesia, assim prejudicando os aficionados dos esportes.

158 · EM SINTONIA COM A MARCA

Talvez o mais deprimente de tudo tenha sido o que ocorreu com o críquete, antes considerado como o ponto máximo do espírito esportivo, mas que, como se descobriu, acabou por se render ao mesmo esquema de fraude nos resultados das partidas que havia predominado na Índia e no Paquistão. O esquema consistia no pagamento de "estímulo pecuniário" aos jogadores por parte dos agentes da bilionária indústria ilegal de apostas — sediada no Oriente — em torno dos Test Matches e outros jogos importantes. Mesmo o capitão da África do Sul, que se declara religioso, Hansie Cronje, admitiu que era pago para "entregar" os jogos e persuadir os colegas de time a conspirar — além de uma série de revelações que chocaram profundamente o seu país e lançaram dúvidas sobre os resultados de muitos jogos significativos dos anos anteriores. A expressão "é como uma partida de críquete" não pode mais ser usada como paradigma de integridade e lisura.

Outros exemplos de comportamento desonesto e, portanto, indigno de confiança, são encontrados no próprio porte da economia paralela — que, na maioria dos países da Europa ocidental, varia entre 8% e 15% do PNB, chegando a 25% em alguns casos, conforme as estimativas. Em 1999, a Audit Commission relatou que 230.000 fraudes foram aplicadas no ano anterior contra municípios da Inglaterra e do País de Gales, envolvendo benefícios no valor de £104.000.000. O Department of Social Security (Departamento de Previdência Social) sugeriu que aproximadamente £600 milhões por ano — ou seja: cerca de 5% dos £11 bilhões pagos anualmente — podem ter sido pagos em conseqüência de fraude nos pedidos de auxílio moradia. É possível que, no geral, a economia paralela no Reino Unido chegue a movimentar um montante de £50 bilhões por ano. Com tudo isso em mente, não surpreende o fato de a pesquisa conduzida por Henley Centre (Ilustração 29) mostrar que organizações que antes gozavam da confiança do público estão perdendo terreno para as melhores marcas do mercado, em termos de credibilidade.

Instituição	Nível de confiança %
Médico local "CG"	85
Kelloggs	84
Cadbury	83
Heinz	81
Nosso banco	72
Coca-Cola	65
Nossa igreja	64
A polícia	62
Parlamento	16
A imprensa	7

Fonte: The Henley Centre, 1998

Ilustração 29 *Níveis de confiança.*

Tendo em vista que muitas instituições importantes e indivíduos em posição de liderança na sociedade parecem não mais merecer confiança, é de surpreender que, quando lhes perguntam, em pesquisas de mercado como as que foram conduzidas no Reino Unido pela Future Foundation, as pessoas expressem um forte desejo por exatamente o oposto? A vasta maioria dos cidadãos quer empresas e pessoas em quem possam confiar (Ilustração 30).

Requisito	Mencionado por %
Honestidade	88
Justiça	78
Confiabilidade	70
Utilidade	66
Inovação	60
Cordialidade	37

Fonte: Future Foundation/Consumers'Association/ Richmond Events, 1999.

Ilustração 30 *O que as pessoas esperam de uma empresa ideal.*

Nesse contexto de falta endêmica de credibilidade, qualquer organização que consiga convencer seus empregados, *stakeholders* e clientes de que é confiável pode criar uma significativa vantagem competitiva. Uma forma de obter uma perspectiva sobre como a situação surgiu e como pode resolver-se no futuro é refletir sobre o modelo abaixo de evolução social da confiança:

Não faz tanto tempo, as pessoas nasciam, viviam e morriam em diminutas comunidades, cuja população não passava de 100 pessoas, e moravam em lugares dos quais jamais se afastavam mais do que uns quinze quilômetros. Assim, era inevitável que houvesse uma grande intimidade — todos sabiam tudo uns dos outros: o caráter, a honestidade ou falta dela, e a confiabilidade. Era difícil comportar-se mal e sair impune (Ilustração 31).

À medida que o povoado crescia e se transformava em vila e depois em cidade, essa avaliação pessoal direta da confiança deixou de ser possível e, com o desenvolvimento das indústrias e do comércio, gozar de uma boa reputação se tornou algo essencial. A criação de regras e regulamentos para os mercados e as primeiras bolsas de valores tinha por objetivo prevenir atividades criminosas tais como a formação de cartéis e de grupos fechados que dominem as licitações. Mas, ironicamente, o uso de informações privilegiadas nos negócios gerou um dos conceitos de confiança mais poderosos que já se viram. A idéia de o inglês ser um homem de palavra surgiu como uma forma de contornar os regulamentos, já que os acordos verbais não deixavam pistas para as entidades reguladoras e, assim, ele podia continuar a explorar a informação visando ao ganho pessoal ilícito. Até bem recentemen-

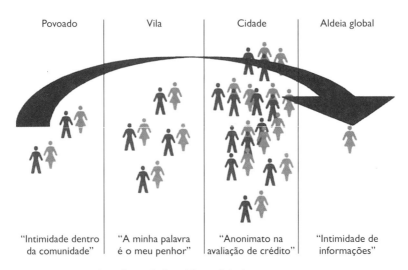

Ilustração 31 *Povoado, vila, cidade, aldeia global.*

te, na City de Londres, era possível efetuar transações de muitos milhões de libras por meio somente de contratos verbais entre cavalheiros.

Com a transformação das vilas em cidades grandes, a reputação começou a valer cada vez menos como instrumento para se aferir a confiabilidade. As instituições financeiras, em especial, passaram a recorrer a sistemas cada vez mais sofisticados de avaliação de crédito a fim de determinar se era possível ou não confiar numa pessoa a ponto de lhe conceder crédito ou abrir uma conta bancária. Boa parte da desconfiança dos clientes em relação a instituições financeiras pode ser atribuída a problemas causados por aqueles que, em razão de julgamentos adversos na avaliação do crédito, não conseguiram empréstimo ou tiveram seu cheque especial cancelado. Os clientes se ressentem tremendamente quando são tratados como números ou como uma probabilidade atuarial e não como seres humanos. Talvez essa sensação de ser tratado meramente como estatística tenha exercido influência direta sobre a tolerância das pessoas em relação à sonegação de impostos, à economia paralela e à queda nos padrões éticos em geral. Elas podem ter chegado à conclusão de que, se "o sistema" as explora, então por que não explorar o sistema?

Agora nos encontramos numa nova era de intimidade, a intimidade nascida das informações. O advento da era da mídia digital, da Internet e sua "interatividade um-a-um", possibilita às empresas coletarem quantidades crescentes de informações detalhadas sobre seus clientes. Por intermédio desses mesmos meios tecnológicos, os indivíduos também sabem muito mais acerca das empresas. No Reino Unido, recentemente houve uma verdadeira comoção porque uma empresa da Internet liberou um CD, ao preço de £299, que continha todos os nomes e endereços residenciais de todos os administradores das sociedades anônimas de todo o país. Essas informações haviam estado sempre disponíveis, mas era necessário um considerável esforço para localizá-las. Agora os dados estão disponíveis, a contragosto de muitos administradores, principalmente aqueles que têm um triste recorde de falências anteriores ou de ações judiciais em que figuram como réus. A maioria das principais corporações dispõe de *websites* e o nível de transparência e de facilidade de acesso aos dados a seu respeito cresce diariamente. A idéia de ocultar informações ou de mantê-las em sigilo como estratégia de longo prazo torna-se cada vez mais inviável.

O futuro fechará o círculo e, com o crescente uso de alianças dentro do mundo dos negócios, criará a comunidade com intimidade de informações. Isso implica que as empresas com ideais semelhantes compartilharão idéias e informações e trabalharão juntas, tendo por elo um alto grau de confiança. A Internet facilita essas alianças, particularmente na área de aquisição, e grandes transações já foram feitas nas indústrias automotiva e siderúrgica e no comércio de gêneros alimentícios. Mas o segredo para se perceber e criar essa tremendamente eficaz rede de relacionamentos — em geral entre empresas que anteriormente se haviam considerado como grandes rivais — é o grau de confiança pessoal existente entre os CEOs envolvidos. Se os líderes da corporação têm credibilidade e confiança mútua, os acordos, que normalmente afundariam nas discussões dos aspectos legais, podem ser concluídos mais facilmente. Para tanto, é necessário que os executivos em questão sejam pessoas de princípios.

Como vimos anteriormente, a maioria honesta da população não se incomoda com a idéia de seus dados pessoais se encontrarem sob a posse de terceiros, contanto que se trate de entidades confiáveis e que seus motivos sejam claros. Assim, para as empresas e marcas que cada vez mais fazem negócios pela Internet com clientes com quem elas não têm contato físico, talvez nem mesmo um diálogo oral, a confiabilidade se torna uma necessidade fundamental. A palavra "confiança" está rapidamente se tornando uma das mais usadas nas propagandas das empresas que negociam pela Internet. Todas percebem que, para terem sucesso nas transações remotas, as marcas têm de fazer o cliente se sentir seguro o suficiente para efetuar a compra. Uma pesquisa feita pelas empresas líderes nesse setor, como a Forrester, confirma que o significativo número de "carrinhos de compra" abandonados no *site* ou de compras abortadas é atribuível à falta de intervenção humana e de contato pessoal por meio de um serviço de ajuda (*helpline*).

Nos EUA, as empresas e bancos que utilizam a Internet estão começando a abrir lojas e agências porque não conseguiram conquistar a confiança indispensável do consumidor, que lhes permitiria efetuar pela Internet transaçoes maiores, envolvendo valores mais altos. Elas dizem que a presença física no centro comercial/financeiro constitui um componente essencial para conquistar credibilidade e segurança. Por outro lado, inúmeros bancos do Reino Unido estão fechando suas agências — o que pode ser uma providência prematura, considerando o que os dados abaixo, fornecidos pela ROAR, têm a dizer. A pesquisa da ROAR* — Right of Admission Reserved —, enfocando jovens de 15-24 anos (Ilustração 32), parece fundamentar a tese de que as marcas com uma forte presença física vão bem, enquanto as instituições remotas vão mal.

Confia um pouco/muito	
Organização	**Percentual de confiança**
Boots	87
BBC	81
British Airways	74
ONU	64
Polícia	59
Microsoft	52
Governo Trabalhista do Reino Unido	40
Parlamento europeu	28

Fonte: ROAR* faixa etária 15-24, 1999.

Ilustração 32 *Confiança em organizações.*

A Boots Pharmaceuticals está em praticamente todas as cidades do Reino Unido — além da histórica farmácia de manipulação do centro comercial de Londres —, fornecendo remédios e produtos para higiene pessoal, tendo adquirido notoriedade e a confiança das pessoas. Foi apelidada de "Mother Boots" (Mãe Boots) e, em termos conceituais, é literalmente uma matriarca do país. Nada surpreendentemente, na outra ponta do espectro nós temos o Parlamento europeu, uma organização remota, invisível, localizada na obscuridade de Bruxelas, de cujos motivos burocráticos que visam aos próprios interesses até os eleitores mais pró-europeus suspeitam e tratam com desconfiança.

Parece inteiramente plausível que o movimento rumo a lojas que combinem o virtual com o real, na emergente indústria "pontocom", não se deva apenas à necessidade de introduzir bens reais e alguma lucratividade nesse ramo de negócios que em geral opera no vermelho. Muitos lojistas adotaram a venda por catálogos e muitas empresas que vendiam pelo cor-

---

*R.O.A.R. (Right of Admission Reserved) é um consórcio do Reino Unido formado por quatro membros: Channel Four, EMAP Advertising, The Guardian and Observer Newspapers e OMD UK. É fonte de contínuas pesquisas sobre a vida dos jovens de 15 a 24 anos: seus hábitos de consumo, atitudes em relação à política, dinheiro, educação, sexo, etc. (N. da T.)

reio abriram lojas. As empresas que funcionam por intermediários abriram operações de venda direta por telefone. Os armazéns atacadistas abriram suas portas para a venda no varejo. Ao fazerem o inverso umas das outras, ou ao ampliarem seus padrões tradicionais de comércio, essas empresas estão simplesmente abrindo canais extras de distribuição e meios de contato com seus clientes. Talvez no futuro relativamente poucas empresas atuem exclusivamente pela Internet, em razão da necessidade humana básica da confiança consolidada pelo contato pessoal ou físico em tantas transações comerciais.

Uma das dinâmicas de grupo mais populares dos programas de formação de equipe é aquela que consiste em um indivíduo se jogar para trás de um cavalo-de-pau ou de qualquer estrutura de altura semelhante, nos braços dos seus colegas. O ato físico coletivo de amparar a pessoa que cai produz duas coisas. A primeira é demonstrar que uma equipe pode obter resultados que não seriam possíveis para um indivíduo sozinho — no caso, impedir que um adulto pesado desabe no chão. A segunda é demonstrar que um indivíduo pode, com toda a segurança, confiar em seus colegas. Essa demonstração física de confiança é uma excelente forma de promover esse sentimento entre os membros de uma equipe e é muito mais eficaz do que simplesmente conversar a respeito.

Ao longo dos anos, a agência de pesquisas MORI vem monitorando a reputação das empresas e analisando em que medida os consumidores se sentem favorável ou desfavoravelmente inclinados em relação às principais organizações (Ilustração 33). Um fato que emerge todas as vezes é que, em geral, quanto mais conhecida a empresa, mais favoravelmente é vista. A fama da marca ou a pura recordação da marca constitui um tijolo fundamental na construção da confiança. Mas, para converter familiaridade e disposição favorável em confiança propriamente dita, é claro que as ações da empresa exercerão influência muito maior do que somente as palavras.

A tarefa do CEO, seja no âmbito interno da organização, seja no mercado, é essencialmente a mesma. É preciso que as ações reflitam com precisão a totalidade das palavras usadas para descrever o sonho e definir os modos da marca. Se as palavras com as quais se faz a promessa da marca forem secundadas pelos seus modos, as expectativas do empregado e também as do cliente serão bem gerenciadas, o que resultará em confiança. Hans Snook, da imensamente bem-sucedida marca de telefonia celular Orange, afirmou: "Jamais fomos apenas mais uma empresa de telefone celular. A maneira como você define uma marca é a maneira como você cumpre a sua promessa. E nós sempre a cumprimos — perante o nosso pessoal, os nossos clientes e *shareholders*." Observe que, no caso da Orange, o "pessoal" aparece em primeiro lugar na lista de Snook.

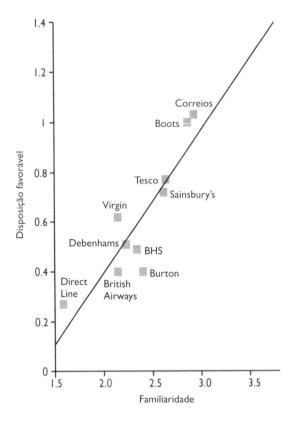

Base: Todas (2.000)
Fonte: MORI 1999.

Ilustração 33 *Familiaridade e disposição favorável do público em geral em relação às empresas.*

Outro exemplo do impacto que o código de comportamento pode exercer sobre o pessoal é o fato de os empregados do Co-op Bank terem sido galvanizados pela adoção de uma política ética de investimento por parte da empresa, num exercício de reposicionamento fundamental que fez o banco retornar às suas origens (Ilustração 34).

Quantas organizações conseguem atingir esse nível de apoio e adesão à sua visão empresarial? A "cola" ética de que o Co-operative Bank se valeu como estratégia de investimento tornou-se uma força motivadora para os empregados e uma proposta da marca atraente para os clientes, por meio das agências parceiras BDDH. O segredo foi o trabalho feito pelo banco para alcançar um alto padrão ético. Demorou vários anos para abandonar os investimentos em empresas questionáveis e "deixar a casa em ordem". Se não tivesse procedido com tanto rigor, o banco teria ficado vulnerável às investidas da imprensa, bem como das entidades reguladoras e dos concorrentes, pre-

Confiança 165

97% estão satisfeitos com a decisão do Banco sobre a política ética
97% acreditam que essa atitude exerce efeito direto sobre o recrutamento de clientes
89% acreditam que essa atitude exerce efeito direto na retenção do cliente
89% sentem orgulho de trabalhar no Co-operative Bank
88% percebem a empresa como membro responsável da sociedade
87% sentem que a empresa está atenta ao seu impacto no meio ambiente
82% acreditam que essa atitude exerce um efeito positivo sobre os serviços prestados ao cliente

Fonte: Pesquisa junto aos empregados do Co-operative Bank, março de 1998.

Ilustração 34 *O impacto da ética sobre os empregados do Co-operative Bank.*

judicando a sua imagem de confiabilidade perante os empregados e os clientes, que precisavam acreditar na lisura daquela atitude.

Como o caso do Co-op Bank demonstra, os empregados têm de confiar que os gerentes cuidarão deles e os gerentes têm de confiar que o seu pessoal fará um bom trabalho. Os clientes têm de confiar que os empregados da empresa não os enganarão acerca do produto ou serviço — eles necessitam saber o "porquê" e "o quê" — e que os gerentes não estão explorando ou roubando ninguém para vender o produto. Os gerentes, por seu turno, têm de confiar nos clientes, para poderem informar a eles por que estão operando mudanças e qual o rumo que a empresa está tomando. Por fim, os empregados têm de confiar nos clientes e procurar consolidar um relacionamento duradouro.

O ponto de chegada é o triângulo da confiança (Ilustração 35), tendo os gerentes, o pessoal e os clientes em cada vértice. A confiança se alicerça nas interações pessoais e constitui uma peça fundamental para a construção de bons relacionamentos. Em seu núcleo está o conjunto de modos distintivos da marca, que unifica a empresa e projeta sua visão coletiva por meio de palavras e feitos, tanto interna quanto externamente.

Ilustração 35 *O triângulo da confiança.*

Para o CEO, criar uma reputação que conquiste a confiança dos clientes, dos empregados e outros *stakeholders* é cada vez mais importante. Se todos tiverem uma idéia clara do que se espera deles, desde o primeiro escalão, passando por todo o quadro de pessoal até chegar aos clientes, ficará mais fácil avaliar o seu desempenho e confiabilidade. Porque o caminho para a confiança é a transparência, que permite ver que você está fazendo exatamente o que prometeu que faria. Se a meta inspiradora e o sonho da marca forem definidos e articulados com clareza pela cúpula administrativa e depois realizados por todos com sucesso, o vínculo de confiança mútua cresce. Como se costuma dizer: "Honre a sua palavra!"

A confiança mútua é a chave para construir organizações autoconfiantes. No nível individual, pode-se desenvolvê-la por meio do gerenciamento de três componentes: credibilidade (que valor se pode agregar), intimidade (a oportunidade de partilhar interesses pessoais e empresariais) e risco (é preciso identificar e gerir os aspectos profissionais e pessoais).

A confiança é a "cola" que promove os relacionamentos entre indivíduos — entre os empregados e também entre eles e o cliente —, conferindo às pessoas a segurança para irem além da prática padrão e capacitando os empregados a "assumirem riscos" para ajudar o cliente e prestar um serviço de grande qualidade. Com o advento da "aldeia global" e da intimidade das informações, a confiança é uma das leis naturais mais importantes para se compreender e cultivar.

Entender, aceitar e acolher a noção de que os serviços podem ser livremente prestados da mesma forma que "vendidos" é fundamental tanto para os modos da marca quanto para a capacidade de cada um de nós de realizar o nosso potencial e levar uma vida mais significativa. Em relação às empresas, quando se reconhece que a autoridade tanto flui de cima para baixo quanto o inverso, essas se beneficiam com a liberação da energia e do entusiasmo que estavam latentes. Os empregados passam do relacionamento de "criança" (eles) com o "pai" (a empresa) para um relacionamento entre adultos, com as duas partes atuando como parceiras na prestação de serviço ao clientes.

Seção Três
A promessa da marca

A terceira seção focaliza os aspectos principais que envolvem a promessa da marca. Vamos examinar quatro aspectos: o impacto das tecnologias de ponta na área de comunicação, a ascensão do movimento de defesa do consumidor, a identificação de problemas como parte da solução e a proteção da marca.

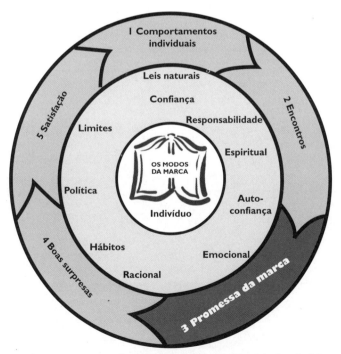

Ilustração 36 *Seção Três: O Ciclo de Aperfeiçoamento dos Modos da Marca — a promessa da marca.*

Capítulo 17

Boa tecnologia, boa comunicação da marca

Como o CEO e os executivos do primeiro escalão raramente são clientes de sua própria empresa em termos convencionais — eles conseguem condições especiais ou outras formas de tratamento preferencial —, quase sempre vivem em ditosa ignorância em relação aos problemas que os verdadeiros clientes enfrentam quando tentam fazer contato. Para a maioria das empresas, a oportunidade de reduzir os custos da interação com o cliente por meio de contatos via telefone ou correio eletrônico tem sido muito bem acolhida.

Nesse processo, eles distanciaram a empresa ou a marca do cliente e usualmente ergueram barreiras que frustram a comunicação. Superficialmente, as despesas podem ter diminuído, poupando-se dinheiro, mas a que custo para o relacionamento com o cliente? O problema surge porque esses novos sistemas de tratamento de informações são vistos normalmente como substitutos da intervenção pessoal. Foram projetados para remover o caro elemento humano e não para se integrar e compor uma interface completa de serviços para o cliente.

As empresas, em sua maioria, estão num processo de adoção de comunicações automatizadas, digitais, com os clientes a fim de reduzir o custo por interação e aumentar a rentabilidade. Muito raramente esses sistemas são projetados para melhorar o serviço ao cliente. A primeira onda desse processo ocorreu com a criação das centrais de atendimento por telefone dentro da organização. Mas descobriu-se que com muita freqüência era uma solução insatisfatória para todos, menos para as organizações maiores, porque essas já contavam com um volume de chamadas capaz de realmente reduzir os custos e justificar a existência da central interna. É por isso que se tem usado o esquema de distribuir várias unidades operacionais individuais ao longo da empresa, quando não se opta pela opção mais barata de terceirizar esse serviço. Conforme a Datamonitor, o Reino Unido é atualmente o maior mercado da Europa de centrais telefônicas, com 5.050 em 2000, comparado com o segundo maior, da França, com 2.800.

Da perspectiva do cliente, essa abordagem oferece inúmeros problemas. Primeiro, é muito difícil prever o volume de chamadas e, assim, a alo-

"Alô... aqui é da polícia.
Se você estiver sendo atacado por trás
por um assassino psicopata armado de machado,
disque 'um'..."

Figura 3 *"Foneterapia"*.

cação do recurso de operadores, principalmente no início de uma campanha de vendas ou de *recall*, com as perguntas sendo estimuladas pela propaganda, mala direta, promoção de vendas ou atividade de relações públicas. Como sai caro adaptar o serviço de atendimento por telefone para campanhas novas — formular o questionário, elaborar programas para o computador, treinar os operadores, etc. —, as empresas tendem a agir com cautela exagerada. Daí a geralmente longa espera para ser atendido, situação agravada por irritantes mensagens automáticas que dizem "nossos operadores estão ocupados neste momento" (como se você não soubesse) e "aguarde, você será atendido em breve" (improvável).

Algumas centrais telefônicas afirmam ter capacidade de usar recursos extras sem muito esforço, seja alocando mais empregados nas mesmas instalações físicas, seja distribuindo em cascata as ligações para outras centrais. Contudo, isso não evita os custos e geralmente esses planos emergenciais nunca são feitos; como a perspectiva das empresas costuma ser "excesso de ligações é um problema que gostaríamos de ter", elas acabam por adotar o programa das centrais inteiramente voltadas para afastar os clientes em potencial. É mais caro empregar operadores nos fins de semana ou em horários fora do expediente normal nos dias úteis, por isso as chances de o consumidor conseguir falar com um operador nos momentos que ele tem disponível, ou seja, fora do seu horário de trabalho, são mínimas.

O resultado mais provável é nenhuma resposta ou apenas uma secretária eletrônica instruindo para ligar no horário comercial, de segunda a sexta-feira, e geralmente sem a possibilidade de deixar uma mensagem — transcrevê-la custaria dinheiro! Também implica que um dos dias de pico para atender telefone é a segunda-feira, quando todos voltam ao trabalho e ocupam o telefone de sua empresa para responder a anúncios publicitários, reclamar de defeitos ou solicitar assistência técnica cuja necessidade surgiu durante o fim de semana.

Segundo, e mais óbvio, as telefonistas das centrais de atendimento telefônico freqüentemente não trabalham para a empresa que são pagas para representar. Contudo, apresentam-se como se aquele fosse o caso ao atender as ligações com o nome da empresa ou da marca. O problema ocorre porque, com o máximo de boa vontade do mundo, seu treinamento não as prepara para muito mais do que o conteúdo do questionário que elas têm na tela. Assim, sempre que o diálogo com o cliente se desvia do roteiro predeterminado, mesmo que dentro do contexto da área de problema já definida (por exemplo, esse modelo usa as mesmas peças do modelo que comprei e que pretendo substituir?), elas não conseguem resolver a situação.

Além do mais, os empregados das centrais telefônicas são remunerados por tarefa: quanto maior o número de ligações atendidas, maior o salário.

Assim, existe um desestímulo inerente ao atendimento de qualquer cliente que não se enquadre no programa definido previamente. Se um cliente não obtém satisfação no primeiro nível, o do operador, então, com persistência, ele consegue falar com um supervisor. Contudo, isso raramente resulta num diálogo mais produtivo e o resultado, na melhor das hipóteses, é um recado deixado para um representante real da empresa para que ligue de volta mais tarde, para resolver a questão. Mesmo supondo que esse recado seja transmitido eficientemente e que a empresa apanhe o bastão sem deixá-lo cair, o processo como um todo é frustrante e uma perda de tempo para o cliente.

A segunda onda na terceirização e automatização do atendimento ao cliente por telefone é a adoção dos sistemas de atendimento de múltipla escolha, que funciona com aparelhos telefônicos *touchtone* e opera com menus projetados para trafegar por uma rota até as telefonistas ou sistemas de atendimento automático. Mesmo usando o melhor de tudo isso, é um processo que demanda tempo, que não é amigável para o usuário — e muito menos uma experiência capaz de promover a marca. Problemas semelhantes ocorrem; é difícil antecipar todos os tipos de pergunta que o consumidor pode fazer para oferecer um menu com opções que cubram todas as necessidades. Se um consumidor deseja comprar mais de um item por ligação, raramente existe uma forma de transferir a chamada para o ramal competente. Se ocorrerem dificuldades, não haverá como "gritar por socorro" e obter acesso a uma voz humana. Nos raros casos em que existe a intervenção de um operador humano, todas as limitações já descritas anteriormente tornarão a ocorrer.

Nós estamos agora na terceira onda desse processo de distanciamento, que está sendo promovida pelo advento da disponibilidade de mensagens eletrônicas em larga escala. Foi usada pioneiramente pelas empresas da Internet, mas, em razão do baixo custo por interação e da possibilidade de se manterem todas arquivadas, parece altamente provável que a maioria das empresas adotará esse como o meio preferido de comunicação com os clientes. Os *e-mails* são caros se feitos por um digitador individualmente, mas, muito baratos se processados e respondidos por robôs. Isso inevitavelmente significa respostas predeterminadas, que não abrangerão todas as eventuais dúvidas que os consumidores apresentarão.

A Forrester Research mostrou que, na Internet, o índice de conversão de visitante em comprador é muito baixo e o nível de carrinhos de compra abandonados é muito alto (Ilustração 37). A principal razão citada foi a de que os consumidores tinham de preencher extensos formulários com informações detalhadas e isso lhes dava tempo para mudar de idéia. Eles também culpavam a dificuldade do processo de compra, aliada ao medo de fornecer dados pessoais. A falta de assistência pessoal constituía igualmente um fator decisivo.

Boa tecnologia, boa comunicação da marca 173

"Qual o percentual de carrinhos de compra abandonados no seu site?"		"Qual é o seu índice de conversão visitante/comprador?"	
Menos de 50%	33%	Igual ou inferior a 1,0%	20%
50%-66%	47%	1,1%-2,0%	29%
Mais de 66%	20%	2,1%-5,0%	37%
		Mais de 5%	14%
Média 61%		Média 3,0%	
n = 15		n = 35	
Fonte: Forrester Research 2000			

Ilustração 37 *Estatísticas de compras pela Internet.*

Pode muito bem ser que, no futuro, sistemas cada vez mais inteligentes possam minimizar ou resolver muitos dos problemas mais comuns encontrados com o atendimento automático ou semi-automático ou com a comunicação eletrônica. Contudo, é provável que se passem alguns anos antes que isso ocorra e, nesse intervalo, o que as empresas podem fazer para abrandar os problemas e, em vez de promover danos incalculáveis para sua marca, encontrar modos e meios de ampliá-la por meio da tecnologia?

A primeira questão para o CEO e o primeiro escalão administrativo tomarem consciência é a de que esta época de crescente aplicação da tecnologia nas comunicações está criando um valor extra na interação pessoal de qualidade com o cliente; a meta é usar a tecnologia para promover a "boa comunicação", ou seja, contatos interpessoais eficientes. Mas, antes de "dar início ao jogo final", precisamos começar com os fundamentos básicos e na central telefônica. Observe a Ilustração 38. Ela mostra uma central de atendimento te-

Ilustração 38 *Uma central de atendimento telefônico.*

lefônico típica, que provavelmente apresentaria algumas diferenças dependendo de pertencer a uma empresa ou de ser uma central terceirizada.

Repare nas filas em série de baias no estilo Dilbert e na ausência de qualquer sinal de toque pessoal. Não admira que os empregados dessas centrais reclamem de doenças ligadas ao *stress*! Um estudo recente feito pela CBE consultoria de treinamento acerca de centrais telefônicas mostrou que 6% das pessoas sofriam de transtornos psiquiátricos sérios, o dobro do percentual de um quadro normal de pessoal. Elas declararam que a razão do *stress* está ligada ao estilo de trabalho de produção em série e à inabilidade da equipe de mudar a mentalidade. Trabalhar num ambiente desses, em que eles não têm qualquer controle, conduz ao *stress* e à baixa motivação. Mas é aí que está a oportunidade para a empresa que se dispõe a ser cliente. Se o negócio é terceirizar uma parte vital de seu relacionamento com os consumidores, passando-a para uma outra organização, então é encargo dos proprietários da marca fazer tudo ao seu alcance para cooptar os empregados dessa organização e adotá-los como membros da sua família.

Quão mais gratificante uma experiência de trabalho será se os operadores da central telefônica se imbuírem dos modos da marca? E se lhes derem estímulos visuais que mostrem a identidade da empresa ou se lhes fizerem uma apresentação completa sobre sua herança e linguagem? Ou se lhes propiciarem o recurso simples de transferir ligações para supervisores bem-informados, que possam direcionar as ligações para representantes da empresa, se necessário.

Um modelo desse processo é o que oferece a HARMONI, acrônimo de Harrow Medics Out of hours Network Inc., que foi pioneira no conceito de "triagem telefônica" e assim mudou o padrão de serviço fora do horário do expediente do clínico geral. Antes da HARMONI, os CGs da Harrow no norte de Londres costumavam trabalhar em turnos de "um em três", ou seja, uma noite de plantão para cada três dias trabalhados. Depois da introdução desse tipo radicalmente novo de serviço cooperativo, o plantão exigido caiu para um turno de seis horas a cada dois meses! Houve uma conseqüente melhoria no estilo de vida dos clínicos gerais da National Health Service (NHS). Na verdade a HARMONI se tornou a única cooperativa de clínicos gerais a ganhar uma franquia NHS Direct (West London) e o dr. David Lloyd, um de seus fundadores, é membro da NHS Modernisation Action Team, encarregada de gastar os £13 bilhões extras concedidos pelo governo do Reino Unido em meados de 2000.

Um dos segredos do sucesso da HARMONI foi o desenvolvimento de sistema computadorizado de apoio às decisões clínicas (CDSS) dentro de uma central telefônica de padrão industrial para ajudar as enfermeiras a decidir qual o melhor tratamento médico para as pessoas que ligavam. O *software* ajuda as enfermeiras a fazer uma avaliação abrangente do problema e decidir que tipo de tratamento é necessário.

O segundo fator de sucesso foi ter treinado enfermeiras como operadoras da central, o que possibilitou a maior sensibilidade possível para lidar com as perguntas do paciente, reduzindo os custos ao mínimo possível por não acionar o recurso mais caro e escasso: os próprios médicos. A HARMONI começou, e agora a NHS Direct continuou, a prática de usar enfermeiras comunitárias, enfermeiras de pronto-socorro e de acidentados e agentes de saúde para fazer a triagem, permitindo-lhes conciliar o seu compromisso clínico com o atendimento telefônico da NHS Direct. Isso permitiu refutar uma das críticas feitas à NHS Direct de que desestabilizaria o recrutamento de enfermeiras nos hospitais e na comunidade.

O terceiro fator foi a filosofia da triagem, que está presente no *software* operacional. As enfermeiras da triagem não fazem diagnósticos, mas tomam decisões sobre o tipo de tratamento de que a pessoa precisa — o lema é que o paciente de West London com plano de saúde receberá:

- o tratamento certo
- pela pessoa certa
- no lugar certo
- no momento certo
- com as informações certas

Cerca de um terço do público que liga é encaminhado para tratamentos menos intensivos do que imaginou que seria necessário e cerca de um terço é informado de que precisa de um tratamento mais intensivo do que havia imaginado.

O quarto fator de sucesso foi ter treinado completamente os médicos disponíveis. Os médicos trabalham de maneira diferente das enfermeiras e são treinados para lidar com problemas que não se encaixam em seus protocolos e diretrizes, mas muitas pesquisas demonstram que a maioria das pessoas prefere falar com as enfermeiras! Assim a estratégia toda se tornou na verdade a implementação da filosofia "boa tecnologia, boa comunicação", usando tecnologia de informações moderna para alavancar a capacidade dos médicos e oferecer seus conhecimentos aos pacientes que realmente precisam deles a tempo e a baixo custo.

176 EM SINTONIA COM A MARCA

Estudo de caso: A CENTRAL TELEFÔNICA DO *NEW ZEALAND HERALD*

Outro exemplo de como se pode galvanizar uma central de atendimento telefônico é o caso do jornal *New Zealand Herald*, divisão da W&H Newspapers, umas das duas maiores empresas de mídia da Nova Zelândia, e a partir de 1998, integrante do Irish Independent Group, grupo esse liderado por Tony O'Reilly. O carro-chefe, o jornal diário *The Herald*, sediado em Auckland, estava com um desempenho fraco em vários aspectos quando John Sanders, um dos astros em ascensão na organização jornalística de Rupert Murdoch na Austrália, foi recrutado para reverter o quadro.

Sanders tinha sido o mais jovem diretor-presidente de uma empresa jornalística, com a idade de 27 anos, e tinha a reputação de "descascar abacaxis" com eficácia. Ele, por sua vez, recrutou outro colega da organização, Darryl Olson, como diretor de vendas de anúncios classificados, para integrar a equipe de relançamento em outubro de 1998. Olson era especialista em vendas de anúncios classificados, a energia vital de um jornal como o *Herald*, e era óbvio que ele era absolutamente necessário, pois, na época de seu recrutamento, a participação da empresa no mercado dos classificados estava cerca de 60% abaixo do "valor nominal", considerada a sua circulação.

Um problema rapidamente identificado foi o de sua central para recebimento de pedidos de anúncios por telefone: o tempo de espera chegava a vinte minutos, na pior das hipóteses. Outro sintoma de debilidade era o percentual de desistência, que variava entre 15% e 20%, em comparação com a média das centrais, que era de 3% a 5%. Era mais difícil lidar com anunciantes zangados, que ficavam esperando por um tempo demasiado longo, e o índice de erros nos textos estava atingindo níveis elevados, da mesma forma que os enganos em termos de dia e de classificação do anúncio. Nesse contexto, não é de surpreender que os clientes do *Herald* o estivessem trocando por outros jornais.

Logo também se constatou que o esquema de incentivo em prática na época estava na verdade conspirando para produzir menos texto por anunciante e conseqüentemente derrubar os rendimentos dos anúncios classificados! A razão disso vinha de uma lógica maluca que afirmava que, se um anunciante encomendasse um anúncio grande — definido para esse propósito como qualquer texto acima de cinco linhas —, eles "iriam fazê-lo de qualquer maneira" e assim não se qualificariam para o esquema de incentivo, que portanto só se aplicaria aos pequenos anúncios com menos de cinco linhas, que podiam ser "vendidos" pelos telefonistas.

O resultado líquido disso era que os telefonistas trabalhavam muito para conseguir anúncios com menos de cinco linhas por meio do expediente de abreviações cada vez mais incompreensíveis. Os clientes percebiam isso como "bom serviço", porque acreditavam que os telefonistas os estavam ajudando a economizar dinheiro, mas acabavam com anúncios que freqüentemente só eram entendidos pelos "aficcionados" dos jornais de classificados e eram absolutamente impenetráveis para o leitor comum.

A abordagem do diagnóstico envolveu entrevistas com gerentes, telefonistas, clientes e outras pessoas dentro do Herald. No total, uma lista de sessenta áreas problemáticas foram identificadas para correção. A fim de abordar essas áreas e implementar um programa de mudanças, Olson recrutou Rachel Osborn em maio de 1999, inicialmente como consultora com especialização em administração de centrais telefônicas, graças à experiência com bancos e empresas de telecomunicação, mas depois como gerente em tempo integral da central de contato com o cliente anunciante, como passaram a chamar a antiga "sala de telefone".

Uma mudança-chave foi fazer a central telefônica se sentir novamente parte da empresa; eles haviam sido isolados do resto da organização e se ressentiam do fato. Outro fator negativo era que a equipe de gerentes tinha emergido do conjunto geral de telefonistas como resultado do tempo de serviço e não por sua capacidade administrativa e não detinham responsabilidade pelo desempenho de seus subordinados.

Então, conquanto houvesse um processo de *feedback* em curso (as reuniões eram marcadas durante o expediente normal, sem que ninguém os substituísse nos telefones, daí a espera de vinte minutos que acontecia durante as reuniões!), ele não funcionava na prática e os próprios telefonistas sentiam que nenhum de seus problemas jamais passava do nível do seu gerente imediato para um nível em que pudesse receber um tratamento adequado. Os telefonistas sentiam uma desmotivadora falta de controle sobre suas condições de trabalho e isso contribuía para o mau desempenho.

Outra questão importante era a do ambiente: a sala da central telefônica era mal decorada, mal mobiliada e mal iluminada. Isso acontecia em flagrante contraste com outras áreas do *Herald* e os telefonistas estavam se sentindo como cidadãos de segunda classe — o que era exasperante, considerando-se que eles sabiam que eram o principal ponto de contato com os clientes que geravam 60% das receitas com os seus anúncios.

Olson e Osborn começaram a resolver a lista de sessenta itens e todas as medidas principais foram tomadas em doze meses. Vários cargos de gerente foram eliminados, equipes recalcitrantes foram desfeitas e novas e menores equipes foram formadas, uma nova equipe de "Atendimento ao Cliente" foi recrutada, metas e processos de revisão foram reestruturados, um investimento de A\$200.000 foi feito para modernizar os sistemas telefônicos e *softwares* e na remodelação da central, com os empregados sendo envolvidos nas decisões acerca da decoração. Mas talvez o fator mais importante de todos no relançamento foi o período intensivo de consulta envolvendo o primeiro escalão administrativo e os telefonistas, na outra ponta da empresa, que realmente entendiam do assunto, com o objetivo de redefinir os padrões de serviços ao consumidor e eliminar os obstáculos que impediam a boa prestação de serviços.

Isso culminou com uma grande apresentação e um jantar para os 170 empregados da central telefônica, no qual Sanders e Olson expuseram sua visão para a empresa. Eles até providenciaram uma reunião extra para as trinta pessoas que não puderam comparecer ao primeiro evento, para garantir que ninguém fosse excluído. Uma das principais comunicações nos eventos de relançamento da central telefônica foi projetada para atender as expectativas e aspirações dessa equipe fundamental. Sanders e Olson partilharam com eles o processo paralelo de reorganizar e tornar a motivar outros elementos da empresa, nos moldes empregados na central telefônica. Eles também descreveram o processo contínuo de redefinir os valores do *Herald* como marca.

A despeito de seus 170 anos de história, o jornal, como a maioria dos periódicos do seu tipo em todo o mundo, não havia definido sua visão com clareza. A exemplo de seus pares, o jornal tinha sido conduzido em termos de conteúdo pelo editor do dia e promovido com anúncios e campanhas de venda de uma natureza essencialmente tática. Não havia nada que aglutinasse a organização em termos de valores, linguagem ou modos em comum, nem havia uma idéia básica que orientasse a marca no emergente mundo da Internet e distribuição digital de notícias e outros conteúdos.

Sanders e sua equipe de gerentes definiram a missão do *Herald* nos termos abaixo:

- Missão
  "O que estamos construindo: o mais valioso banco de dados multimídia da Nova Zelândia". Nesse contexto a tarefa foi descrita como:
  Nosso trabalho é
  "Possibilitar que as pessoas do mundo inteiro tenham acesso às informações mais valiosa e profissionalmente apresentadas da Nova Zelândia, o que produz um intercâmbio comercial rendoso".

Os princípios que serviriam de guia para todos os envolvidos eram firmes em sua clareza de apresentação, em linguagem igualmente simples, que todos na organização podiam entender e usar como referência:

- Princípios norteadores
  — pessoas que sentem paixão por fazer diferença
  — soluções com base na equipe
  — uma cultura de desempenho que recompensa melhorias mensuráveis
  — todos fazem o que se comprometeram a fazer
  — sem surpresas
  — máximo de eficiência com níveis excepcionais de serviço.

Para a Área de Contato com o Cliente isso se traduziu em Áreas-chave de Resultado para cada membro das recém-reformadas equipes das duas áreas.

- Serviço Prestado ao Cliente
  — alcançar um percentual de serviço de 70% ou mais dentro dos índices de muito bom e excelente na avaliação anual do padrão de serviços prestados ao consumidor.
  — alcançar um índice de precisão de 99% na anotação do anúncio
  — alcançar um padrão de atendimento em 20 segundos de 80% das chamadas.

- Participação no mercado
Em conjunção com a equipe Classificados, alcançar, por volta de 31 de dezembro de 2000:
— participação de 87,6% do mercado de empregos
— participação de 58,3% do mercado automotivo
— participação de 44,9% do mercado imobiliário
— participação de 59,0% do mercado geral de classificados

A revelação à equipe da central telefônica de que havia uma nova visão da marca em desenvolvimento e que o *feedback* de seu próprio processo de reorganização era um dado fundamental para isso constituía um dos mais motivadores elementos do relançamento. Mais tarde eles puderam ver claramente como o desempenho de suas áreas-chave de resultados específicas contribuiria para o atingimento da meta geral da empresa. O novo *software* TCS projetado para prever níveis de chamadas e preparar o quadro de horário dos empregados da equipe foi instalado em março de 2000 e entrou em pleno funcionamento em maio, mas as coisas já haviam começado a melhorar em decorrência da nova administração, de melhores comunicações internas, do esquema de incentivos reformado e de critérios rígidos de recrutamento de pessoal.

Evidentemente, o calibre dos representantes de Vendas & Serviços é fundamental numa operação dessa ordem, mas é difícil recrutar o tipo certo de empregados para um trabalho relativamente repetitivo. O *Herald* procurava pessoas que pertencessem a times esportivos ou estivessem envolvidas em atividades beneficentes, o que se evidenciaria pela inclinação para ajudar os outros. Contudo, a função não implicava simplesmente "anotar o pedido"; era importante que esses empregados fossem entusiasmados para serem motivados para atingir mais e ter um interesse genuíno em fazer os anúncios funcionarem para os clientes. Foram acionadas agências especializadas em recrutamento de pessoal para encontrar candidatos adequados e o *Herald* agora está se dedicando a desenvolver testes de aptidão mais específicos para refinar o processo e melhorar os índices de sucesso e de estabilidade no emprego. Promoveu-se o *esprit de corps* por meio do estímulo das equipes para darem a si mesmas nomes e identidades — agora a alegre Área de Contato com o Cliente também está decorada com as cores das equipes "SWAT", "WWW" e "Commonwealth".

O aumento no número de equipes, a redução no número de membros de cada equipe, mas mantendo um líder para cada uma, tudo isso forneceu um apoio extra. Existem também dois analistas de qualidade para treinar os representantes da Vendas & Serviço e oito gerentes de Contato com o Cliente, cujo papel é fazer a ligação diretamente com os anunciantes e garantir que eles extraiam o máximo de valor de seus anúncios classificados, para os quais, no caso dos revendedores de carros e imobiliárias, isso é vital para seus negócios.

A melhoria no sistema de telefonia também propicia que as chamadas mais complexas sejam direcionadas para os líderes das equipes, deles para o gerente e então para o diretor, que recebe uma média de uma chamada por mês. Contudo, a facilidade com que clientes desajeitados ou genuinamente zangados são desarmados por esse processo escalonado, e principalmente quando eles alcançam a pessoa com poder máximo de decisão, tem reduzido muito a pressão do sistema como um todo.

Como parte fundamental da nova abordagem, em acréscimo à avaliação anual de grau de satisfação do cliente da empresa toda, feita por Foresyte Research, a Central de Contato com o Cliente encampou o processo de administração de seu próprio questionário bimestral de comunicações. Essa pesquisa foi projetada para ajudar a atingir o objetivo de melhorar as comunicações internas, uma das áreas com pior avaliação na pesquisa de satisfação do cliente de agosto de 1999. Ela também tinha por escopo seguir um de seus princípios norteadores — "sem surpresas" —, propiciando mensurações nos intervalos, antes dos resultados anuais!

Esse simples questionário de comunicações é completado por cada indivíduo dentro da Central de Contato com o Cliente, com relação à pessoa a quem ele se reporta diretamente. É estruturado numa escala de 6 pontos que variam entre "Concordo inteiramente" e "Discordo inteiramente" e abrange as seguintes perguntas:

1. Meu gerente/o líder da minha equipe me fornece todo o suporte de que necessito para executar bem as minhas tarefas.
2. Meu gerente/o líder da minha equipe me fornece orientação e instruções claras.
3. Meu gerente/o líder da minha equipe é acessível e íntegro.
4. Sou sempre informado sobre tudo o que afeta o meu trabalho.
5. As informações importantes sempre chegam a mim em tempo hábil.
6. Recebo regularmente as avaliações que meu gerente/o líder da minha equipe faz do meu desempenho.
7. Idéias e sugestões são sempre escutadas ou consultadas.

Também há uma área no questionário para respostas abertas-fechadas sob o cabeçalho: "O que meu gerente/o líder da minha equipe pode fazer melhor para aperfeiçoar a comunicação?" Para tornar o programa de pesquisa ainda melhor, a satisfação do cliente é mensurada via pesquisa mensal feita com uma amostra aleatória de clientes do *Herald*.

O novo esquema de incentivos completa o círculo de metas, comunicação e pesquisa. Os telefonistas, agora rebatizados de representantes de Vendas & Serviços, receberam um novo programa baseado no desempenho em uma combinação de fatores:

- disponibilidade = presença na mesa, disponibilidade para aceitar chamadas
- qualidade = serviço avaliado por dois analistas de qualidade durante observação de atendimento a chamadas
- precisão = percentual de erros
- valor das vendas = número de linhas de texto vendidas por hora

A maré baixa em termos de Grade de Serviço foi alcançada em janeiro de 2000, com apenas 44% das chamadas sendo atendidas pelo telefonista em vinte segundos. Em maio, esse percentual subiu para 60%, em junho para 70% e por volta de

> julho atingiu o percentual declarado como meta de 80%. A partir dessa plataforma segura, a empresa estava agora bem posicionada para avançar para o estágio seguinte, fornecendo canais de múltiplo acesso para os anunciantes, ou seja, permitindo-lhes encomendar anúncios por carta, fax, telefone, internet ou no balcão. Em todos esses canais, as Grades de Serviço são definidas, bem como as áreas-chave de resultado.

Um número demasiado grande de empresas depende somente da "alta tecnologia" e deixa milhões de consumidores no limbo do sistema automático de atendimento telefônico que não só é muito frustrante, mas também prejudica seriamente os valores da marca que foram estabelecidos por meio de experiências com um bom produto ou serviço e comunicações de marketing.

Os CEOs devem assumir a tarefa de ser clientes de sua própria empresa e experimentar regularmente as interfaces que ela cria a fim de garantir que exista uma "boa comunicação" e que os valores agregados da marca estejam sendo efetivamente oferecidos.

Na era da Internet existem muito poucas companhias que não terão de se haver com a tarefa de se comunicar diretamente e com muito maior freqüência com seus clientes. Para o CEO e as equipes do primeiro escalão, isso tem de ser uma área de absoluta prioridade, na qual se estabeleçam as tecnologias necessárias e os modos da marca apropriados de maneira a causar a melhor impressão possível e se garanta a prestação de serviços de qualidade para os clientes.

Capítulo 18

Conviva bem com o consumidor consciente

A nova postura dos consumidores não é um fato novo, pois na verdade sua origem nos tempos modernos pode remontar à campanha de Ralph Nader nos anos 1960 — vindo daí o nome em inglês desse movimento dos consumidores: "Naderism". Ele começou com carros, publicando *Unsafe at Any Speed: The Designed-in Dangers of the American Automobile* (Grossman) em novembro de 1965. Talvez o fato de Nader ser um candidato a cargo político no ano de 2000 seja o testemunho da força e da persistência do seu carisma.

A associação britânica de consumidores, The Consumer's Association, foi fundada há anos, em 1957, e sua publicação — que tanta influência exerceu — *Which?* ainda causa sensação na diretoria das empresas, mais recentemente com seu ataque ao preço dos carros novos no Reino Unido, na reportagem intitulada "O Grande Roubo Britânico!", no final de 1999. A matéria mostrou que o preço dos carros novos no Reino Unido estava em média 11% mais caro do que no restante da União Européia. Isso resultou numa investigação por parte do governo, que, de sua parte, fez amplas recomendações, e conduziu a mudanças no Fair Trading Act britânico, que podem exercer efeitos de longo alcance no comércio automotivo.

Mas parece haver uma nova energia no movimento dos consumidores, algo que tem um nível diferente de intensidade e parece ter sido criado por três fatores principais: o primeiro é o amadurecimento das economias ocidentalizadas, o segundo é o aumento do número de pessoas comuns que se tornam acionistas de empresas e o terceiro, o uso comercial de questões políticas. O amadurecimento das economias ocidentalizadas conduziu a níveis sem precedentes de riqueza material, não só entre as classes média e alta, mas alcançando todas as camadas da população. Por exemplo, a penetração dos telefones celulares já passou dos 40% de todos os adultos no Reino Unido e a um percentual ainda mais elevado nos países escandinavos. Muitos lares têm dois ou três aparelhos de televisão e os de vídeo-cassete são comuns. Watts Wacker, futurista, resumiu esse fato em poucas palavras: "Nós todos temos um bocado de coisas." Nesse contexto, as pessoas estão se voltando para outras preocupações, agora menos materialistas.

Como se discutiu em *Brand Spirit*, isso levou muita gente a ampliar seus horizontes quanto aos critérios de compra para além dos valores tradicionais da marca relativos aos aspectos racionais ou funcionais do produto ou a seus atributos emocionais e psicológicos. Estimuladas pelas lutas para proteção de animais, dos recursos naturais, do meio ambiente, dos direitos do consumidor, as pessoas se tornaram mais conscientes sobre o papel das empresas na sociedade e estão questionando o que elas efetivamente oferecem para as comunidades em que operam, além dos empregos e do pagamento dos impostos.

O segundo fator-chave é o aumento maciço no investimento em ações por parte das pessoas comuns. A recente abertura via Internet do mercado de ações — tradicionalmente flutuante nos EUA — elevou o número de investidores pessoas físicas na bolsa de valores num percentual sem precedentes: 40% no final de 1999, conforme o NYSE. Charles Schwab, um dos pioneiros do comércio on-line, relatou que mais de 79% de todas as suas transações comerciais em 1999 foram efetivadas on-line.

O mesmo padrão se repetiu no Reino Unido, com uma pletora de corretoras de valores on-line se lançando inspiradas pelo êxito de Schwab. Esse novo canal de comércio abriu para o público em geral a compra e venda de ações. Isso num país em que uma série de privatizações das principais empresas estatais, como a British Gas e British Telecom, e a desmutualização de várias sociedades de crédito imobiliário, como a Halifax e a Abbey National, já colocaram ações nas mãos de milhões de pessoas que anteriormente não tinham interesse nesse tipo de investimento. Essa tendência tem sido ainda mais estimulada no mercado de consumo em larga escala pelo financiamento aos principais clubes de futebol da Primeira Divisão, tais como Manchester United e Chelsea, com o lançamento de ações na bolsa de valores. A penetração do investimento em ações por parte de indivíduos no Reino Unido atingiu 55,7% no final de 1999 e dá mostras de estar pronto para continuar a crescer.

O resultado disso é o grande número de pessoas que agora são tanto consumidoras quanto investidoras de muitas das principais corporações. Isso significa que os eventos da sala de reuniões da diretoria e as notícias da bolsa de valores que envolvem essas empresas pela primeira vez despertam o interesse do grande público. Costumava ser o caso, não faz muito tempo, de as notícias da City poderem ser divulgadas pelos canais estreitos da imprensa especializada e das seções de finanças dos jornais de qualidade, de um modo tal que o público em geral jamais veria. Atualmente, até os tablóides de mercado de massa cobrem os pontos principais das notícias das empresas porque seus leitores são acionistas.

O que isso significa é que essas empresas têm de se conscientizar de que notícias sobre qualquer aspecto de suas atividades, principalmente incluindo suas transações financeiras, serão coletadas e, se tiverem ângulos sensacionalistas, tais como opção discricionária de compra de ações para os executivos do primeiro escalão, pagamento de "luvas" ou, mais comumente, "bônus de saída" (os oito membros da diretoria da problemática M&S que se aposentaram receberam, todos juntos £1,38m), essas serão colocadas nas páginas de notícias gerais, quando não na primeira página. Um exemplo clássico de mau gerenciamento de relações públicas ocorreu quando Sainsbury, já com diversos problemas, permitiu, como parte de sua estratégia de recuperação, que Dino Adriano, na época seu CEO, aparecesse no programa de televisão "Back to the Floor"*, na esperança de mostrar, para os telespectadores, interesse real pelas pessoas comuns que trabalhavam nas lojas da empresa. Infelizmente, ele parecia um peixe fora d'água em sua própria empresa e foi visto por muitos dos telespectadores do Reino Unido como incompetente até para trabalhar no caixa do supermercado. Sua indenização, quando saiu da Sainsbury, foi de £1,2 milhão. A necessidade de gerenciamento e comunicação coordenados das notícias para proteger a marca jamais foi tão grande.

O terceiro fator com que se defrontam as corporações é a comercialização de questões políticas. Como muitos campos de produtos e serviços têm mostrado tendência a adquirir o status de *commodities*, e está cada vez mais difícil manter vantagem competitiva com base nos benefícios racionais e funcionais, as empresas têm recorrido cada vez mais aos aspectos emocionais e

---

* "Back to the Floor" (De volta ao chão da fábrica): Série de programas exibida pela BBC de Londres em que altos executivos dos mais diversos setores passam uma semana trabalhando na loja ou na fábrica de sua própria empresa. (N. da T.)

psicológicos da diferenciação de marca. Mas, como observamos anteriormente, mesmo esses valores têm perdido seu poder junto aos consumidores, que têm sido motivados por atributos éticos ou mesmo espirituais das marcas.

A defesa do meio ambiente foi o primeiro dos grandes temas "políticos" a ser explorado comercialmente e em especial varejistas como a Tesco, do Reino Unido, fizeram dela a principal plataforma de sua estratégia de produto e posicionamento durante o final dos anos 1980 e início da década de 1990. Então veio o foco no país de origem e o tipo de mão-de-obra empregada na produção. Sob esse prisma, a empresa Marks & Spencer foi atacada no documentário "World in Action" (Mundo em Ação), da TV Granada. Eles repreenderam a M&S por sua suposta exploração da mão-de-obra barata das fábricas de roupas do norte da África e por oferecer as roupas como se tivessem sido produzidas na Inglaterra, o que não era verdade. A Marks & Spencer levou a emissora de televisão ao tribunal em protesto e acabou ganhando a causa, mas até lá o mal já estava feito, pois as acusações geraram uma enorme cobertura por parte da mídia — em comparação, a vitória no tribunal gerou um mínimo de notícias. A Nike também, como todos sabem, sofreu com acusações que causaram grandes danos sobre exploração de mão-de-obra no Extremo Oriente para a fabricação de tênis, sendo que cada par deles seria vendido nos EUA, pelo que consta, por muitas vezes o salário semanal pago aos operários para produzi-los.

Figura 4 *"Milho GM"*.

Mais recentemente, surgiu a complexa questão dos alimentos geneticamente modificados — ou GM. A Monsanto está na vanguarda da promoção dos benefícios potenciais desses avanços biotecnológicos. Contudo, as coisas não vão bem desde o início. Os problemas da Monsanto foram exacerbados pela condução pouco decisiva por parte do governo sobre o tema e seu principal porta-voz na época, lorde Sainsbury, ministro da Ciência, logo ficou vulnerável quando veio à tona que ele havia investido pessoalmente em empresas intimamente envolvidas em biotecnologia. Seus vínculos familiares com a rede de supermercados do mesmo nome também presenteou os varejistas concorrentes com uma oportunidade de ouro para explorar um tema político.

O protagonista principal disso foi a rede de supermercados Iceland, uma até então relativamente discreta especialista em varejo de comida congelada que tinha começado a atrair a atenção com seu lançamento em larga escala no sistema de entrega em domicílio graças à aquisição de uma frota de veículos Mercedes. Contudo, foi a proibição total de qualquer alimento transgênico que realmente conquistou as manchetes para a Iceland, que capitalizou as emoções da população naturalmente apreensiva e colocou lenha na fogueira do que já se estava tornando um tema sensacionalista.

Nesta nova era, as empresas precisam adaptar seu comportamento administrativo para antecipar eventos e reações com muito mais antecedência do que antes, conscientes de que os consumidores atuais estão mais participativos e bem-informados e investem em ações. Eventuais *downsides* estratégicos precisam ser analisados muito mais completamente para antecipar e prevenir contra possíveis rachaduras na armadura da marca ou eventual vulnerabilidade que possa ser criada por uma nova iniciativa de marketing ou de comunicação. O comportamento total da marca precisa manter um conjunto coeso de modos, em que todas as partes da organização possam se entender e harmonizar.

Talvez o exemplo mais salutar de como o novo comportamento dos consumidores pode complicar a vida até dos mais poderosos é o do Barclays Bank e seu posicionamento estratégico como empresa "grande" lançado no Reino Unido no início de 2000.

Estudo de caso: BARCLAYS BANK

Um exemplo recente do quanto as coisas podem dar errado se a empresa não atuar com a antecipação adequada e se não houver uma definição conjunta de "modos" foi o caso do Barclays Bank, do Reino Unido. No início de 1999, o Barclays contratou uma nova agência publicitária, a Leagas Delaney, para cuidar de sua conta, com a instrução de desenvolver um posicionamento empresarial para o banco. Embora tivesse havido inúmeras campanhas bem-sucedidas para os produtos e serviços individuais do Barclays, a maioria notadamente para o Barclaycard, o banco tinha lutado com muitas instituições financeiras antigas e de grande porte, para conquistar um posicionamento convincente e distintivo de sua marca.

O problema para o Barclays era que, na mente dos consumidores, os bancos estavam rodeados por associações negativas, tendo a expressão "banco grande" se tornado sinônimo de exploração do consumidor e de comportamento não amigável para com ele. Não importava quantas propagandas tentassem persuadir as pessoas da natureza amigável e zelosa do gerente local do banco, a imagem fria, indiferente e até mesmo intimidadora permanecia. Os bancos eram percebidos como um mal necessário e cada um era tão ruim quanto qualquer outro. Isso, somado à inércia criada pelas ordens permanentes e pelos débitos em conta corrente, explica o paradoxo de um setor em que tal imagem negativa não conduz a uma mudança na marca em nenhuma grande escala e em que é notoriamente difícil construir marcas novas de serviços financeiros sem literalmente comprar os clientes com taxas de juros que causam prejuízos.

O Barclays, a exemplo de seus concorrentes, havia tentado todos os caminhos convencionais para a criação de um posicionamento positivo da marca e sempre chegava a abordagens que negavam, em maior ou menor grau, a verdade essencial do que ele era como empresa. Ao se dar conta disso, Leagas Delaney propôs ao Barclays que adotasse uma campanha radical. Radical porque dessa vez, para variar, a verdade seria dita; só como um banco grande o Barclays poderia oferecer a segurança resultante simplesmente de seu tamanho, além do leque em expansão de serviços financeiros especializados que só era possível para uma instituição de sua escala e força. O Barclays não teria vergonha em ser posicionado como "grande" e a campanha demonstraria ao longo do tempo os benefícios para o consumidor que esse porte conferia.

A diretoria do Barclays, incentivada pela pesquisa de consumidor positiva em relação ao posicionamento como "grande" proposto, adotou a campanha e a filmagem do primeiro conjunto de comerciais teve início no outono de 1999. Um grande trunfo foi obtido ao garantirem a concordância de sir Anthony Hopkins, ator premiado de "O silêncio dos inocentes", em estrelar o filme de 60 segundos do lançamento.

Seria uma campanha multimídia e incluídos no pacote estavam alguns espetacularmente "grandes" anúncios coloridos em página dupla em todos os principais jornais "grandes", um tamanho a que poucos anunciantes poderiam dar-se ao luxo, mas que no caso do Barclays seria um exemplo clássico para ilustrar a verdade do famoso ditado de McLuhan: "o meio é a mensagem".

Foram feitos planos cuidadosos para o lançamento da campanha na primavera de 2000, com a mídia já reservada, os comerciais filmados e os anúncios dos jornais já produzidos. Havia também um programa completo de comunicações internas projetado para apresentar o banco todo no novo posicionamento como "grande" e uma prévia da propaganda para os empregados. As reações eram geralmente bastante positivas; o trabalho deixou funcionários e gerentes orgulhosos de trabalharem no Barclays e a campanha lhes permitia serem honestos com o que eles eram de verdade, ou seja, empregados de um dos maiores bancos do mundo, sem ter de pedir desculpas por isso. Infelizmente, pedir desculpas logo estaria na ordem do dia.

Havia muito tempo predominara a tendência de redução na rede de agências; por qualquer padrão que se utilizasse, concluía-se que o setor de serviços financeiros do Reino Unido estava "saturado". Considerando-se apenas os bancos e instituições de crédito imobiliário em 1999, chegava-se a um total de 2.400 instituições de crédito imobiliário e 13.500 bancos, a despeito do fato de que, só nos cinco anos anteriores, tinham sido fechadas 2.700 agências bancárias. Essa tendência tinha sido exacerbada pelo advento do uso do telefone e da Internet em operações bancárias e estimulada pela disseminação do uso de cartões de crédito e débito, que podiam ser utilizados para sacar dinheiro nas redes ATM, os caixas automáticos dos quais havia 28.435 no Reino Unido, em 1999.

Tinha havido um fluxo contínuo de anúncios de encerramento de agências de vários bancos e instituições de crédito imobiliário, o que não havia atraído muita atenção, a não ser nas localidades específicas afetadas, mas quando o Barclays declarou seu programa, decidiu fazê-lo por meio de um anúncio em nível nacional. Embora o número absoluto de agências envolvidas fosse relativamente pequeno, 171, em alguns casos os encerramentos deixavam um vilarejo ou uma pequena cidade sem agência bancária nenhuma. A tempestade que desabou foi intensa, com uma enxurrada de manchetes nos jornais e discussões nas Casas do Parlamento.

Enquanto isso, um problema separado estava vindo rapidamente à tona, qual seja o da cobrança de tarifa pelo uso da rede nacional ATM. O problema básico era que os bancos maiores, de cuja infra-estrutura os caixas automáticos faziam parte, ressentiam-se do fato de que as instituições financeiras menores usavam a rede em favor de seus clientes e com isso adquiriam uma presença nacional de fato que de outra forma elas jamais teriam. Os grandes participantes da rede, como o Barclays, achavam razoável cobrar desses clientes pelo privilégio de usar suas máquinas e estavam em negociações com outros membros da chamada rede LINK de ATM. O progresso era lento e, talvez numa tentativa de romper o impasse, o Barclays se manifestou, declarando que cobraria uma tarifa de £1,50 por transação de qualquer usuário da ATM que não fosse seu correntista, alegando tratar-se de uma "taxa de infidelidade". Novamente o furor que isso causou foi intenso, com grande agitação de políticos, grupos de consumidores e da imprensa.

Nesse clima de fechamento de agências, e com a "taxa' da ATM, a última coisa de que o Barclays precisava era mais uma controvérsia, mas, claro, essa estava rondando, prestes a eclodir. A nova crise dizia respeito à remuneração do novo CEO, que fora recrutado depois de inúmeros falsos começos que se seguiram à partida, em circunstâncias menos que felizes, de Martin Taylor, em 1998. Demandou

"Dizem que, nos dias claros, dá pra ver as duas agências do Barclays Banks!"

Figura 5 *"Barclays!"*

tempo e dinheiro para atrair um candidato à altura de um cargo que passara a ser visto como de alto risco. Durante o processo de recrutamento que resultaria na contratação, num custo anual de salário de mais de £1 milhão, do canadense Matthew Barrett como CEO, sir Peter Middleton assumiu o papel de chairman e chefe executivo, e ele foi recompensado com salário e bônus de £1,76 milhões. Isso foi anunciado ao mesmo tempo em que se dava o programa de encerramento de agências. A imprensa, já alinhada contra o Barclays, logo se concentrou no que, em outras circunstâncias, não teria merecido mais do que algumas poucas frases, e transformou esse novo exemplo de níveis salariais de "marajá" em mais um escândalo. Então a "grande" campanha alcançou a tela dos aparelhos de TV do país com sir Anthony Hopkins representando a si mesmo como grande astro do cinema, falando de seu "grande dia", de seu "carro grande", de seus "grandes mocassins", de "grandes coisas", de "grandes jogadores", "grandes filmes" e "meu cachê devia ser grande"... e estava armada a confusão.

É difícil imaginar como a cúpula administrativa do Barclays, ciente desse novo posicionamento da marca empresarial tão pesquisado, que fora definido de comum acordo e comunicado internamente, permitiu que o programa de fechamento de agências fosse anunciado daquela maneira e naquele momento, e mais, que sua agressiva política em relação aos caixas automáticos fosse declarada no mesmo período do lançamento da campanha, e ainda por cima deixar que se fizesse um debate público sobre a remuneração dos altos executivos.

Agora a imprensa está mesmo entusiasmada. Não só o Barclays foi criticado por sua insensibilidade em levar ao ar comerciais que glorificam sua "grandeza' no momento em que deixava as pequenas comunidades rurais sem agência bancária e ainda se propunha a penalizar as pessoas por utilizar seus caixas automáticos, como também foi atacado no nível de seus produtos. Os jornalistas, farejando sangue, começaram a comparar as taxas de juros e tarifas para mostrar a pobreza dos valores oferecidos pelo Barclays em comparação com os bancos de melhor avaliação. A manchete do *Sunday Times* de 30 de abril de 2000 era: "Para uma grande economia, fique longe do Barclays." Essas comparações de preços são comuns em qualquer seção de finanças de qualquer jornal, de qualquer dia, mas, apimentadas com fotografias de sir Anthony Hopkins e no contexto da grande propaganda via televisão e imprensa, elas se transformaram em escândalos.

Para completar tudo isso, o Barclays Annual General Meeting (Reunião Geral Anual do Barclays) aconteceu no meio da confusão toda. Num cenário que evocava o caso da reunião geral anual da Marks & Spencer, em que uma acionista enfurecida, Teresa Vanneck Surplice, levantou-se e exibiu suas meias e declarou para a diretoria que sua roupa de baixo era sem graça e sem variedade (ela conseguiu o que queria, uma vez que, depois disso, a M&S contratou a *Agent Provocateur*, além de *designers* e lojistas do Soho especializados em sutiãs, calcinhas e outras peças íntimas provocantes a fim de revitalizar seu estoque com grande sucesso de venda), o controle da reunião do Barclays foi tomado pela pensionista Jessie Bonner-Thomas.

Ela atacou o banco por sua recente má conduta e foi especialmente incisiva ao condenar o salário de mais de £1 milhão do CEO num contexto que supostamente só permitia conceder um aumento de £1 à sua minguada pensão como viúva pensionista do Barclays. Ela foi particularmente contundente com relação aos £15.000 pagos pelos acionistas para ajudar a administrar a taxa de Barret. O chairman, sir Peter Middleton, foi forçado a pedir desculpa em público, o que foi parar em todos os jornais. A manchete "Barclays pede desculpa por sua forma de fechar agências" apareceu no *Financial Times* de 27 de abril de 2000.

Nesse ponto as coisas realmente podiam ter se complicado de vez para o Barclays, mas felizmente isso não aconteceu. Talvez um elemento significativo na recuperação tenha sido a elegância sob pressão de sir Anthony Hopkins. Para grande crédito de seu astro, o uso de uma celebridade na campanha publicitária não se voltou contra o Barclays como aconteceu com a Pepsi e Michael Jackson. Hopkins recusou-se a entrar na controvérsia e, com sua postura digna e apaziguadora, fez por merecer seu cachê por aparecer novamente, deixando claro que se tratava apenas de um comercial e que ele pessoalmente nada tinha a ver com a polêmica. "Sir Anthony se desvia de uma 'grande' confusão" foi a manchete do *Financial Times* de 28 de abril de 2000.

Para crédito também do primeiro escalão do Barclays, que sem dúvida enfrentou uma pressão enorme para interromper a campanha, mas agüentou firme e foi em frente. Ceder teria provocado um desastre de relações públicas, mas resistir foi um poderoso sinal para os empregados e clientes. O banco realmente acreditava que "grande" era melhor e que seus correntistas se beneficiariam com isso.

> E também houve o estímulo dos primeiros resultados do estudo de avaliação da campanha, que pareciam vindicar sua nova e corajosa estratégia e revelavam a inexistência de qualquer aspecto negativo por parte dos consumidores, a despeito das enormes quantidades de r.p. negativas que o banco experimentara durante o período de pesquisa.

A experiência do Barclays é que atualmente o comportamento total da empresa como marca deve ser coeso, de uma forma holística e coordenada. Claramente a postura que o Barclays assumiu com seu posicionamento como "grande" implicava riscos inerentes, em razão da percepção histórica dos consumidores dos principais bancos, e era essencial que os benefícios positivos fossem comunicados e não os aspectos negativos. Infelizmente, o comportamento da empresa com relação à rede ATM e ao fechamento de agências causou impressão por parecer arbitrário e não por se pautar em princípios, alienando as pessoas e abandonando à própria sorte instituições como o Halifax e o NatWest que subseqüentemente anunciaram que desistiam da tarifa de ATM. Quando se inicia uma nova campanha de comunicação, é vital que o CEO e o primeiro escalão revejam todo o comportamento que a campanha implica e garantam a coerência de todas as políticas relevantes.

Com o crescente número de clientes que se tornam acionistas, os interesses políticos aumentam. Aliada a uma ênfase maior no papel das empresas na sociedade, a administração precisa prestar mais atenção às dimensões política e espiritual.

Capítulo 19

Como os problemas da marca podem fazer parte da solução

Os problemas criam oportunidades. Ao se identificarem os problemas, cria-se a pré-condição para resolvê-los. Quando se conhece bem o consumidor, a marca pode na verdade fortalecer o relacionamento com ele. Uma dimensão importante dos modos da marca é a capacidade de se apropriar dos problemas, em vez de permitir que os problemas se apropriem da marca. As empresas precisam criar uma cultura em que toda a organização abrace essa idéia e aja em conformidade com ela.

O homem é um animal solucionador de problemas e muitas das grandes invenções advieram do enfrentamento das dificuldades encontradas no processo de fabricação ou na exploração científica. Num sentido bastante real, os problemas são o estímulo para a criatividade e portanto uma tarefa-chave consiste em identificá-los a fim de provocar uma reação positiva e aprender a lidar com eles. Assim, os modos da marca da cultura precisam ser de tal ordem que as pessoas que trazem problemas sejam encaradas como colaboradoras e não como destruidoras: as "más" notícias agora precisam ser vistas como um potencial para "boas" notícias no futuro.

Não é esse o clima que prevalece na tradicional organização "comando e controle", em que temas problemáticos têm muito maior probabilidade de serem varridos para debaixo do tapete ou passados adiante, para as mãos de colegas desavisados. É evidente que os aspectos políticos da organização devem ser acionados se houver necessidade de mudar de uma cultura de "culpar" para uma cultura de "assumir", isto é, em que as pessoas sejam recompensadas por identificar problemas, encarregar-se deles e resolvê-los. Os empregados precisam ver a si mesmos como críticos no melhor sentido da palavra, descobrindo as coisas boas e as ruins e reportando-as à gerência, idealmente com uma proposta de solução. Os indivíduos precisam sentir-se livres para compartilhar as soluções que encontraram para seus problemas com o resto da equipe, para que outras mil pessoas possam evitar o erro que uma cometeu.

Os cínicos da empresa são os grandes inimigos desse tipo de pensamento construtivo e é preciso defender os modos da marca contra eles. A palavra "cínico" deriva de uma palavra grega que significa "como um cão". Isso em razão de um grupo de pessoas da Grécia antiga que desistiu de todas as comodidades da vida em sociedade e resolveu viver em maior conformidade com a natureza, morando em cavernas, vestindo tecidos naturais e com liberdade para urinar onde quer que desejasse, como fazem os cachorros. Contudo, a despeito de seu "retorno à natureza", eles não pararam de criticar a literatura e as artes. Então, Diógenes de Sinope, fundador do grupo, foi comparado a um cão, "*kynikos*" na Grécia antiga, e então nasceram os cínicos. Definindo-se literalmente num contexto contemporâneo, os cínicos são pessoas que urinam nas idéias dos outros!

Os cínicos são o tópico predileto de Frank Dick, OBE*. Ele é um dos mais importantes especialistas em treinamento do mundo, que já prestou consultoria a astros como Daley Thompson, Boris Becker e Katarina Witt. Ele elaborou um quadro bastante claro dos tipos principais numa organização diante de uma mudança e esses tipos estão apresentados nos gráficos que se seguem.

A Ilustração 39 mostra a hierarquia típica desde o nível máximo da diretoria até as equipes de trabalho. Ao longo da organização, há todo um espectro de disposições de espírito, desde os "entusiastas" até os "cínicos".

Imagine que a diretoria decide sobre uma nova iniciativa, que implica mudança. A fim de realizá-la, eles devem comunicar a decisão eficazmente tanto ao longo da hierarquia quanto aos diversos tipos de pessoal da empre-

---

*Ordem do Império Britânico. (N. da T.)

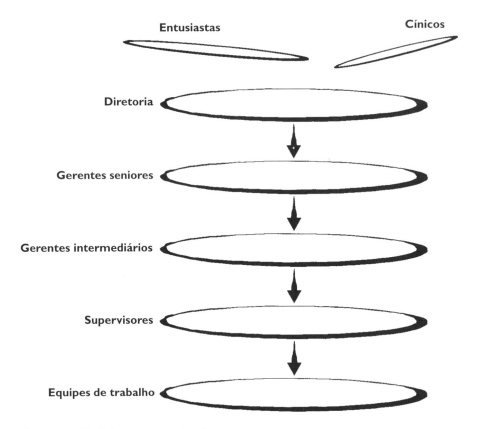

Ilustração 39 *Cultura convencional.*

sa. Frank Dick usa um gráfico bastante claro (Ilustração 40) para mostrar o jeito certo e o errado de conquistar apoio para o novo empreendimento.

É aí que começam os problemas. Em geral, cada nível de gerência comunicará a nova estratégia, plano ou programa ao nível inferior, mas cada nível conterá em si um espectro de pessoas que varia do tipo que se compromete ao que aceita ou condena a nova idéia. Assim, à medida que desce em cascata pelo organograma, a comunicação se dilui em cada nível. Enquanto os diretores podem todos concordar, os gerentes seniores freqüentemente se comprometem com a idéia, com base em sua experiência anterior. Os gerentes intermediários a aceitam, mas sob a forma mais de acatamento, enquanto os supervisores simplesmente recebem as instruções. Não é de surpreender, então, que as equipes de trabalho — o pessoal que mais provavelmente terá de suportar o impacto da maior parte das mudanças e esforços reais — estejam mais inclinadas a ignorar o que parecem ver e receber como mais um esquema desinteressante imposto pela gerência.

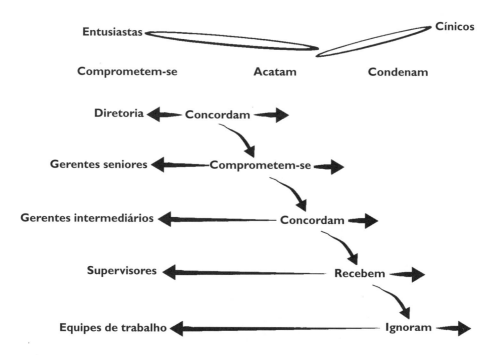

Ilustração 40 *Mudança convencional na cultura.*

Na ilustração 41 propõe-se uma solução para essa síndrome: o segredo é a comunicação da nova iniciativa entre todos os entusiastas da empresa para arregimentá-los e obter seu comprometimento, antes de espalhá-la horizontalmente pelo restante da companhia. Como Dick aponta, os cínicos são úteis sob certo aspecto — eles podem ver e articular os problemas em qualquer situação, mas o fazem de maneira negativa. Dentro das empresas, a posição dos cínicos ao menos é clara, como o é a dos comprometidos entusiastas. Os perigosos são os "colaboradores", porque eles acatam, tendem a não declarar sua verdadeira posição e muito provavelmente ignoram os problemas do novo enfoque e esperam que os acidentes aconteçam, em vez de serem construtivos e levarem esses problemas à consideração de todos.

Cada empresa talvez devesse ter uma "caixa de problemas", bem como uma "caixa de oportunidades", não apenas uma "caixa de sugestões", como um lembrete para as pessoas sobre as duas dimensões de cada problema. Isso deveria ficar visível tanto na realidade quanto na intranet. Julian Richer descreve em seu livro *The Richer Way* como ele construiu seu negócio, Richer Sounds, usando um esquema de incentivo às sugestões dos empregados como elemento-chave em seus altamente bem-sucedidos modos da marca. Muitas das idéias inovadoras foram colocadas em prática por Archie Norman e Allan Leighton em seu celebrado relançamento no Reino Unido

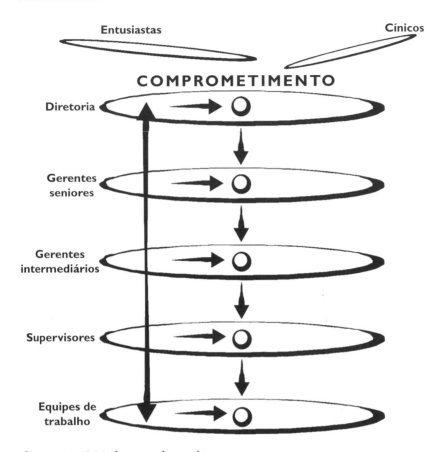

Ilustração 41 *Mudança real na cultura.*

da cadeia de supermercados Asda, agora de propriedade da gigante norte-americana Wal-Mart.

Para construir com esse enfoque, a equipe da marca de um determinado produto ou serviço precisa passar tempo no cenário negativo do planejamento, bem como no positivo céu azul — bem mais agradável — do pensamento e do sonho. Outra maneira de romper sistematicamente as barreiras defensivas é estabelecer um programa de painéis regulares de revisão mútua. As equipes dentro da empresa criticam a estratégia/produção/processo/embalagem/posicionamento/comunicação uma das outras e, ao procederem assim, prefiguram os movimentos dos concorrentes ou evitam dificuldades em potencial. As consultorias externas podem ser usadas com grandes resultados nesse processo, contanto que exista um relacionamento de confiança entre cliente e consultor; quando há terceiros, estes precisam sentir que têm liberdade para dizer "que o rei está nu" sem medo de ser dispensados. Ao produzir o posicionamento estratégico para a marca, deve-se empregar tempo e energia consideráveis na elaboração de análise competitiva, *benchmarking* e revisão crítica da marca, bem como nos aspectos mais abertamente positivos do desenvolvimento criativo, produção e implementação.

Os testes de marketing de produtos e serviços têm sido sempre uma parte fundamental do novo processo de desenvolvimento de produtos (DP), na medida que de fato têm pesquisa qualitativa exploratória via entrevistas individuais, grupos de discussão, *hall tests* (quantitativos) e *home trials*. Todas essas técnicas podem ajudar a identificar áreas de problemas e a partir daí fornecer um trampolim para as soluções, ou justificativas para abortar um projeto sem perspectivas de viabilidade antes que se gaste um capital muito grande. Uma variação útil do processo de DP é recrutar para um painel os consumidores que rejeitam os produtos ou serviços, além de um grupo de consumidores que os aceitam, e colocá-los para criticar a sua marca. A articulação deles sobre os aspectos negativos pode levar a modificações que servem para ampliar o apelo dos produtos ou serviços e muito freqüentemente lançam uma luz valiosa também sobre os pontos fortes da marca.

Quando os consumidores reclamam, principalmente por telefone, carta ou correio eletrônico, é muito importante prestar total atenção ao problema. Isso requer um bocado de bons modos da marca, porque é sempre muito difícil fazer isso quando o consumidor está sendo muito agressivo ou rude. Na verdade, o modo mais rápido, numa chamada telefônica, de desarmar um cliente zangado é repetir para o cliente exatamente o que ele acabou de dizer para o empregado, como por exemplo: "Então, o seu problema é..." e repetir a descrição precisa do problema. Ao proceder assim, o representante da marca literalmente tira o problema do cliente e, ao repeti-lo com tanta precisão, demonstra ao cliente que seu problema ou reclamação foi mesmo inteiramente compreendido. O outro efeito é que, com muita freqüência, ao ouvir a descrição do problema com a sua própria linguagem, despido da raiva ou do tom agressivo e guarnecido novamente de seu conteúdo verbal, o cliente percebe o quanto ele foi desagradável e o constrangimento o acalma. A marca também precisa saber dizer "desculpe" quando a situação requer; raramente existe algo que desarme mais do que um pedido sincero de desculpa.

Quando os consumidores se queixam por escrito às empresas, as cartas podem servir como guias bastante úteis dos problemas do produto ou serviço — com que freqüência essas cartas saem do setor de atendimento ao cliente e chegam às mãos dos gerentes da marca, que dirá então ao diretor presidente? Quando os consumidores escrevem para os jornais queixando-se do serviço ou produto ruim, isso pode gerar r.p. negativas. Quantas empresas ficam realmente próximas dos principais jornalistas e divulgadores das notícias de seu setor no mercado a fim de tomar conhecimento em primeira mão de notícias potencialmente prejudiciais? A Internet, com seus grupos de notícias, salas de bate-papo e sites de cidadãos, é uma nova e rica fonte de riscos para as marcas. Nesse contexto, os consumidores descontentes podem não se dar ao trabalho de enviar mensagens eletrônicas para a empresa contra a qual reclamam, eles simplesmente contam seu problema para outras pessoas. Isso apresenta uma tarefa logística bastante importante para os gerentes de marca que desejam assegurar que a promessa de sua marca continua intacta. Uma possível solução pode vir sob a forma de novos tipos de *software* que vêm de empresas como a *vigiltech.com*, que pode pesquisar na Internet a existência de quaisquer novas ocorrências envolvendo o nome da empresa ou da marca, dos concorrentes diretos ou quaisquer outras palavras-chave. Esse robô de pesquisa automática da rede provavelmente se tornará um instrumento padrão para proteger a reputação das marcas. Estão brotando consultorias como a *myreputation.com*, que procuram fazer exatamente isso para as organizações e astros famosos, que podem ter literalmente milhares de sites de fãs e de lunáticos em seu nome ou variações dele, muitos dos quais apresentam caráter difamatório ou pornográfico.

Quando os clientes devolvem produtos, o momento representa uma grande oportunidade para diagnosticar as razões da rejeição. Pouquíssimas empresas fazem o que o bem-sucedido marketing direto da Lands End faz, que consiste em incluir um questionário simples para ser respondido como parte de sua política de devolução de produtos. Considerando que, dos pedidos de roupa pelo correio, chega a 30% o percentual de devolução de uma determinada peça, isso representa um importante exercício de levantamento de dados a um baixo custo e faz o consumidor perceber a empresa como uma organização responsiva e profissional.

O *recall* obrigatório de um produto, por exemplo no caso de um defeito de fabricação no motor de um determinado veículo, pode constituir para o fabricante e o revendedor um procedimento logístico caro, mas também pode representar uma séria inconveniência para o cliente. Contudo, se for bem administrada, e dando prioridade aos interesses do motorista, é possível transformar essa situação potencialmente negativa num meio de fortalecer o relacionamento. Em outro setor importante dos bens de consumo duráveis, um estudo recente feito pela DMIS mostrou que 8,2% das pessoas consideram como fator mais importante para a fidelidade do cliente nas empresas de telecomunicação, TV a cabo e por satélite a resolução rápida de problemas por parte das prestadoras dos serviços. As pessoas são realistas — reconhecem que as coisas podem e efetivamente dão errado —, o que elas procuram são modos da marca igualmente realistas em seu respeito pelos direitos e conveniência do cliente.

Estudo de Caso: GATEWAY 2000

Um excelente exemplo de organização que levou a idéia de que os problemas fazem parte da solução até o âmago de suas operações é a Gateway, empresa que faz vendas diretas de microcomputadores. Ted Waitt, seu fundador, iniciou o negócio na fazenda de gado da família, em Iowa, em 1985, ano que se seguiu àquele em que o celebrado comercial de TV da Apple foi ao ar num intervalo do Superbowl (a partida final do futebol americano) e cristalizou a idéia de que a "Big Blue", como se referiam à IBM, era inimiga da liberdade pessoal de pensamento em computação. A Gateway foi uma das primeiras a surgir no mundo emergente dos computadores pessoais, para abraçar a idéia de vender diretamente aos clientes, em oposição às redes de distribuição ou revendedores. Quase por definição, esse processo empresarial cria um problema no contexto dos sistemas de microcomputadores. Não só porque cada indivíduo pode ter necessidades ligeiramente diferentes e assim requer uma variação das especificações do microcomputador, mas também porque o Santo Graal do "plug and play" ainda ilude um número significativo de pessoas, cujo conhecimento técnico pode ser desafiado mesmo pela mais simples das instruções. Assim, a venda e especificação de processos e cuidados pós-venda, que são cruciais para qualquer empresa de microcomputador, se torna uma questão de vida ou morte comercial, no caso de uma operação de venda direta remota, em que o contato pessoal físico não consta do sistema de distribuição.

Hoje a Gateway é uma empresa da *Fortune* 250. Em 1999 ocupou o primeiro lugar no *ranking* do segmento de PC nos EUA com base na receita e foi classificada entre as dez empresas de melhor reputação da América do Norte, conforme estudo realizado em agosto de 1999 pela Harris Interactive e pelo Reputation Institute e publicado por *The Wall Street Journal*. Em 1999, a Gateway foi a sétima em retorno total para os acionistas dentre as empresas da *Fortune* 500 e a décima em retorno total para os acionistas ao longo dos últimos cinco anos. A Gateway teve receitas globais de $8,65 bilhões em 1999 e vendeu 4,68 milhões de sistemas. Ela iniciou suas operações na Europa em 1993, quando inaugurou sua fábrica e as filiais para a Europa, Oriente Médio e África em Dublin, Irlanda. Atualmente, está firmemente estabelecida em toda a Europa, com vendas na Áustria, Bélgica, França, Alemanha, Luxemburgo, Irlanda, Holanda, Suécia, Suíça, Espanha, Reino Unido, Oriente Médio e África.

Parte integrante de seu sucesso tem sido sua identidade visual e seu programa de comunicação de marketing. A primeira propaganda da Gateway numa revista em âmbito nacional, em 1988, estava baseada na fazenda e suas vacas leiteiras Holstein, comuns no meio-oeste. A vaca mascote levou à criação de uma identidade corporativa distintiva inspirada em seu padrão branco com manchas pretas e produziu o *design* da embalagem, que foi impressa nas caixas em 1991. Essas vacas permaneceram no centro das campanhas publicitárias da Gateway daí por diante. Evidentemente, para um fornecedor que nunca encontra seus compradores e envia as mercadorias pelo correio, as caixas de computadores em si se tornaram embaixadoras poderosamente visíveis da marca. A imagem da vaca tem algo da sensação de liberdade das pradarias e do idílio do campo e do gado imortalizado por tantos filmes de Hollywood.

A missão original da Gateway era — e ainda é "Humanizar a revolução digital" — e o padrão com manchas pretas da vaca serve como lembrete das raízes da empresa e de valores que consistem em trabalho árduo, honestidade, cordialidade e qualidade (Ilustração 42). Numa fazenda, é preciso cuidar de cada animal, avaliá-lo e tratá-lo conforme suas próprias necessidades e critérios, como se faz com cada cliente na Gateway; todos os clientes são tratados conforme suas características específicas, e não de modo coletivo. Pode-se imaginar o caos que ocorreria numa fazenda se todos os animais fossem alimentados com a mesma comida e exercitados da mesma maneira. Talvez aqui resida uma analogia com os clientes da Gateway; se houvesse a presunção de que todos eles têm os mesmos conhecimentos técnicos e que seus sistemas têm as mesmas necessidades de especificação, então a maioria dos clientes se desiludiria rapidamente com o serviço.

Ilustração 42 *A caixa da Gateway.*

A Gateway tem três cadeias de distribuição: telefone, lojas, Internet; ela começou com vendas por telefone e depois se ramificou em lojas e também pela *web*. Desde o princípio, ela se concentrou nos clientes (jamais chamados de "compradores") e a empresa continua enfatizando a importância de relacionamentos de longo prazo com a clientela. Alec Maycock, vice-presidente de Atendimento ao Cliente da Gateway, observou: "Nós sentimos que a palavra 'cliente' enfatiza o nosso comprometimento com um relacionamento de longo prazo, enquanto "comprador" pressupõe uma única transação de compra e venda."

A manutenção desse relacionamento de longo prazo implica assegurar que clientes e empregados entendam as necessidades, capacidade e oportunidade de *upgrade* de cada sistema como um projeto pessoal e inteiramente em conformidade com as especificações do cliente. Como resultado, o cliente da Gateway se sente muito mais no controle de seu sistema, independentemente do nível de seus conhecimentos técnicos. A Gateway coloca grande ênfase na compreensão, por parte de seu cliente, do que ele realmente necessita de seu sistema e, na verdade, do que o sistema tem a lhe oferecer. Isso é conseguido por meio de sistemas de personalização que detectam com exatidão as necessidades do cliente e evitam a categorização e a estereotipagem, como, por exemplo, "os estudantes só usam processadores de texto".

É verdade que até alguma coisa dar errado, a Gateway tem contato limitado com os clientes, embora deva ser salientado que todo o contato que ocorre é proativo e num grau inesperado, em comparação com outras empresas. Depois que um sistema foi pedido — pela Internet ou qualquer outro meio — e entregue, uma chamada proativa é feita para garantir que o cliente está satisfeito com o sistema e é essa atenção para com o bem-estar e satisfação do cliente, juntamente com os excelentes sistemas de resolução de problemas da Gateway, que constitui a força motriz por trás do sucesso dessa empresa líder no setor de microcomputadores.

A Gateway acredita que é possível agregar valor à sua marca por meio das interações com os clientes, quando as coisas dão errado com um sistema ou com os processos. Isso é alcançado pelo caráter ético e de integração ambiental, que está tão entranhado na cultura da organização. A equipe administrativa está motivada e estimulada para prestar um serviço caloroso e amigável, de várias maneiras. A primeira, embora as centrais telefônicas não difiram muito de tantas outras em termos do seu *layout* utilitário de baias (a Gateway acredita que isso exerça pouca influência no desempenho dos empregados), é que a equipe é monitorada de modo diferente. O número absoluto de chamadas não é importante. Em vez disso, a satisfação e a resolução de problemas na primeira vez são os fatores considerados determinantes do sucesso. Se a produtividade da central telefônica fosse mensurada em termos de número de chamadas, então a equipe se preocuparia menos com o bem-estar do cliente e mais com o tempo gasto em cada chamada. Os operadores são constantemente lembrados e incentivados a "tratar o cliente como eles próprios gostariam de ser tratados".

A visão de Alec Maycock é que "os técnicos da Gateway não sintam que estão montando um equipamento, mas sim que estão ajudando o cliente" e que isso é uma postura mental fundamental, que surge da filosofia centrada no cliente que vigora na empresa. Freqüentemente, nas empresas de microcomputadores, é o pessoal técnico que promove alienação e distanciamento entre a empresa e o cliente, porque eles se tornam estereotipados como "esquisitos, sem talento para o contato social". Como a Gateway tem contato constante com os clientes, o contato entre os "técnicos" e o cliente reforça sua natureza acessível e amigável.

De acordo com Maycock, a Gateway não tem declarações de missão ou ferramentas administrativas para alcançar esses resultados, "é simplesmente um caso de ação conforme a pregação". Assim, a equipe leva sua gerência bastante a sério e desenvolve relacionamentos próximos e genuínos. As pessoas realmente interagem no mesmo nível e não existe isso de o gerente ter mais importância como pessoa do que um assistente de atendimento ao cliente. Vestir a camisa dos modos da marca da organização é uma tarefa relativamente simples, pois os valores fundamentais da Gateway são todos qualidades humanas, que são fáceis de reforçar desde que todos estejam comprometidos com eles (Ilustração 43)."Se houver qualquer sujeira no chão, quem passar por ali, seja o gerente ou o assistente de serviço ao cliente, recolherá e jogará no lixo." Não existem políticas burocráticas que impeçam os empregados de fazer o que for melhor para o cliente.

Ilustração 43 *A caixa da Gateway "explodida"*.

É o atendimento ao cliente, não a rotina de pedidos de equipamentos, que provê o real valor agregado aos relacionamentos formados na Gateway, principalmente quando as coisas não saem necessariamente conforme planejado e acontece algum problema com um microcomputador ou outro equipamento. Como a FedEx, a Gateway acredita que eles devem tornar rotineiros e automatizar os processos simples e diretos, e devotar as energias para pessoalmente resolver os problemas e corrigir defeitos do equipamento quando as coisas dão errado. É assim que eles conseguem desenvolver relacionamentos fortes quando as situações são pouco favoráveis e, em conseqüência, os clientes sentem confiança para usar a Internet ou outros meios técnicos com mais questões de rotina, porque têm fé que o sistema funciona. Isso cria uma situação ganha-ganha: os empregados da Gateway estão cientes de que, na verdade, ao prestarem um serviço notoriamente bom quando as coisas dão errado, diminuem a probabilidade de ocorrência de chamadas e reclamações no futuro.

Então, como a Gateway realmente tira o melhor partido de seus problemas? Quando um cliente detecta um erro em seu equipamento, liga para a equipe de atendimento ao cliente. Com freqüência, o problema pode ser diagnosticado pelo telefone e assim a solução começa a ser delineada de imediato. Ao cliente é oferecida a chance de iniciar o processo de reparo ou o sistema pode ser retirado para reparos em loja da Gateway. Se o cliente desejar consertar ele mesmo, então receberá as instruções por correio eletrônico, fax ou correio. Alternativamente, pode seguir as instruções passo a passo por telefone enquanto a equipe de atendimento ao cliente está ali presente, ao vivo. Também existe a possibilidade de tomar parte dos tutoriais preparados on-line da Gateway ou entrar numa sala de bate-papo da empresa para conversar com outros clientes que podem ter o mesmo problema ou dúvida.

Essa estratégia é a correta para assegurar que cada tipo de cliente seja atendido. Alguns irão querer pelo menos começar a consertar eles mesmos; outros preferirão não ter nada que ver com o aspecto técnico. Desde o princípio, o cliente é tratado como um indivíduo, sem que se espere dele preferência ou conhecimentos técnicos, o que garante ao cliente controle completo. Isso o deixa à vontade para interagir mais eficientemente com a equipe Gateway. A personalização da base de dados de alta tecnologia da empresa capacita os empregados a ver todas as interações anteriores do cliente com a equipe da Gateway e, assim, avaliar seu nível de conhecimento técnico. Os clientes não precisam regurgitar suas experiências passadas e preferências. Pode ser embaraçoso se, por exemplo, o cliente tiver conhecimentos demasiado limitados. Usando a base de dados, a equipe da Gateway pode ver de imediato e automaticamente ter uma idéia geral do sistema sem ter de passar por todas as etapas do processo de descobrir de que modo o cliente deseja consertar seu sistema.

Depois que o cliente fez a chamada inicial, uma "chamada proativa do atendimento ao cliente" é feita geralmente uns três dias mais tarde. Isso serve para verificar se o problema foi mesmo resolvido, se foi resolvido com eficácia e se é preciso tomar qualquer outra providência para melhorar a situação. Essa medida serve para que os pares avaliem o desempenho uns dos outros, além de reforçar no cliente a sensação de que seu bem-estar é importante para a Gateway. Com freqüência surgem dúvidas na mente do cliente depois que o reparo se completa e essa chamada, portanto, lhe dá a oportunidade de resolver quaisquer questões pendentes quando ele está menos estressado e sem ter de ele mesmo fazer outra ligação "para resolver problemas".

O segredo dessa cultura poderosa, em que os problemas são genuinamente bem-vindos como uma oportunidade de se aproximar dos clientes, é o calibre do pessoal envolvido. A equipe administrativa da Gateway passa por rigoroso treinamento e avaliação para garantir que eles são o tipo certo de pessoa para a marca. Essas avaliações incluem teste psicométrico, que é inteiramente centrado no cliente e um bocado de atenção é prestada às culturas, aos valores e às origens dos membros em potencial da equipe. Não há muito espaço para os cínicos na Gateway.

A principal lição deste capítulo é tornar a identificação de problemas um elemento positivo dentro dos modos da marca da empresa. Treinar todos na técnica de "admissão de problemas" e traçar o perfil do pessoal da empresa para estabelecer quem está "comprometido", quem é "colaborador" e quem são os "cínicos". Treinar ou recrutar novamente para minimizar os segundo e terceiro grupos. Desenvolver um conjunto nítido de comportamentos para o modo como os problemas internos e externos serão gerenciados, incluindo áreas para avaliação e consulta ao nível superior. Criar o conceito de "detecção de problemas" e elaborar um programa para coletar sistematicamente todos os dados sobre problemas por meio das seguintes técnicas e canais:

- planejamento para cenário negativo
- equipes para painéis internos de revisão mútua
- consultoria externa de auditorias
- análise competitiva e *benchmarking*
- correspondência com o cliente
- reclamações do cliente
- programa proativo de r.p.
- devoluções de mercadorias e *recall* de produtos
- base de dados do cliente para indicar histórico de problemas
- pesquisas na Internet para coletar as referências à marca
- duas caixas de sugestão: "problemas" e "oportunidades"

O segredo é sempre ver as dúvidas ou problemas como oportunidades de aperfeiçoamento!

Capítulo 20

Proteja a marca

Para proteger a sua reputação com eficácia, a marca tem de admitir que o ambiente comercial em geral se tornou muito mais hostil. A possibilidade de os clientes tomarem medidas legais contra as empresas atualmente é bem maior. Alguns extremistas vão mais longe e agem diretamente contra as organizações que incorrerem em seu desagrado. Assim, uma dimensão importante dos modos da marca consiste na sua atitude e comportamento em relação à avaliação de riscos e proteção. Essas precauções cada vez mais essenciais devem ser tomadas para garantir que todo o gasto e o comprometimento para comunicar e cumprir a promessa da marca perante o cliente não sejam prejudicados ou mesmo sabotados por uma minoria relativamente pequena.

O número de ações movidas por indivíduos contra empresas vem aumentando consideravelmente. Por exemplo, os escritórios de advocacia agora fazem propaganda na BSkyB, rede britânica de TV por satélite, oferecendo seus serviços para reclamar contra danos pessoais num esquema em que o reclamante só paga os honorários advocatícios se vencer a causa, incentivando, desse modo, o surgimento de mais querelantes! O governo do Reino

Unido e a Comunidade Européia aprovaram uma série de leis trabalhistas que aumentaram significativamente a força da posição do empregado e tornaram essencial que os empregadores sejam muito mais cuidadosos em relação ao modo de tratar seu pessoal. Atualmente, no Reino Unido, não existe limite financeiro para as reclamações por demissão sem justa causa num tribunal industrial, se essa corte achar que alguém foi mandado para a rua injustamente.

Por outro lado, na era da Internet e do correio eletrônico, as empresas precisam ficar mais severas para se protegerem: alguns relatórios sugerem que 40% do tempo que os empregados passam on-line no escritório são dedicados a assuntos pessoais — e não aos profissionais. Recentemente verificou-se o caso de uma empregada que foi mandada embora por pesquisar preços de hotel e fazer reservas para um feriado — ela havia feito 150 buscas e depois efetuou a reserva on-line. Lois Franxhi, de 29 anos, perdeu a ação em que alegara demissão injusta, conforme publicado no *Daily Mail* de 15 de junho de 2000. Num famoso acordo feito fora dos tribunais, a gigantesca seguradora britânica Norwich Union (agora CGNU) teve de pagar £450.000, quando se descobriu que um dos seus empregados caluniara um concorrente por meio de mensagem eletrônica. Como resultado desse tipo de incidente e do prejuízo bastante real causado pelos vírus de computador, talvez não surpreenda que, pelo que consta, 55% das empresas do Reino Unido monitorem o acesso de suas equipes à Internet. O governo tem tentado com afinco, mas ainda não obteve sucesso em criar uma legislação que permita ampla monitoração do tráfego de mensagens eletrônicas em favor da segurança nacional.

Para fazer frente a esses novos problemas, as empresas precisam cuidar cada vez mais dos seus processos e políticas de recursos humanos. Os gerentes seniores têm de acompanhar de perto as mudanças na legislação, pois já não é possível deixar essa área sensível inteiramente nas mãos dos especialistas. Infelizmente, nesse ambiente cada vez mais litigioso, uma palavra errada, um gesto ambíguo ou uma mensagem eletrônica inadequadamente redigida pode desencadear uma série de eventos potencialmente prejudiciais. Com a publicidade que tão freqüentemente acompanha as pendências entre patrão e empregado, é raro a empresa — e, conseqüentemente, a marca — conseguir sair ilesa dessa experiência.

Talvez igualmente ameaçador — se não até mais, principalmente para o diretor-presidente e demais membros da diretoria das empresas — tenha sido a moção do governo trabalhista do Reino Unido para introduzir penalidades ainda mais severas nas infrações cometidas pelas empresas. Frustrado com a aparente imunidade dos membros da cúpula administrativa quando ocorriam desastres causados pelos erros — por ato ou omissão —

cometidos por suas empresas, em maio de 2000 o governo britânico anunciou sua intenção de introduzir novas categorias de crime empresarial, para desestimular mais enfaticamente as empresas a conduzir seus negócios de maneira a colocar o público em risco.

Em 1996, a Law Commission publicou um relatório sobre as mudanças na legislação referente a homicídio culposo, substituindo-o por homicídio por negligência e homicídio por negligência criminosa. A última proposta polêmica do ministro Jack Straw consiste em introduzir ainda uma terceira categoria, a de homicídio não-intencional. A proposta também sugere que os diretores e empregados das empresas poderão ser acusados desses crimes se ficar provada a sua responsabilidade direta. Como isso é muitas vezes difícil de demonstrar, as próprias empresas seriam processadas e, em face da impossibilidade de enviá-las para a cadeia, a solução seria impor-lhes uma pesada multa. Jack Straw quer ir além e tentar conseguir poderes para afastar a responsabilidade dos diretores e acusar diretamente os indivíduos de homicídio corporativo. Assim, não é improvável que em breve as empresas e as marcas tenham de se haver com os crimes de "homicídio corporativo" e "homicídio culposo corporativo".

Embora seja louvável a intenção dessas propostas de fazer os indivíduos irresponsáveis prestarem contas por seus atos, essa nova legislação presenteia clientes afeitos a contendas com novos e ameaçadores meios legais de atacar as empresas. Assim como fez com tantos outros processos, a Internet acelerou a disponibilização de informações que no passado, embora legalmente acessíveis, eram difíceis de encontrar. A empresa britânica Company, 192, já mencionada, divulgou o endereço e o número de telefone particular de todos os diretores do Reino Unido. Armados com fontes tão poderosas de informação e com os meios legais à sua disposição, os "consumidores anarquistas" constituem uma ameaça real às marcas.

Talvez se possa aprender a lidar com essa nova ameaça de maneira mais eficaz com o principal comerciante de marca do mundo — o McDonald's. Durante os anos 1990, essa empresa líder do seu setor esteve envolvida num processo que durou dois anos e meio, o mais longo julgamento por difamação escrita da história inglesa, depois de a empresa tentar impedir que dois ativistas de Londres distribuíssem panfletos detalhando alegados crimes que o McDonald's supostamente cometera. Os réus, Helen Steel e David Morris, sofreram vigilância por parte de detetive particular, foi-lhes negada assistência jurídica gratuita e, assim, tiveram de mourejar ao longo das quase 40.000 páginas que foram obrigados a ler a fim de elaborar a própria defesa no longo julgamento. Embora o juiz considerasse procedente a maioria dos itens apontados pelo casal, Helen e David não conseguiram provar todos os pontos e foram condenados a pagar £60.000 pelos prejuízos causados. Como estavam falidos, não poderiam pagar, mas, em virtude da atenção que eles atraíram na mídia, o McDonald's não insistiu em receber o dinheiro. Ao longo desse episódio, os dois criaram o website Mcspotlight.org, que detalha o caso em profundidade e tem mais de 21.000 páginas de informação.

O problema para o McDonald's foi que, apesar de suas melhores intenções, a imagem da empresa na mídia era a de Golias diante de David — os réus, e, em situações assim, a solidariedade do público parece dirigir-se para a parte supostamente mais fraca. O McDonald's pode ter vencido a batalha jurídica, mas perdeu a guerra de RP. Numa nova atitude, mais proativa, a empresa agora adotou um programa de consulta a esses ativistas, na tentativa de chegar a um acordo. A esperança da empresa é que o público, ao vê-la empenhada num debate com esses grupos de militantes, voltem a olhá-la com simpatia — além do fato de que esse diálogo lhe propicia um valioso conhecimento relativo à pauta deles, o que, por sua vez, pode ajudá-la a tomar medidas para sanar os problemas. O McDonald's também começou a divulgar de forma bem mais eficaz o que a empresa oferece à economia local, visando contrabalançar os efeitos da caricatura que os dissidentes anticapitalistas de tantos mercados costumam traçar dele. O McDonald's tem salientado a importância da sua contribuição para a comunidade e do seu papel como empregador local por meio de programas de marketing social ou vinculado a causas sociais, que se tornaram uma parte importante da promessa da marca.

O Wal-Mart é outra grande marca dos EUA que tem sofrido nas mãos dos desafetos. Richard Harris — um freguês descontente que foi convidado a se retirar de uma das lojas porque um gerente pensou tê-lo ouvido resmungar algum comentário racista — lançou o site wal-martsucks.com. Richard jurou fazer escândalo e certamente o fez com esse site. Trata-se de um fórum onde empregados e fregueses insatisfeitos compartilham histórias e atribuem notas à loja, com base em sua eficiência. O Wal-Mart tem conhecimento do *site*, mas argumenta que este não afeta seu desempenho financeiro e que continua orgulhosa do seu grande número de clientes e empregados. Contudo, perto de um milhão de pessoas visitaram o *site* desde sua criação, em 31 de agosto de 1997, e esse fato pode exercer uma pressão sobre a empresa que não ocorreria antes do advento da *web*.

Não são apenas as grandes corporações que estão sob um crescente escrutínio — que a Internet facilita. Expor os casos de má conduta não é função apenas dos fregueses descontentes ou dos consumidores anarquistas politicamente motivados: trata-se também de um serviço público. Nos EUA, o departamento de polícia de Nova York divulga regularmente, no seu *site*, as informações resultantes da inspeção de restaurantes executada pelo departamento de saúde de Nova York. Cada estabelecimento desse setor que tem registro no distrito de Nova York consta na lista, bem como todos os detalhes sobre a última inspeção e relatórios de todos os restaurantes que deram origem a reclamações sobre suas condições de higiene. Alguns deles, freqüentados exclusivamente pelos ricos e famosos, ficaram muito constrangidos quando se revelou que sua cozinha abrigava as mesmas baratas, ratos e moscas que o botequim da esquina!

Os problemas de higiene parecem insignificantes quando comparados ao assalto ao Planet Hollywood. Talvez já perdendo o brilho como marca de restaurante à medida que seus proprietários, os astros Sylvester Stallone e Arnold Schwarzenegger, viam declinar o seu poder de atrair bilheteria, o Planet Hollywood sofreu um grande revés com uma série de ataques antiamericanos com bomba (seria até irônico, se não fosse tão trágico, que os ataques fizessem lembrar os exibidos nos filmes que tornaram esses atores famosos), tais como o ocorrido na Cidade do Cabo, em que um cliente morreu e outros ficaram feridos, o que causou grande prejuízo aos negócios da empresa na África do Sul.

Nesse clima de transparência, prosperidade e liberdade de agir que tanto favorece os indivíduos, parece mesmo estar surgindo um novo grupo de consumidores zelosos de seus direitos, os quais têm adotado uma postura muito mais agressiva quando ocorrem situações que os aborrecem. Geralmente pessoas educadas e de posses, elas se dedicam a perseguir empresas e defender causas com todo o leque de canais de comunicação à sua disposição e num grau de sofisticação capaz de derrotar até os mais bem preparados. Novamente a Internet e o correio eletrônico permitem às pessoas difundir seus pontos de vista com facilidade bem maior, o que lhes possibilita unir forças com outros indivíduos do mundo todo que partilham a mesma opinião: as salas de "bate-papo" estão povoadas de descontentes verberando contra o objeto de seu descontentamento.

Um exemplo dessa nova sofisticação é o caso da Huntingdon Life Sciences, empresa que tem estado sob a mira incansável dos defensores dos direitos dos animais. Tamanha tem sido a ferocidade das investidas e ameaças à segurança do pessoal, que o laboratório britânico está seriamente pensando em buscar apoio financeiro fora do Reino Unido — nos EUA —, para escapar do risco de esses ativistas hostilizarem o seu atual patrocinador, o banco NatWest, por meio de ataques a suas agências da High Street. Os ativistas, porém, já estão se preparando para essa mudança, unindo-se aos militantes norte-americanos para exercer pressão sobre os patrocinadores em potencial. Não há dúvida que isso tornará o custo do dinheiro mais alto para a Huntingdon, se é que ela conseguirá patrocínio nessas circunstâncias. Essa estratégia que ataca o "flanco financeiro" das empresas está a anos-luz dos protestos com cartazes nas ruas. Da mesma forma, é mais que provável que a Huntingdon e o banco patrocinador examinem detida e longamente as suas posturas éticas numa área extremamente complexa.

Dentre as medidas para proteger a sua marca que seria conveniente você considerar, destacam-se:

- Assumir a responsabilidade de gerenciar as crises e de desenvolver uma estratégia de ampla prevenção e coibição a ser adotada pelos executivos do primeiro escalão.
- Providenciar auditoria anual para avaliação completa de todos os riscos — que deve cobrir tudo: desde os aspectos operacionais aos financeiros e contratuais, passando pela informática, pela segurança e pela política da empresa. (Consulte o *site* mmcenterpriserisk.com para obter mais detalhes sobre o que pode ser feito.) Peça aos principais fornecedores para procederem da mesma forma.
- Contrate alguns "white knight" *hackers* (*hackers* "do bem") para tentarem romper as defesas dos sistemas de telefone e computadores da empresa.
- Registre os domínios que sejam obviamente "negativos" em torno do nome da sua empresa ou da sua marca. Por exemplo, "odeionomedaempresa.com" ou qualquer trocadilho evidentemente negativo, como, por exemplo, Ronald MacMorte.
- Identifique os ativistas ou grupos de pressão que operem em seu setor de negócios e dialogue com eles.
- Relacione-se bem com as instituições ligadas ao Poder Judiciário.
- Mantenha uma campanha ativa de comunicações de marketing que saliente os esforços feitos pela empresa ou marca em favor da comunidade ou por causas sociais. Se não houver esforços nesse sentido, crie um programa de marketing social ou ligado a causas sociais.
- Estabeleça padrões de resposta da marca de acordo com as principais ameaças previsíveis — os modos em tempo de crise.

A adoção dessas providências reduzirá a probabilidade de prejuízo potencialmente sério.

Seção Quatro
"Boas Surpresas"

Tendo criado a Promessa da Marca, movemo-nos para a interface direta com o cliente, que deverá resultar em "Boas surpresas". Aqui, escolhemos quatro tópicos: definição de gestos, escutar, carta de compromisso com o cliente e momentos da verdade.

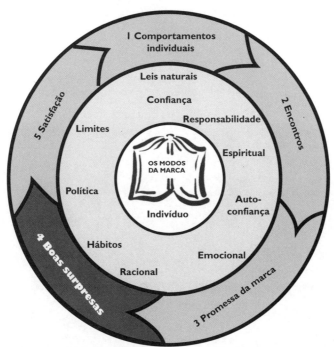

Ilustração 44 *Seção Quatro: O Ciclo de Aperfeiçoamento dos Modos da Marca — boas surpresas.*

Capítulo 21

Como os gestos definidores constroem as marcas

Certos "gestos definidores" ou comportamentos podem cristalizar a marca na mente do cliente. Essas são as características-chave de um indivíduo: os tiques verbais, os gestos das mãos ou maneirismos que o distinguem e o tornam instantaneamente reconhecível. Como tal, esses gestos definidores são um elemento importante dos modos da marca. Alguns podem ser deliberadamente criados e até incluídos formalmente na identidade da marca ou em sua propaganda sob a forma de logotipo ou de slogan, mas outros emergem de uma cultura que promova a prestação de excelentes serviços aos clientes.

O gesto definidor contido numa idéia da marca pode tornar-se uma fonte tanto interna quanto externa de identidade e comportamento da marca. A habilidade dos departamentos de marketing e de suas agências de comunicação de marketing é tal que declarações poderosas da promessa da marca podem ser produzidas e veiculadas na mídia com efeito dramático. Ao fazer publicamente uma promessa ao cliente, a empresa também estará fazendo uma promessa a si mesma.

Assim, a promessa pública se torna "uma bandeira fincada no chão", um marco à frente que nos inspira a prosseguir e uma meta a ser persegui-

214 EM SINTONIA COM A MARCA

da pela empresa. O fato de a "bandeira" ser repetidamente fincada em público por meio da propaganda e outras formas de comunicação confere-lhe um poderoso efeito fortalecedor sobre os empregados e assim aumenta a probabilidade de a meta ser atingida. Igualmente, é muito perigoso "passar cheques que a empresa não pode cobrir" e é essencial que essas promessas públicas sejam cumpridas, transformando-as em realidade.

Em razão da complexidade da vida cotidiana e da imensa quantidade de informações que somos obrigados a processar diariamente, os "gestos definidores" desempenham uma função muito útil. Os melhores dentre eles são poderosas somatórias verbais ou visuais de personalidade e política, uma forma abreviada de comunicar a promessa da marca e um fácil lembrete dela. Elas são quase sempre mais eficazes quando representam um contraponto à visão aceita de uma situação ou um desafio direto ao problema-chave que uma nação, corporação ou cliente enfrenta. Por exemplo, no mundo político, podem tomar a forma de acessórios ou gestos pessoais distintivos, tais como o charuto ubíquo e o "sinal de V" autoconfiantes de Churchill na época da guerra, que pareciam ainda mais eficazes num período de racionamento rígido e pressão militar. Recentemente, uma maleta com a marca de Margaret Thatcher foi leiloada na Ebay.com e alcançou o preço de £100.000 porque se tornou um símbolo potente de sua retidão na defesa de suas crenças políticas. A interpretação de Marilyn Monroe do "Parabéns a você" definiu uma presidência americana tanto quanto o gesto de erguer um cachorro pelas orelhas definiu outra presidência.

Em sua clareza e simplicidade gráfica, os gestos definidores "taquigrafam" para as pessoas o que a liderança deseja transmitir e se tornam elementos memoráveis e repetíveis da história da empresa. Eles são particularmente eficazes no início de um novo regime ou período administrativo, assim como no ponto de contato com o cliente, especialmente no primeiro contato. Um exemplo antigo de gestual definidor foi quando o presidente Kennedy disse que usaria seus "primeiros cem dias" para elaborar um plano conjunto para o campo. Embora os povos sempre tivessem entendido que haveria um período de lua-de-mel com qualquer novo presidente, chefe do Executivo ou primeiro-ministro, John Kennedy foi o primeiro a "embalar" isso num conceito vendável.

As campanhas publicitárias ainda constituem um dos meios mais eficazes de enviar mensagens controladas para os clientes e de articular a promessa da marca para eles. Também são um dos principais "gestos definidores" da marca, os quais são capazes de estabelecer as precondições para a satisfação do cliente por meio do gerenciamento de expectativas excessivas. Dentre os mais antigos em termos de posicionamento de marca e campanha publicitária para atingir esse objetivo destaca-se a famosa propaganda da Avis. A história da campanha que tem por slogan "Nós nos esforçamos mais" — por serem a empresa número dois do setor — foi admiravelmente descrita no livro de Robert Townsend *Up The Organisation*. O ponto-chave da história é que a campanha consolidou e instituiu a idéia de desafiar a marca líder e dar aos empregados da empresa razões muito claras e motivadoras. Essa técnica de definir o inimigo como forma de definir a si mesmo é válida até hoje. A Avis ainda se esforça mais do que a Hertz, a Pepsi ainda luta contra a Coca-Cola e a Procter & Gamble ainda se confronta com a Unilever. Outros bons exemplos são fornecidos pelo slogan da Nationwide, projetado para resumir sua atitude combativa: "Nós nunca nos esquecemos de quem é o dinheiro", pelo da Compaq: "Nunca damos um tempo aos concorrentes" e pelo da Subaru: "Nós temos inteligência e beleza também."

O uso astuto da mídia também pode criar um poderoso gesto definidor para a marca. Num celebrado exemplo, a Apple se estabeleceu na consciência da massa como uma adversária formidável por meio de seu extraordinário comercial de TV "1984", que posicionou a empresa como oponente invencível da IBM, a "Big Blue" que na época reinava absoluta no mundo da informática. Esse filme estava programado para ser exibido apenas uma vez durante o Superbowl, mas, devido ao seu impacto, foi ao ar gratuitamente milhares de vezes desde então, em festivais e documentários. O Superbowl permanece talvez o principal mostruário anual para as marcas que aspiram à grandeza, mas é preciso haver profundidade na comunicação em termos de promessa real da marca, uma qualidade que falta a muitos dos pretendentes atuais pontocom. O ponto-chave no comercial da Apple foi que ele definiu toda uma atitude mental em relação ao mundo emergente do computador pessoal. A Apple se posicionou como a alternativa para o mundo maçante, rígido das estruturas corporativas representadas pela IBM, e constituiu um apelo forte para os consumidores com um perfil empresarial de criatividade e livre pensamento. A despeito dos altos e baixos que a empresa tem enfrentado ao longo dos últimos 30 anos, ela tem sobrevivido apesar da intensa concorrência e sua nova linha de computadores i-Mac está novamente exercendo um grande impacto como alternativa inteligente.

Contudo, é perigoso produzir apenas superficialmente campanhas poderosas, que acabam por se revelar de nenhum conteúdo. Estimulado por propagandas feitas superficialmente, em geral muito vistosas, o desapontamento do cliente no ponto de interação com a marca pode ser exacerbado pelo contraste entre a fantasia da mídia e a realidade. Se, todavia, a marca puder ser uma das relativamente poucas que realmente cumprem o que prometem, então as "boas surpresas" serão inevitavelmente o resultado. A British Airways fez um gesto definidor muito mais bem-sucedido em termos de propaganda com o famoso comercial de TV "Manhattan", que lançou o posicionamento e a campanha de "A companhia aérea favorita do mundo". O fator-chave foi que essa campanha teve como suporte um programa radical de reciclagem dos empregados para que estes transformassem o que se dizia na propaganda — com base em estatística verdadeira em termos de número de passageiros transportados — em realidade em termos de sensação positiva genuína do cliente. Tantas coisas contribuíram para o espantoso sucesso global da Microsoft e pode-se argumentar que sua liderança visionária, seu caráter agressivamente inovador e excelente leque de produtos foram suficientes para conquistar a hegemonia que ela tem. Entretanto, sua campanha publicitária "Aonde você quer ir hoje?" foi uma magnífica condensação da atitude de "tudo é possível" que a empresa tem e que é transmitida a seus clientes como o benefício máximo de usar a Microsoft.

Outro exemplo em que a empresa realmente cuidou para que o produto e o serviço que serviam de base para uma poderosa alegação fossem adequados é fornecido pela Tesco. O famoso comercial "Chickens" (Galinhas), do Reino Unido, feito com Dudley Moore, foi o filme de lançamento da campanha "Quest for Quality" (Em Busca de Qualidade), criada pela agência britânica Lowe Lintas, que foi veiculada entre 1990 e 1992 e adotava um enfoque deliberadamente (e, na época, inusitadamente) alegre. Moore estrelou como um comprador da Tesco que vasculhava o mundo em busca de um bando de galinhas caipiras francesas que sempre lhe escapavam e, *en route*, descobria outros produtos de qualidade surpreendentemente boa para acrescentar ao estoque da Tesco. Os produtos eram escolhidos de modo a demonstrar a recém-descoberta qualidade da Tesco; a idéia de que a Tesco tinha estoque de galinhas caipiras era espantosa na época. Ainda mais importante, essa foi a primeira vez em que a Tesco se sentiu capaz de concorrer no mesmo nível de qualidade com sua arqui-rival Sainsbury. Construindo sobre sua propaganda impressa original com sua conspícua campanha de TV "Recipes" (Receitas), que apresentava os pratos prediletos de grandes celebridades, a Sainsbury "era proprietária" e na verdade tinha inventado o nível de qualidade superior em grandes redes de supermercados. Agora, havia um pretendente verdadeiro ao seu trono.

Mas o verdadeiro estímulo para a marca da Tesco adveio de suas significativas melhorias em termos de qualidade de produtos e lojas. A empresa entendeu que fazer compras era uma atividade que envolvia muito mais que simplesmente comprar produtos e percebeu que nenhum dos seus concorrentes estava tentando seriamente melhorar a experiência como um todo de fazer compras. A Tesco capitalizou isso com mais de 100 novas iniciativas que incluíam fraldários para as mães com bebês, o sistema "One in Front" em que, se houver mais de um cliente na fila, abre-se mais um caixa, uma nova linha de produtos com preços mais acessíveis e o Clubcard. Foi essa série de melhorias que inspirou a Lowe Lintas a criar a idéia da campanha publicitária que é veiculada desde então e que condensou com tanta eficácia a visão corporativa da Tesco. A idéia era que, embora nem tudo na vida seja perfeito, a Tesco fazia de tudo para que ao menos um aspecto — o de fazer compras — fosse mais fácil, daí o slogan "O pouco que ajuda". A despeito de basear-se nos benefícios racionais dos produtos e serviços, seu tom e estilo, mesmo quando mostrava preços de ofertas, tinham charme e apelo emocional. Embora cada comercial tenha focalizado uma iniciativa em particular, usava-se sempre o mesmo slogan em todos, bem como na propaganda impressa e nos pontos de venda, para expressar a nova filosofia centrada no cliente da Tesco de "fazer certo pelo cliente". A introdução, em 1995, de "Dotty Turnbull", personagem que encarnava a mãe de "todos os fregueses", interpretado por Prunella Scales e sua sofredora filha Kate, interpretada por Jane Horrocks, aumentou o impacto e envolvimento da campanha. Ela conseguiu isso embora continuasse a comunicar cada uma das iniciativas da Tesco, que Dotty punha em teste no supermercado.

A campanha da Lowe foi extremamente bem-sucedida e contribuiu substancialmente para o crescimento geral e a lucratividade da marca. Seu trabalho, assinado por Ashleye Sharpe e Joanna Bamford e vencedor do Grand Prix da IPA Advertising Effectiveness Awards 2000, fornece uma descrição detalhada disso e é um excelente complemento da "História da Tesco", centrada na empresa, que vimos anteriormente. Desde 1993, "O pouco que ajuda" mudou de "apenas um slogan no fim dos comerciais" para se tornar o mantra da Tesco, e ainda mais poderoso por sua simplicidade e aplicabilidade em todos os aspectos das operações da empresa.

Estudo de Caso: DISNEY

Talvez um dos melhores exemplos de uma grande marca norte-americana que se globalizou por meio de persistente gerenciamento de seus gestos definidores é o da Disney. Eles acreditam que "Construir uma marca forte = construir uma experiência da marca forte" e que isso vai além das interações pessoais. A Disney acredita com convicção que eles construíram uma marca forte vivendo a experiência dela em todos os setores e aspectos de seu empreendimento. Claro que a fundação da experiência da marca vem da filosofia e das crenças do próprio Walt Disney. Walt visualizava a Disneylândia como se ela fosse um desenho animado de sucesso; ele queria criar uma versão tridimensional de Mickey Mouse para que fosse uma experiência de vida tão poderosa quanto a do cinema. Walt, por não acreditar que fossem experiências positivas para a família, odiava o carnaval tradicional ou o tipo circense de entretenimento que vigorava na época. A Disneylândia foi criada, portanto, com o objetivo de ser fundamentalmente diferente daquilo tudo. Essa idéia estava firmemente entranhada nos procedimentos de treinamento, que eram diversos de tudo o que já fora feito até então: "Eu só espero que nunca percamos de vista uma coisa — que tudo isso começou com um camundongo", confidenciou Walt Disney.

Talvez um dos modos mais rápidos de entender o espírito que anima a Disney é listar algumas de suas definições-chave, que nos oferecem uma visão do mundo completo que foi criado, inclusive com linguagem própria, para capacitar os empregados a repassar aos clientes o que se vivencia na empresa, tanto em termos do parque temático como de suas lojas:

- Atrações: passeios pelo parque temático e shows
- Bastidores: áreas por trás dos cenários ocultas dos olhos dos visitantes
- Membros do elenco: todos os empregados da Walt Disney World Co.
- Convidados: visitantes de qualquer parte do Disney World Resort
- Anfitrião/anfitriã: um membro da linha de frente do elenco, que dá suporte às experiências dos convidados pelo contato no show
- Cenários: todas as áreas visitadas pelos convidados
- A propriedade: o resort Walt Disney World inteiro
- O show: tudo e todos que servem de interface com os convidados, incluindo os entretenimentos, a propriedade e os membros do elenco

"Excelência do desempenho" é uma iniciativa que se ampliou e evoluiu como filosofia dentro das atrações de Walt Disney. Seu lançamento e implementação teve lugar em 1993 e foi conduzido por Judson Green. Ele acreditava que, para a Disney manter seu sucesso no futuro, era vital que cada membro do elenco se tornasse um parceiro ativo no sucesso da companhia e essa iniciativa dependia de paixão e envolvimento. Desde seu início, o percentual de retorno dos convidados aumentou cerca de 10% e o índice de rotatividade dos membros do elenco caiu. Os elementos-chave da iniciativa incluem a idéia de que os líderes não vêem os membros do elenco como parte de uma equipe que executa as ordens da gerência, mas sim são vistos como centros de soluções criativas; todos os membros do elenco são vistos como possuidores da capacidade de implementar idéias e soluções criativas para os problemas.

Como essa "liderança inclusiva" funciona na prática na Disney? Primeiro, as reuniões semanais da diretoria foram substituídas por reuniões do comitê executivo, líderes trabalhando em turnos na linha de frente e membros do elenco têm autoridade para reembolsar convidados. Capacitando o elenco, eles se tornaram relativamente auto-suficientes nas operações do dia-a-dia da empresa, e isso atua como uma fonte poderosa de motivação. Os membros do elenco recompensam uns aos outros por comportamento exemplar trocando cartões com os dizeres: "Fanático por prestar serviço ao convidado". O pessoal da Disney faz questão absoluta de que haja um relacionamento definido entre como o elenco se sente em relação ao trabalho e como isso se traduz na experiência do convidado.

Como os gestos definidores constroem as marcas **219**

O programa de orientação da Disney, "Disney Traditions" (Tradições da Disney), ensina o elenco sobre a herança, a história e os padrões de qualidade da organização, mas o mais importante é que eles aprendem que seu trabalho é "proporcionar felicidade". Esse espírito que anima a empresa exerce um impacto considerável sobre o desempenho do elenco no show. A conexão com um propósito maior é ponto central da capacidade da Disney de motivar os membros do elenco em toda a propriedade para maximizar seu desempenho e criar o que eles chamam de "momentos mágicos" para seus convidados e para os seus companheiros do elenco. A meta da Disney durante esse treinamento é "assegurar que nós ganharemos o seu coração e a sua mente como membro do elenco".

Um exemplo desses "momentos mágicos" (ou "gestos definidores") é quando, na Main Street (rua principal), um convidado pergunta a um membro do elenco que estava limpando a rua onde ele poderia conseguir um copo com gelo. Ele foi então encaminhado a um quiosque e, enquanto o visitante fazia a curta caminhada, o varredor de rua informou seu pedido pelo intercomunicador ao vendedor no quiosque, que, quando o convidado chegou, comentou: "Acho que o senhor está procurando um copo com gelo" e o convidado ficou espantado. "Aqueles três segundos extras do tempo de atendimento do anfitrião criou um serviço mágico que o convidado pode partilhar com a família e os amigos muitas vezes."

Os momentos mágicos são criados o tempo todo na Disney. Estima-se que aconteçam possivelmente 60 interações com um visitante em qualquer dia típico no parque. Cada interação é uma oportunidade para criar um momento mágico — e não trágico — e para exercitar o que Disney chamava de "felicidade agressiva": um enfoque proativo, em oposição ao reativo, de serviço. O sucesso dessas interações por meio do comportamento e estilo distintivo do elenco da Disney tem seu fundamento na dedicação de Walt a "inspecionar o *front*". Ele era fanático por fornecer um show homogêneo, de qualidade e visitava o parque todos os fins de semana, de fio a pavio. Hoje, os líderes ainda são incentivados a atuar como parceiros — em vez de ditarem ordens — nas operações da propriedade.

O sucesso da Disney se lastreia em dois princípios básicos: prestar atenção a detalhes e exceder as expectativas. Essas duas coisas permeiam tudo o que eles fazem. Por exemplo, um gerente num dos restaurantes caros da Disney treina os novos lavadores de pratos da seguinte maneira. Eles chegam em seu primeiro dia no restaurante e sentam-se à mesa, completamente arrumada com a mais fina porcelana e toalha de linho, como se fosse para os clientes pagantes. Quando o gerente e o membro do elenco estão conversando sobre as operações do restaurante, o membro do elenco, uma moça, repara que há manchas de batom nos copos, crostas de comida na borda dos pratos e que os talheres de prata estão manchados. O gerente nota que a moça está distraída e pergunta por que, ao que ela responde: "A louça não está muito limpa." O gerente então replica: "Imagine então como você se sentiria se fosse um cliente que pagasse 100 dólares por refeição."

Isso enfatiza vários traços característicos da liderança da Disney: primeiro, a idéia de que os membros do elenco devem ligar-se emocionalmente a seus convidados. Como Michael Eisner afirmou quando era diretor presidente da Disney, a empresa é movida por um motor "emocional" e não "econômico". Também é vital que os membros do elenco mergulhem na experiência do convidado antes de serem treinados para suas tarefas específicas. No exemplo do restaurante, o gerente permitiu que o membro do elenco "vivesse a experiência do convidado", solicitando dela um *feedback*; esse estilo de liderança estimula e recompensa o envolvimento do empregado. Outra crença de Disney é que "o marketing cria a marca, mas é o treinamento que lhe dá vida e a revigora tanto para os clientes quanto para os empregados".

A Disney é freqüentemente criticada pelo nível de respostas prontas, que seguem um roteiro, dentro dos *resorts* e na empresa como um todo e é comum presumir-se que a Disney requer dos membros do elenco que sorriam todo o tempo. A essa última acusação, a Disney responde: "Claro que não. O nosso treinamento sem dúvida se concentra em comportamentos, mas facilitar a sensação de ser proprietário do empreendimento também promove a motivação e um excelente desempenho." Contudo, Disney não nega que usa um roteiro de respostas prontas: "Claro que sim — nós somos uma companhia de entretenimento, fazendo um *show*. Por exemplo, a Casa Mal-Assombrada tem um *script* completo. O elenco está no cenário e está interpretando personagens como qualquer membro do elenco de uma peça faz." A Disney World emprega mais de 55.000 membros do elenco em seus 4 parques, que ocupam mais de 80 quilômetros quadrados. Até certo ponto, a utilização de *script* é inevitável, principalmente quando as pessoas fazem a mesma coisa repetidas vezes.

A atenção da Disney a detalhes é impressionante. Eles têm recomendações sobre como lidar com certos grupos de convidados. Por exemplo, os membros do elenco são incentivados, quando conversam com crianças, a ficar sobre um joelho, para ficar na mesma altura da criança. Os bons pais sabem que essa é uma forma melhor de estabelecer contato com seus filhos do que falar com eles lá do alto e a Disney trouxe essa lição do comportamento humano normal para seu código de modos da marca. Eles também cuidam para que os membros do elenco saibam falar o máximo de idiomas possível para dirigirem-se a todos os convidados em sua língua nativa.

Outra justificativa para essas respostas sugeridas da Disney está na natureza repetitiva de muitas das perguntas feitas pelos convidados. A segunda pergunta mais comum na Disneylândia, depois de "Onde fica o banheiro mais próximo?" é "A que horas começa a parada das três horas?". Obviamente, a pergunta real seria "A que horas a parada deve passar por aqui?", assim, em vez de corrigir o convidado, o membro do elenco lhe indica onde deve ficar, e em que horário, para ver a parada. Esse é simplesmente um sistema de prever e entender o convidado e tornar cada interação com ele num momento positivo.

Embora os cenários, as instalações e a qualidade dos grounds/jardins, das áreas exteriores da Disney contribuam para a experiência do convidado, é a interação dele com os membros do elenco que realmente torna a experiência diferente de qualquer outra. Isso se deve ao esquema rigoroso de recrutamento; ninguém é simplesmente "empregado" na Disney, as pessoas são "selecionadas

Como os gestos definidores constroem as marcas 221

para integrar o elenco e desempenhar um papel no show". Isso se baseia na crença e na compreensão fundamental de que todos contribuem para a experiência do cliente. Quando um candidato a membro do elenco se apresenta na Disney, a primeira coisa que fazem é examinar o formulário de inscrição e, se esse for aprovado, o candidato é convidado para assistir a um vídeo. O objetivo do vídeo é dar aos candidatos uma oportunidade de fazerem uma auto-avaliação antes das entrevistas principais. O vídeo demonstra a rigidez do código relativo à aparência, um dia típico de trabalho e as expectativas em termos de comportamento e as diretrizes de toda a equipe. Esse processo aumenta a probabilidade de os tipos apropriados de personalidade irem em frente, conquistando uma "afinidade" natural com a marca Disney e ampliando seu potencial de cumprir a promessa da marca por meio do comportamento adequado. Uma série de entrevistas é o passo seguinte. Isso implica passar tempo com outros membros do elenco. Ao longo de todo o processo, mesmo que o indivíduo não seja contratado, ele é tratado como se fosse um convidado — afinal de contas, todo o mundo é um cliente em potencial!

Uma vez que o elenco foi treinado e adotou o Estilo Disney, existem certos esquemas de manutenção cujo propósito é manter o elenco bem motivado e entusiasmado. Isso consiste num complexo e rigoroso sistema que visa cuidar dos membros do elenco e garantir que suas necessidades sejam atendidas. Os sistemas de apoio que estão em vigor incluem que cada membro do elenco tenha um intercomunicador para garantir comunicação imediata entre eles. O apoio nos bastidores inclui a disponibilização de áreas de descanso onde o foco não é a Disney. "*Nós não tocamos 'It's a Small World' como fundo musical, nós tocamos músicas que o elenco queira ouvir.*" Isso oferece uma forma definida de escape para eles. O dia de trabalho é projetado para ser o mais conveniente possível, oferecendo barbearia e até um lugar para renovar a carta de motorista! São esses pequenos toques que mantêm o elenco energizado e contente.

O núcleo dos bem-sucedidos modos da marca da Disney, portanto, está na manutenção de dois fatores: o primeiro é que todos os membros do elenco se envolvem emocionalmente com a experiência do convidado e o segundo é o comprometimento com a crença de que o papel de todos é "proporcionar felicidade", um benefício de ordem elevada que tem um enorme poder de motivação.

Os gestos definidores "fincam bandeiras sinalizadoras" para guiar os empregados em termos de bons comportamentos e para gerenciar as expectativas dos clientes em relação à promessa da marca. Nós sugerimos cinco áreas que podem ser instrumentais.

1. Seguindo o exemplo da história da Disney — "proporcionar felicidade" —, redefina os principais objetivos da empresa até condensá-los num só objetivo vital.
2. Crie "gestos definidores" corporativos para o CEO, gerentes e equipe para serem difundidos pelo seu uso pessoal e reforce-os por meio de comunicações de marketing.
3. Cuide para que o recrutamento seja rigoroso e o programa de treinamento fortaleça os gestos e a linguagem da marca e faça deles uma realidade para a empresa e o cliente; não assine cheques em comunicação que a experiência com o serviço prestado pela empresa não possa cobrir.
4. Reavalie os "gestos definidores" regularmente e decida se vale a pena mantê-los ou se é melhor abandoná-los.
5. Cuide para que os gestos definidores usem uma habilidosa combinação das dimensões racional, emocional, política e espiritual.

Capítulo 22

A escuta empática agrega valor real

O objetivo principal deste capítulo é enfatizar a importância de escutar com empatia os membros da equipe, principalmente aqueles que lidam diretamente com os clientes. Todos os dias, acontecem milhares de interações entre os membros da equipe e o público e cada uma delas constitui no mínimo uma parte integrante de pesquisa de mercado e, com muita freqüência, uma oportunidade para realmente encantar o cliente. Se o gerente sênior entrar regularmente em contato com essa fonte, ela pode tornar-se um meio poderoso de manter o dedo no pulso do relacionamento entre a empresa e a base de sua clientela, ao mesmo tempo em que promove "boas surpresas" com alto índice de freqüência.

Uma habilidade fundamental para diagnosticar problemas dentro de uma organização é simplesmente ser um bom ouvinte para o pessoal da empresa, que muito provavelmente conhece melhor que ninguém quais são os problemas e até mesmo quais seriam as soluções. Geralmente a companhia em si é muito ruim para fazer isso e tem de recorrer a gente de fora para executar essa tarefa de escutar. Quando estão comprando ou reclamando, os clientes estão unidos no desejo de ter um representante da marca que os escute adequadamente, a fim de ou avaliar suas necessidades em termos do produto ou serviço, ou de entender seu problema e re-solvê-lo. Contudo, a experiência diária numa profusão de situações diferentes de compra de produtos ou serviços mostra que muito poucas marcas atingiram esse nível básico de capacidade ao lidar com os clientes.

Criar uma "cultura em que se escuta" genuinamente habilidosa é um dos melhores meios, em termos da relação custo/benefício, de motivar a equipe e fazer o cliente se sentir valorizado. Assegurando que o "ouvido" da empresa está atento, os problemas podem ser evitados antes que aconteçam e ser resolvidos mais depressa, quando acontecem.

As principais qualidades necessárias para escutar são a capacidade de suprimir o ego e a curiosidade. Nós temos a tendência natural de querer falar, seja sobre nós mesmos ou sobre um tema da nossa escolha. É muito fácil acontecer num evento social, por exemplo numa festa, o "bom ouvinte" dizer muito pouco e extrair um bocado de informações do locutor, que, depois desse encontro, comentará que teve uma conversa muito boa, a despeito de sua unilateralidade. Infelizmente, na vida parece haver naturalmente muito mais locutores do que ouvintes e muitas conversas se assemelham mais a monólogos do que a verdadeiros diálogos. Vivemos tão preocupados com nós mesmos e com os temas de nosso interesse pessoal, que naturalmente ignoramos os outros. Essa tendência fundamentalmente humana apresenta um problema real para qualquer CEO ou para o primeiro escalão da empresa, não só entre eles, mas também em relação aos empregados, se a organização que administram tem qualquer ambição de atingir a excelência na prestação de serviço ao cliente.

O interessante é que parece haver um relacionamento entre o grau de "divulgação" e o sucesso na sociedade; os grandes líderes são todos grandes contadores de histórias, que continuam contando sua história com convicção e paixão. Se for uma boa história, irá capturar a imaginação de milhões e os levará a fazer coisas extraordinárias, seja na guerra ou no comércio. É como se nós estivéssemos preparados para submeter nossa própria narrativa à de outrem, se essa for cativante o suficiente, e atingir necessidades e crenças profundamente arraigadas que nos são queridas. Em nosso coração, sabemos o quanto é difícil manter convicções e paixões durante um longo período de tempo e recompensamos com a nossa escuta atenta aqueles que têm o carisma e a capacidade para fazer isso. Os grandes líderes empresariais contam a história da marca dessa forma e as empresas que têm pessoas com esse talento em seu primeiro escalão dispõem de uma significativa vantagem sobre a concorrência. Contudo, no mundo cotidiano de gerentes e empregados, ou empregados e clientes, "divulgar" a história da marca (ou mais provavelmente os temas de sua pauta pessoal) em vez de "receber" in-

A escuta empática agrega valor real **225**

formações dos colegas ou clientes pode não só levar à perda de oportunidades, mas também pode decididamente desmotivar no interior da empresa ou, no âmbito externo, resultar em má qualidade dos serviços prestados.

O dr. Bartholomew Sayle, CEO de The Breakthrough Group, tem algumas idéias excelentes a respeito da psicologia do escutar. Ele acredita que a vasta maioria das pessoas considera o ato de escutar como "o tempo que eu tenho de esperar até poder falar de novo". Isso se manifesta em várias táticas comuns por parte dos ouvintes que realmente querem falar. Existe o questionador "mas e se" que não está realmente formulando uma pergunta para o locutor elucidar seu ponto de vista, mas sim apresentando uma pergunta que força o locutor a tomar a direção preferida pelo ouvinte. Existe uma guerra com tática de guerrilha no "balançar múltiplo da cabeça", que parece concordar violentamente com o locutor, mas que na realidade o ilude ao proporcionar uma falsa sensação de segurança, para conseguir uma brecha para entrar no ritmo e assumir o controle da conversa. E há o "invasor de pausas", que, venenoso como uma cobra pronta para atacar, observa intensamente o locutor, esperando que ele respire mais profundamente para então dar o bote.

Existe um ditado oriental que Sayle costuma citar, que diz: "Não se pode encher um copo que já esteja cheio." Temos de abrir espaço para escutar se quisermos descobrir coisas. Filosoficamente, a liderança de uma empresa precisa acreditar que mesmo o menos graduado empregado da organização pode ter algo para ensinar. Considerando que na maioria das organizações é esse pessoal que tem maior contato inicial com o cliente, é bastante provável que isso seja verdade. A empresa bem-sucedida precisa ser curiosa, precisa desenvolver as qualidades de escuta empática e dar ao pessoal espaço para se expressar. Ser especialista ou "já saber alguma coisa" constitui uma barreira que impede de escutar. As crianças ou os novatos são mais receptivos. Isso pode ser ilustrado por meio de diagrama, conforme mostrado na Ilustração 45.

Existe outra forte tendência, à medida que nos especializamos, de passarmos do "modo descoberta" para o "modo complacência". Essa gravitação através dos níveis de ignorância — começando na posição em que "nós não sabemos que não sabemos", subindo até o status arrogante de "nós sabemos" —, é acompanhada por uma disposição crescente de falar, em oposição a escutar. Picasso era famoso por dizer que tinha demorado uma vida inteira para aprender a ver como uma criança e o mesmo se aplica a escutar; é um dom da infância que precisa ser reaprendido na idade adulta. Nós precisamos aprender a retroceder ao inocente "modo de descoberta".

Um método bastante eficaz para ensinar rapidamente as pessoas a escutar com empatia foi desenvolvido por Bart Sayle, que o chamou de "tubos

Figura 45 *Diagrama complacência-descoberta.*

de escuta". Fazer esse exercício simples de escuta concentrada revela como é inacreditavelmente fácil se distrair do que a pessoa está falando. Muito rapidamente a "voz interior" do ouvinte começa a levantar questões, hipóteses, memórias pessoais ou simplesmente elabora comentários sobre o que parece que o outro está dizendo. Os "tubos de escuta" demonstram o quanto escutamos mal — e quão facilmente podemos passar a escutar com eficácia se antes de mais nada nos conscientizarmos do problema da nossa "voz interior" e então treinarmos para superar essa voz.

Quando realmente escutamos as sugestões dos colegas ou as reclamações dos clientes, nós genuinamente levamos em consideração o que eles têm a dizer. Quando prestamos atenção total a eles, nós tratamos seu ponto de vista com respeito e extraímos deles o máximo de informações. Pode ser que, tendo coletado esses dados, nós depois decidamos endossá-los, descontá-los ou ignorá-los, mas pelo menos nós os temos conosco. Essa é a recompensa pessoal e a compensação ao ego por ter sido suprimido que obtemos com a escuta positiva; o poder sobre as informações que o locutor compartilhou conosco. Escutar cuidadosamente pode revelar-nos um bocado das preocupações e motivações do locutor. Por exemplo, todo o vendedor sabe que, se um comprador em potencial repete certas palavras ou frases, essas representam as preocupações dessa pessoa no momento. Todos nos envaidecemos subconscientemente quando a nossa linguagem é imitada na resposta para nós, tanto em termos do vocabulário empregado quanto do tom de voz ou mesmo de sotaque. O embaixador hábil de uma marca aproveita essas pistas verbais (e sem dúvida também as não-verbais da linguagem corporal) e as devolve para o cliente, como um modo eficaz de estabelecer contato. Essas palavras-chave ou frases-chave, cuja repetição indica as preocupações do consumidor em relação ao produto ou serviço que está adquirindo, devem encontrar correspondência na oferta da marca, para facilitar a venda.

As comunicações de marketing e propaganda podem fazer a mesma coisa. A pesquisa qualitativa de mercado pode discernir as principais características lingüísticas de uma categoria de mercado e as variações distintivas atribuíveis a uma determinada marca. Essas expressões identificadoras se tornam os tijolos para a construção do texto da plataforma da marca. Num sentido bastante real, o texto de um rótulo, ou as quarenta palavras num script de TV representam a destilação de pesquisas de mercado que valem centenas de milhares de libras e talvez experiência empresarial que vale milhões. É por isso que a análise da concorrência é tão importante — a maior parte dos segredos de uma marca está exposta, seja na embalagem, na propaganda ou na apresentação do produto na loja e é espantoso que se preste tão pouca atenção a essa área. "Escutar" o que a concorrência está fazendo pode fazer "falar" volumes inteiros sobre sua estratégia.

Quando o gerente sênior faz visitas às lojas ou anda pela fábrica, há um bocado de problemas e assuntos que o pessoal gostaria de discutir com ele. Mas também é preciso encontrar meios de superar as barreiras que ocorrem simplesmente por causa de seu status. Os CEOs realmente têm de voltar ao "modo novato" nesse contexto. Um bom exemplo é fornecido pela experiência de David Williams ao assumir o cargo de presidente da Burger King na Europa, Oriente Médio e África numa época em que o comércio de *fast-food* enfrentava um período de dificuldades no mercado do Reino Unido. Ele passou os primeiros meses num exercício clássico de administração por circulação (o MBWA — *Management By Walking About* de Tom Peter) e descobriu bem depressa que o problema fundamental da empresa era: a equipe acreditava firmemente que a gerência não os escutava mais. Os problemas-chave que os empregados percebiam e comunicavam aos gerentes continuavam misteriosamente sem receber atenção. Freqüentemente o pessoal os reiterava nos relatórios, mas sem nenhum efeito. O moral caiu para níveis desastrosos e por fim os empregados concluíram que a empresa não se importava mais.

Williams escutou com seriedade o que seu pessoal tinha a dizer e essa foi a sua primeira vitória; logo a notícia se espalhou pela empresa como rastilho de pólvora e mais pessoas em posições-chave se tornaram receptivas para o primeiro executivo de primeiro escalão em anos a levá-los a sério. Como resultado ele logo aprendeu que a qualidade do produto e os padrões de serviço básicos não estavam recebendo apoio. Ele passou muitas horas contando o número e medindo a extensão das batatas fritas do Burger King e constatou que havia uma variação inaceitável em relação ao ideal da empresa. A qualidade do pãozinho estava abaixo dos padrões e isso foi corrigido rapidamente. Essas questões podem parecer muito fáceis de detectar e resolver, mas basta dizer que não o foram por algum tempo e, num confronto com um concorrente forte como o McDonald's, essas falhas se tornavam um tremendo calcanhar-de-aquiles.

Williams também escutou os clientes, principalmente o que eles tinham a dizer sobre a propaganda do Burger King. Ele descobriu que o principal produto e diferencial competitivo, chamado de "flame grilled", já não era o foco das comunicações da marca. Esse problema também foi resolvido logo, com uma série de comerciais de TV, que trouxeram o "flame grilled" de volta à proeminência por meio do uso de músicas pop famosas, como por exemplo "Fire", com The Crazy World of Arthur Brown. Williams deu uma tacada igualmente bem-sucedida no mercado alemão e a revitalização do Burger King como marca foi ilustrada por sua autoconfiante encenação de uma "campanha eleitoral" em que seu hambúrguer Whopper "se apresentava" como candidato nas eleições — reais — da Alemanha, gerando uma cobertura maciça da mídia. Tudo isso surgiu do expediente simples de escutar com empatia os empregados e os clientes.

Outra dificuldade para se escutar com eficácia que precisamos superar é a reação natural humana diante da apresentação de uma idéia nova, que é a de vê-la como um problema em potencial e não uma solução. F. Scott Fitzgerald definiu a verdadeira inteligência como a capacidade de ter na mente e de modo simultâneo duas idéias opostas e ainda assim conseguir atuar com eficiência. As pessoas acham muito complicado fazer isso. Como disse David Bernstein, especialista em criatividade e escritor: "Idéias são subversivas, idéias são críticas — elas questionam o *status quo*". Para o CEO, portanto, cada incursão ao território dos empregados e clientes representa um desafio à sua visão de mundo. De acordo com Bernstein, o segredo é os CEOs não agirem nem como titereiros nem como ventríloquos para extraírem o máximo de criatividade da organização; eles só precisam escutar com a mente aberta. Também é essencial criar uma cultura em que as novas idéias sejam bem-vindas como contribuições positivas para o progresso da empresa, e não mal recebidas como inconveniências que provavelmente conduzirão a mudanças que incomodam. Alcançar isso significará que a criatividade se tornará parte integrante da vida cotidiana da companhia, em vez de atividade elitista reservada às pequenas minorias do marketing ou P & D, ou algo que só acontece uma vez por ano, na convenção da empresa.

Uma maneira de lidar com as idéias à medida que emergem na interação gerência/equipe — o que funciona tanto com uma apresentação formal na empresa quanto com as propostas feitas em conversas individuais — é usar outra técnica desenvolvida por Bart Sayle. Trata-se de "estruturar" a reação a qualquer proposta feita ou recebida, conforme os critérios abaixo:

- O que inspira você?
- O que funciona para você?
- O que está faltando para você?
- Como poderíamos melhorar isso?

Começar com os aspectos positivos da reação é o segredo para evitar que a voz interior tagarele como de hábito e imediatamente salte para os fatores potencialmente negativos. Responder a pergunta "o que inspira você?" força o ouvinte (e evidentemente o locutor, depois que ambos adquirem o hábito de "estruturar") a mirar alto e concentrar-se em comunicar algo de valor motivador que funcione no nível emocional ou mesmo espiritual. A segunda pergunta, que implica reagir em termos de "o que funciona para você?" requer um enfoque mais analítico, que ajuda as duas partes a entender os fundamentos racionais do que está sendo apresentado. Detalhar — "o que está faltando para você?" — é a terceira parte da reação, e a primeira em que a audiência tem permissão para fazer comentários negativos, mas mesmo esses devem ser treinados no sentido subjetivo do ouvinte e não como um ataque crítico ao locutor. O espírito do processo é manter a premissa que funciona, ou seja, a de que o que está sendo proposto é uma boa idéia e apenas o ouvinte ainda não apreendeu inteiramente todos os elementos que fazem dela uma idéia boa. O processo retorna para uma nota abertamente positiva com a última pergunta: "Como poderíamos melhorar isso?", que nos conduz a uma discussão colaboradora sobre as maneiras e meios de construir uma idéia e melhorá-la.

Muitas empresas promovem reuniões para efetuar balanços periódicos do que foi feito como uma disciplina interna regular, mas elas podem facilmente se tornar maçantes e improdutivas. Uma técnica simples, que pode ser usada para estruturar essas reuniões, é representada pelo acrônimo ABCD, que significa Alcançados, Benefícios, Cerceadores e Diretrizes. Em cada reunião dessa, os participantes que têm relatórios a apresentar deveriam ser incentivados a fazê-lo com esse formato. O item "Alcançados" consiste na lista de coisas alcançadas, de tarefas cumpridas desde a última reunião e isso dá ao gerente uma oportunidade já de início para avaliar e elogiar o desempenho da pessoa que está apresentando o relatório. "Benefícios" são os aspectos positivos das coisas Alcançadas e o quanto esses aspectos auxiliaram a cumprir a pauta da empresa. Isso na verdade dá a quem está apresentando o relatório uma oportunidade de "jogar um pouco de confete em si mesmo" e reivindicar os créditos que lhe são devidos por seu trabalho. Observe que, assim como na técnica de "estruturação", os aspectos positivos vêm primeiro no processo. Então é hora de abordar os "Cerceadores", os fatores que preocupam o apresentador do relatório; pode tratar-se de áreas que não foram alcançadas ou problemas que surgiram no curso da realização em outras áreas. Os "Cerceadores" podem ser uma rua de mão dupla, em que os gerentes podem dar voz a quaisquer preocupações que possam ter acerca do progresso de seus projetos. Por fim, as "Diretrizes" constituem um modo útil de "amarrar" a reunião e definir os próximos passos para o período que se segue, antes da outra reunião. O esquema ABCD é outra maneira de estruturar as relações interpessoais na empresa para garantir que se crie o máximo de oportunidades para os gerentes e a equipe realmente se escutarem reciprocamente e assegurar que o foco sobre o cumprimento de todos os aspectos da promessa da marca permaneça o mais claro possível.

Estudo de caso: IPA — INSTITUTE OF PRACTITIONERS IN ADVERTISING

A capacidade de escutar cuidadosamente não é uma qualidade que só as empresas muito grandes precisam desenvolver. As organizações menores também precisam desenvolvê-la e talvez haja a idéia de que estas precisam esforçar-se mais, porque existe a tentação de se presumir que, em razão do número relativamente pequeno de pessoas envolvidas, a comunicação é boa por definição. Escutar com eficácia é especialmente importante em épocas de mudança e reavaliação.

Um exemplo interessante de como uma pequena organização se dedica a isso é o IPA — Institute of Practitioners in Advertising (Instituto dos Profissionais de Propaganda), do Reino Unido. Muitas das informações sobre essa entidade representativa das agências de propaganda, mídia e comunicações de marketing do Reino Unido podem ser obtidas no endereço www.ipa.co.uk, mas é suficiente dizer aqui que o IPA tem 200 membros corporativos que respondem por mais de 80% de toda a propaganda feita no Reino Unido e que são considerados como líderes mundiais em seu setor.

Como qualquer outro órgão de representação de categoria profissional, o IPA reflete as necessidades em evolução de seus associados e no Reino Unido as coisas estão mudando realmente depressa. O ambiente da mídia está mudando rapidamente com uma consolidação contínua das estações de TV terrestres tradicionais, ao mesmo tempo em que surge um número crescente de canais digitais e via Internet. Esse é apenas um exemplo das mudanças em fatores fundamentais do mercado que estão afetando a capacidade das agências do IPA de servir a seus clientes e operar de modo lucrativo. Esses e vários outros temas-chave foram articulados no discurso de posse do presidente Rupert Howell na primavera de 1999, assim definindo a pauta para os seus dois anos de administração.

A abundância de canais de mídia significa para o mercado que a agência de propaganda tradicional, concentrada apenas nos comerciais de 30 segundos da TV, é coisa do passado. A maioria das agências do IPA atualmente está envolvida na produção de campanhas multimídias, que tanto podem usar um *website* como um pôster num posto de gasolina, tanto mala-direta quanto anúncio impresso, na comunicação da promessa de uma marca. Em conseqüência, a clientela da organização está mudando gradualmente. Agências de marketing digital e nova mídia, de vendas e promoções e marketing direto estão se juntando ao IPA.

Enquanto isso, na era da personalização em massa, o IPA adotou o poder da Internet para se transformar, deixando de ser um instrumento relativamente rudimentar de um processo de comunicação baseado no suporte papel para se tornar um instrumento eletrônico de um processo baseado em *website* e num sistema cada vez mais sofisticado de alertar pelo correio eletrônico. A meta é oferecer a cada empregado de uma agência associada "o seu IPA", e, ao assim proceder, amplificar significativamente o valor do dinheiro pago pela afiliação à entidade.

Como a secretaria do IPA é composta por cerca de 30 pessoas, é óbvio que esse ambiente cambiante e as novas necessidades resultantes e o novo tipo de associado, apresentam um desafio não só na gestão de recursos humanos, mas também na reciclagem do pessoal e na mudança de foco em termos de objetivos e metas. Sob a liderança do diretor geral Nick Phillips, o IPA se tornou um exemplo excelente de organização comprometida com os ideais dos programas Investors in People (Investindo em Pessoas) e de fato a entidade recebeu os maiores louvores em sua mais recente inspeção. Phillips também está comprometido com uma política de abertura e transparência. Todos os empregados do IPA têm acesso ao banco de dados do computador e, em conseqüência, não há como alguém ignorar o que acontece. Nas palavras de Phillips: "Nós evoluímos da cultura da 'necessidade de saber' para a cultura do 'direito de ser informado'."

Nesse espírito, e inteiramente ciente de que o primeiro ano do milênio seria a sua despedida do cargo (ele se aposentou em julho de 2001) e consciente da pauta agressiva do presidente, definida no discurso de posse, Phillips embarcou numa grande reavaliação do papel do IPA durante o ano de 1999. Em face do ambiente da propaganda descrito anteriormente, estava claro para ele que a organização precisava examinar seu desempenho sob a luz da mudança das necessidades de seus membros e realinhar-se para tirar partido da era das comunicações digitais que estava emergindo velozmente. Fiel a essa filosofia, ele determinou que deveria haver processos ascendentes e descendentes para atingir esse objetivo. A meta era assegurar que todos os empregados do IPA, fosse o pessoal de horário integral, fossem os consultores de meio-expediente, fosse o diretor, o gerente ou o assistente, tivessem um senso genuíno de propriedade da nova visão.

Teria sido árduo fazer mais em termos de processos consultivos, *workshops*, *brainstormings*, convenções, entrevistas individuais e reuniões com equipes dos departamentos para assegurar o total envolvimento de todos. A maior parte desse trabalho foi executada internamente pelo pessoal do IPA, mas houve duas oportunidades de usar agências externas — uma no contexto do projeto da identidade corporativa que seguia paralelamente e a outra para facilitar a convenção dos diretores. O resultado de tudo isso foi um novo foco do IPA, cujos tópicos-chave estão resumidos na Ilustração 46.

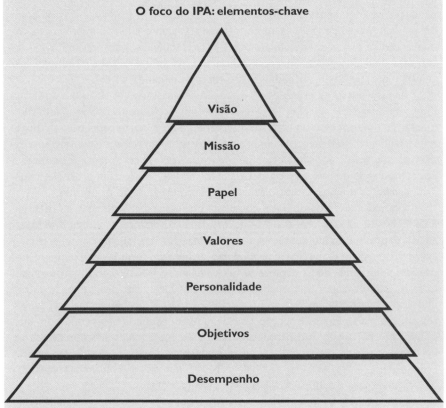

Ilustração 46 *O diagrama da pirâmide do IPA*.

A visão do IPA, ou meta de longo prazo, foi declarada do seguinte modo: "Sermos vistos como treinadores pessoais, como *sparrings* mentais, como negociadores e porta-vozes das melhores agências de propaganda e marketing do mundo, de modo a conquistarmos respeito, credibilidade e permanente relevância num mercado em acelerada mudança." Esses foram os termos ambiciosos e realmente visionários da entidade que poderia ser considerada por alguém de fora como uma árida e poeirenta organização "do tipo funcionalismo público", mesmo estando a serviço das necessidades das agências líderes em publicidade e comunicações do Reino Unido. Contudo, quando apresentada à coletividade de empregados do IPA, não houve surpresa ou preocupação real, apenas o reforço de tudo o que fora visto anteriormente. Essas eram as próprias palavras deles, que lhes estavam sendo devolvidas. Havia também um comprometimento com uma maior comunicação por via eletrônica, a necessidade de mudar "mais e mais depressa" e de corroborar as revisões da identidade corporativa com uma real mudança organizacional.

O mesmo se aplicava à missão do IPA, ou o que a organização realmente precisava fazer. Esta foi definida assim: "Prever e promover os interesses coletivos dos nossos membros, bem como atender a eles, e em particular definir, desenvolver e ajudar a manter os padrões mais elevados possíveis de prática profissional dentro do setor de publicidade e comunicação de marketing." Novamente o terreno familiar do papel do IPA, ou o que a associação modelo faz por seus membros, foi bem recebido: "Negociação, defesa dos interesses da categoria, demonstração do valor da publicidade, promoção de cursos de treinamento e desenvolvimento, definição e promoção da melhor prática, fornecimento de serviços de consultoria e criação de um fórum de debates."

Nesse contexto, os valores do IPA, ou tudo o que lhe é caro, foram aspectos mais emocionais que talvez sempre tivessem estado presentes, mas que haviam sido extraídos e articulados de modo mais completo e gratificante. Esses valores foram definidos como "continuidade, estímulo, pensamento judicioso, integridade e terreno neutro". Da mesma maneira, a personalidade do IPA, ou a reformulação do perfil que as pessoas deviam "ter": "concentradas nos associados, profissionais, entusiastas, bem gerenciadas e visionárias". Novamente isso podia ter sido potencialmente ameaçador para algumas pessoas que talvez não sentissem que seu próprio caráter refletisse inteiramente esses atributos, mas desde que todos tiveram total participação e envolvimento no processo, a preocupação deu lugar à aspiração.

Os objetivos da empresa, ou o que o IPA faz como resultado de tudo isso, são simples de dizer, mas menos fáceis de fazer. Em essência, sua meta é cumprir as pautas anuais estabelecidas por todos os comitês individuais, tais como o Grupo de Diretrizes de Mídia, Valor da Propaganda, Treinamento e Desenvolvimento e o Fórum Criativo dos Diretores. Daí segue-se a necessidade do Desempenho Individual, ou o que cada pessoa no IPA pode fazer para ajudar a atingir a meta coletiva. Um recurso-chave para fazer isso é definir os objetivos individuais dentro das sessões anuais de Mapeamento de cada pessoa. "Mapeamento" é o processo de avaliação do IPA, cuja primeira tarefa é possibilitar o contínuo e construtivo desenvolvimento pessoal por meio de treinamento e educação, tudo dentro do contexto do Foco do IPA descrito anteriormente.

O resultado desse processo exaustivo foi uma organização mais coesa. Uma organização que agora está mais inteiramente preparada para a expansão dos associados, para os desafios de fornecer "o seu IPA" para cerca de 13.000 indivíduos e dar o suporte necessário para ajudar a manter as agências de publicidade e comunicações de marketing líderes do Reino Unido no topo do mundo.

As pessoas preferem ter um diálogo a serem simplesmente "informadas", principalmente quando o tema lhes é caro. Decidir quando "consultar" e quando "informar" é algo que precisa tornar-se uma qualidade básica para realizar os modos da marca. Outras sugestões para melhorar a capacidade de escutar da organização são:

1. Treine a organização toda para escutar com eficácia. Torne a "escuta eficaz" uma parte dos modos da marca e use isso para extrair o máximo das interações pessoais. Pergunte às pessoas acerca de benefícios (do que elas gostam), bem como sobre suas preocupações. Seja explícito sobre expectativas — comece e termine cada reunião com uma troca e uma revisão das expectativas.
2. Crie sempre oportunidades para o primeiro escalão experimentar essa escuta regularmente com os clientes e empregados. Aprenda com a escuta e prepare reações aos problemas apresentados. Use isso para estimular e aproveitar a criatividade que existe em todo mundo.
3. Use técnicas avançadas de garimpagem de dados para escutar com empatia o que os clientes estão dizendo à empresa por meio de suas várias interações, e então forneça ao empregado embaixador da marca os recursos para reagir de modo mais adequado ao que ele ouvir.

Capítulo 23

O poder da carta de compromisso com o cliente

Uma providência bastante simples pode constituir um dos componentes mais eficazes do conjunto de modos da marca de uma empresa. Trata-se de redigir a "carta de compromisso com os clientes". É surpreendente que tão poucas empresas se preocupem em estabelecer esse compromisso por escrito e, contudo, com muita freqüência as que o fazem parecem obter maior sucesso.

O diretor-presidente e os membros do primeiro escalão, a quem cabe definir o sonho da empresa e planejar sua execução, têm de sintetizar em termos bem claros e inequívocos quais são exatamente as promessas da marca, que podem ser traduzidas para o consumidor como os "direitos do cliente", incluindo também os outros componentes-chave que formam a base dos modos da marca, tais como visão, missão, valores, papéis e objetivos.

Essa definição básica se torna a rampa de lançamento das comunicações internas e externas — como propaganda, pontos de venda, marketing direto, relações públicas, patrocínio e muitos outros canais com o mercado.

236 EM SINTONIA COM A MARCA

É comum a carta de compromisso com o cliente ser esquecida na correria rumo a meios mais "glamourosos" de propaganda, como os comerciais de televisão. Talvez esse recurso seja deixado de lado também por constituir uma garantia pública do que a empresa deve propiciar e, portanto, implica riscos significativos caso ela não o faça. Depois de formalizado o compromisso, é muito difícil voltar atrás, portanto a diretoria deve examinar a carta cuidadosamente e dar-lhe apoio integral. Esses documentos são o sustentáculo racional do sonho corporativo — que pode ser comunicado em linguagem quase sempre poética, ao passo que os compromissos por escrito têm de ser pesados na balança com precisão legal. Na verdade, quanto mais acurada a carta, quanto mais singela, menor é a possibilidade de haver falhas na comunicação e na interpretação. Se também for possível usar uma linguagem inspiradora, então o documento se torna realmente eficaz.

A carta de compromisso com o consumidor é um instrumento-chave para gerenciar as expectativas dele, bem como para estabelecer *benchmarks* para os procedimentos internos e para o gerenciamento de qualidade. Ela cria uma base a partir da qual a organização autoconfiante pode alcançar a excelência assumindo riscos em favor do cliente para propiciar-lhe mais do que o mínimo prometido. E também serve de esteio para que os empregados usem a própria capacidade de julgamento nos casos de reclamação dos clientes. Talvez uma das razões por que reagimos tão bem a essas cartas é o envolvimento profundo de suas analogias políticas ou espirituais na nossa cultura social e religiosa. Pense, por exemplo, nos Dez Mandamentos, na luta de muitos países para elaborar sua Declaração de Direitos — talvez os EUA sejam o mais famoso deles. Embora jamais tenha produzido um documento similar para proteção de seus cidadãos, o Reino Unido tem confiado no texto, enriquecido ao longo do tempo, da Common Law, que garante aos indivíduos a mesma proteção. John Major, no último governo conservador do Reino Unido, introduziu o conceito de padrão de serviços, apresentando-o como Carta do Cidadão.

A questão em tudo isso é que os alvos e expectativas dos clientes dos governos e dos serviços públicos são cada vez mais estabelecidos e gerenciados pela publicação de cartas e tabelas. Essas listagens sempre existiram no mundo comercial — nós adoramos as "listas dos dez mais" e a classificação com estrelas, Michelin para restaurantes e Parker para vinhos — e a probabilidade é que sua popularidade cresça ainda mais. Assim, os consumidores vivem num universo onde os certificados, garantias, *benchmarks* e classificações exercem uma enorme influência sobre seus hábitos de compra e escolhas sociais. As empresas e marcas que não dispõem de declaração dos direitos do consumidor estão perdendo um elemento-chave em seus modos da marca.

O poder da carta de compromisso com o cliente   237

Um dos compromissos mais antigos com o cliente talvez seja o da John Lewis Partnership, resumido no famoso slogan publicitário "Ninguém vende mais barato" e tem como suporte a seguinte declaração:

> Graças ao nosso departamento de compras, podemos vender por preços que os nossos concorrentes dificilmente conseguem superar. Se encontrarmos uma loja que venda a mesma mercadoria por um preço menor — mesmo que seja numa liquidação —, nós reduzimos o nosso. Se você comprar uma mercadoria na John Lewis e depois a encontrar mais barata em outro lugar, nós lhe devolveremos a diferença. Temos uma equipe que não faz outra coisa além de monitorar os preços dos nossos concorrentes, para garantir que nós continuamos competitivos. Nossos associados recebem um bônus de £2 quando descobrem o mesmo produto com um preço inferior em outro lugar. Até onde sabemos, em 60 anos, ninguém jamais vendeu mais barato do que nós.

A natureza inequívoca e abrangente dessa declaração é realmente impressionante.

Apoiados por seu status distintivo de sócios, John Lewis, Peter Jones e suas inúmeras lojas de departamento em todo o Reino Unido continuaram a prosperar em relação a muitos de seus pares no competitivo setor de lojas de departamento — que viu gigantes como a Storehouse, a M&S e a Arcadia tropeçarem e até mesmo caírem, como no caso da C&A, que anunciou que fecharia todas as suas lojas no Reino Unido em maio de 2000, em razão da polarização entre cadeias de desconto como a Matalan e a Primark e as marcas mais novas, em dia com a moda, tais como a Gap e a H&M.

O enfoque da KwikFit's Stop'n'Steer, borracharia e oficina, se baseia na prestação de serviços por um preço fixo. Qualquer que seja o problema — escapamento, correia, suspensão, volante ou freios —, eles não cobrarão qualquer adicional e ainda fornecerão explicações em linguagem simples e direta, farão a cotação das marcas das peças a serem repostas e só executarão o trabalho com a permissão do cliente. A carta de compromisso da KwikFit compreende as seguintes promessas-chave:

- Tratar do seu veículo com cuidado e sempre cobrir as poltronas para protegê-las.
- Assegurar que o seu carro seja inspecionado por um membro qualificado da equipe técnica.
- Examinar o veículo junto com você e fazer uma avaliação honesta do trabalho necessário.
- Antes do início do trabalho, fornecer um orçamento cujo valor não sofrerá alterações e que incluirá todas as despesas.
- Cuidar para que você fique ciente de que qualquer peça ou componente substituído ficará à sua disposição.

238 EM SINTONIA COM A MARCA

- Garantir que todo o trabalho seja feito em conformidade com os procedimentos prescritos pelos fabricantes e informar a você qualquer imprevisto ou atraso que porventura ocorra.
- Garantir que todo o trabalho seja conferido por um membro da equipe tecnicamente qualificado.
- Inspecionar o trabalho junto com você na entrega do carro.

Outro mercado em que é provável que os conhecimentos do consumidor sejam superados de longe pelos acelerados avanços tecnológicos é o da telefonia celular. No Reino Unido, o mercado se mostrou complexo desde o início, em virtude da separação das redes de provedores e fabricantes de aparelhos. Acrescentem-se a esse quadro as sucessivas inovações do produto, a coexistência de lojas de distribuição "vinculadas" e independentes, mais os aparelhos subsidiados para atingir os contratos de venda de créditos dos celulares pré-pagos e o resultado é uma receita perfeita de confusão para o consumidor. Nessa arena, um determinado revendedor do Reino Unido tem feito uso da carta de compromisso e de uma inovadora campanha publicitária para estabelecer sua posição de marca líder.

Estudo de caso: CARPHONE WAREHOUSE

Em 1989, com apenas 25 anos e £6.000 no banco, Charles Dunstone abriu a Carphone Warehouse (CPW). Em seu primeiro ano, ele movimentou a assombrosa quantia de £1,5 milhão e o número de empregados subiu de 2 para 14. Atualmente a CPW é a maior revendedora independente de telefones celulares da Europa, com 833 lojas — 462 só no Reino Unido —, e mais de 4.000 empregados. Em julho de 2000, a fim de levantar capital para financiar a expansão na Europa, Dunstone lançou ações da empresa na Bolsa de Valores de Londres, com um valor de £1,3 bilhão.

Para criar um diferencial no altamente competitivo e volátil mercado varejista de telefones celulares, a Carphone Warehouse oferecia conselhos imparciais aos clientes que tentavam abrir caminho no campo minado das tarifas especiais e das novas tecnologias. A CPW permaneceu independente em relação a qualquer fabricante ou rede em particular, a fim de manter sua reputação de amiga e aliada do consumidor. Por meio de crescimento orgânico, aquisições e inovação técnica, a CPW se esforçou arduamente para continuar na vanguarda. Em dezembro de 1998, por exemplo, lançou seu próprio centro de comércio eletrônico — carphonewarehouse.com — e se tornou a primeira revendedora independente a trabalhar com todas as quatro redes de telefonia celular e a dispor de aparelhos e produtos para armazenamento de dados fornecidos pela Internet, além de oferecer os conselhos imparciais — que eram a sua marca registrada — na compra de aparelho de telefone celular.

Mas é o comprometimento totalmente público da empresa com o cliente que tem dado à Carphone Warehouse sua vantagem competitiva. Dunstone desenvolveu cinco regras que ele acredita condensar a paixão da empresa por prestar um serviço insuperável ao cliente. Essas regras são lidas cotidianamente, pois estão afixadas em muitas áreas do local do trabalho ou aparecem em protetores de tela e cartões de visita:

1. Se nós não cuidarmos bem do cliente, o concorrente o fará.
2. Não se ganha nada vencendo uma discussão e perdendo um cliente.
3. Sempre cumpra o que nós prometemos. Se tiver dúvida, consulte a carta de compromisso.
4. Sempre trate os clientes como você gostaria de ser tratado.
5. A reputação da empresa inteira está nas mãos de cada pessoa.

Talvez seja próprio da atitude do fundador em relação ao compromisso com o cliente o fato de, no verso de seu próprio cartão de visitas, estar impressa a primeira dessas concisas declarações: "Se nós não cuidarmos bem do cliente, o concorrente o fará." O comprometimento dessa empresa com o serviço prestado ao cliente é bem conhecido no Reino Unido. Em 1999, a CPW ganhou três prêmios nos setores de varejo e serviço ao cliente: o *Retail Week Customer Satisfaction Excellence Award*, o *Retail Week Employer of the Year Award* e, pelo sexto ano consecutivo, o *Mobile News Award* para o melhor revendedor de grande porte. A meta original da Carphone Warehouse ainda continua verdadeira: "Colocar o cliente em primeiro lugar e garantir que todos os empregados compartilhem o sucesso da empresa."

Evidentemente a prioridade é recrutar e treinar empregados com o perfil adequado para atuar como embaixadores da marca. A CPW investe em torno de £1.500 em cada participante da equipe em treinamento, o que representa mais de oito vezes a média investida pelos varejistas. Toda a equipe se submete a cursos de treinamento intensivo de duas ou três semanas que abrangem desde a estrutura do setor de comunicações até o atendimento a clientes. Fóruns "Por que nós não podemos?" são organizados regularmente e estimulam os diferentes departamentos a discutir as melhorias e as novas formas de se aperfeiçoar cada aspecto da empresa. Um esquema de sugestão formal recebe cerca de 1.000 sugestões por ano e as que forem bem-sucedidas são recompensadas com £25 a título de "obrigado".

Todos os empregados recebem avaliações anuais, a partir das quais se estabelecem metas individuais; essas metas são revistas a cada seis meses. As equipes se reúnem e trabalham juntas no desenvolvimento de programas personalizados de treinamento. Depois de avaliado, o empregado elabora um plano de ação detalhando o que aprendeu e o que fará de forma diferente daí em diante. Esse plano é revisto depois de dois meses, para se acompanhar a sua implementação. Tudo isso é atrelado à filosofia de vendas da CPW, que consiste em prover ao cliente o conhecimento de que ele necessita para fazer uma escolha bem fundamentada da rede de telefonia, das tarifas e dos aparelhos telefônicos que melhor atendam às suas necessidades pessoais.

A empresa também oferece aos empregados mais de 200 livros e fitas que foram projetados para estimular o desenvolvimento individual. Se um empregado desejar fazer algum curso fora, a CPW paga metade das despesas. Por exemplo, um

240 EM SINTONIA COM A MARCA

empregado que trabalha na CPW há mais de 12 meses pode contar com um auxílio de 50% num curso MBA. Todos os anos, a CPW elabora um relatório de 25 páginas de uma pesquisa do mercado interno e esse documento é enviado a cada empregado da organização. O relatório abrange muitos aspectos da empresa, tais como estilo de administração, compreensão das metas da empresa, plano de cargo e de salários, benefícios etc. Os resultados da última pesquisa revelaram o seguinte:

- 92% dos empregados afirmaram gostar do seu emprego.
- 90% dos empregados afirmaram que sentiam orgulho em trabalhar para a CPW.
- 46% das pessoas que ingressam na CPW foram contratadas por recomendação de empregados da empresa.
- 90% concordam que os serviços prestados ao cliente constituem a prioridade número um.

A rotatividade dos empregados é de 18%, percentual consideravelmente inferior ao da média do setor, que é de 39/40%.

Os novos clientes também recebem um questionário que visa determinar os níveis de qualidade do serviço e a razão por que eles escolheram a CPW. Os resultados do último trimestre foram:

- Cerca de 90% dos clientes consideraram a CPW excelente ou boa no que diz respeito à qualidade do serviço, à valorização do dinheiro do cliente, a informações sobre os produtos e ao auxílio para a escolha na hora da compra.
- 90% dos clientes consideraram a CPW excelente ou boa em comparação com a concorrência.
- 88% dos clientes decididamente recomendariam a CPW para outras pessoas.

Esses percentuais são impressionantes — tanto os internos, referentes aos empregados, quanto os externos, relativos aos clientes — e representam um testemunho da eficácia da Carphone Warehouse em seu compromisso concreto na prestação de serviço ao cliente. A empresa assume sem rodeios esse compromisso público e mostra coerência no uso das comunicações publicitárias para transmitir as promessas da marca. A Carphone Warehouse há muito tempo é entusiasta do rádio como meio principal de propaganda. Nos primeiros anos do telefone celular, havia uma lógica evidente na escolha do rádio para veicular os comerciais, em razão da relação custo/benefício e também por ser o meio mais adequado, já que as pessoas que ouviam rádio no carro, enquanto dirigiam para o trabalho ou para casa, constituíam justamente o público-alvo dos celulares.

A CPW usou o rádio desde o princípio, quando esse veículo era responsável por apenas 3% do investimento total em publicidade no Reino Unido. A Carphone investiu somas relativamente grandes no rádio, com uma exposição regular e em tom e estilo coerentes, o que lhe possibilitou "apropriar-se" em larga medida desse meio de comunicação. A empresa não teria conquistado tanto se tivesse pulverizado o dinheiro em diversos outros veículos ou se tivesse optado pela televisão, que é sem dúvida o mais caro de todos.

O poder da carta de compromisso com o cliente   241

Mais recentemente, sua campanha "História Verídica" atraiu um bocado de atenção na mídia devido à sua eficácia. Em certo sentido, essa inovadora campanha de rádio foi o resultado lógico de todo o trabalho interno da Carphone Warehouse em termos de recrutamento e treinamento, aliado ao seu compromisso público com os clientes. A idéia era bastante simples: acompanhar o progresso dos estagiários da Carphone Warehouse à medida que eles são integrados à empresa — durante um período de duas ou três semanas — e usar suas experiências para demonstrar para os consumidores quão profundamente arraigado é o comprometimento da empresa com a prestação de serviços e com o fornecimento de conselhos imparciais. Executada num estilo naturalista, usando a *"vox populi"* dos próprios jovens empregados, a campanha é convincente e, para os ouvintes de rádio, muitos dos quais clientes em potencial, foi uma divertida série de documentários no estilo *"reality show"*. Não só eles se envolveram emocionalmente com os estagiários à medida que seguiam suas peripécias — como os testes para avaliar seus conhecimentos sobre os produtos —, mas também descobriram a importância que a empresa atribuía aos treinamentos, por serem um meio de cumprir a promessa fundamental da marca. Outro benefício do enfoque criativo produzido pela Radioville, agência da Carphone Warehouse, foi o fortalecimento das relações com quem já era cliente, com os empregados e com os parceiros comerciais — todos adquiriram uma melhor compreensão do comportamento da empresa e constataram que ela fazia jus à sua reputação.

A Radioville atribuiu o sucesso da campanha "História Verídica" ao fato de que:

> ERA verdade. Nós não usamos atores; não colocamos palavras na boca de ninguém. Nós apenas deixamos os estagiários da CPW falar. As pessoas podem passar semanas afiando um *script*, colocando traço no "t" e pingo no "i", mas em geral uma observação ou comentário irrefletido adquire um peso muito maior porque você sabe que é verdade. A Carphone Warehouse tem uma história fantástica para contar. Tudo o que fizemos foi deixá-los contar essa história.

A despeito do crescimento espantoso, a Carphone Warehouse jamais perdeu de vista a sua meta original: "Capacitar as pessoas para fazerem a escolha certa na compra de um telefone celular." Permitir que os consumidores acompanhassem pelo rádio os novos empregados durante o processo de absorção dessa visão — em depoimentos não-editados — foi uma iniciativa corajosa e recompensadora, porque a Carphone Warehouse não ignorava que estava assinando publicamente um cheque que ela sabia ter fundos.

Ao assumirem formalmente um compromisso com os consumidores, as empresas podem disciplinar a prestação de serviços e gerenciar as expectativas do cliente.

Ao CEO e à equipe do primeiro escalão cabe elaborar a carta de compromisso com o cliente. Essa tarefa deve ser executada no contexto do *benchmarking* competitivo e da pesquisa de clientes. A carta de compromisso é o sustentáculo racional do sonho corporativo. É um documento separado, mas complementar, da declaração de visão, missão, valores, papéis e objetivos da organização. A carta deve ser afixada em lugares onde os clientes possam lê-la; deve ser curta o bastante para ser acionável e detalhada o suficiente para ter credibilidade. Deve ser testada com os principais *stakeholders*, tanto internos quanto externos, incluindo os órgãos que regulam as práticas comerciais. Faça dela a parte central do programa de treinamento. Certifique-se de que é mensurável e então ela será importante. Use-a na propaganda e em outras comunicações de marketing.

Os benefícios dependem do cumprimento, ou não, do compromisso assumido com cada cliente e devem ser usados para impulsionar o aperfeiçoamento contínuo da organização — e esse é mais um incentivo para que diferentes setores da organização trabalhem juntos. O trabalho "horizontal" deve ser adotado para conferir flexibilidade e capacidade à organização.

Capítulo 24

Os momentos da verdade

O principal propósito deste capítulo é salientar dois pontos importantes: a freqüência com que os empregados de menor salário e os "juniores" são solicitados a executar as tarefas que mais impacto exercem sobre os clientes e o quanto estão mal equipados para desempenhar essa função. Não é uma questão de treinamento apenas, mas também da percepção que eles têm de si mesmos em relação aos clientes e a seus "superiores" hierárquicos.

Todos os dias, cada empresa, até mesmo as de porte médio, interage literalmente milhões de vezes com os clientes através de todos os canais de comunicação disponíveis numa economia moderna. Cada uma dessas interações representa não só uma pesquisa de marketing em potencial, feita por meio da escuta empática que descrevemos anteriormente, mas também oportunidades extraordinárias para definir de maneira positiva os valores da marca para os clientes: são os "momentos da verdade".

O diretor-presidente e os gerentes seniores da empresa precisam mobilizar suas tropas da "linha de frente" (que podem na verdade ocupar o escritório dos fundos) — os empregados que constituem a interface com o cliente — e criar uma cultura de modos da marca que capacite cada empregado a atuar como um embaixador eficaz da organização e a agregar valor por meio do seu comportamento, principalmente nos "momentos da verdade".

Podemos definir um "momento da verdade" como aquele em que um representante da empresa tem a oportunidade de reforçar da maneira mais eficaz os valores da marca no ponto de contato com o cliente e mostra um desempenho à altura da ocasião. Evidentemente, se estiver no exercício das suas funções rotineiras, o empregado em questão não terá dificuldade para se sair bem, mas geralmente não é esse o caso. Em razão da hierarquia ou estrutura piramidal de praticamente todas as empresas, a vasta maioria dos clientes depara com empregados de graduação relativamente baixa no seu primeiro contato com a marca (Ilustração 47). Com treinamento adequado, esses empregados se tornarão capazes de agir de maneira adequada nas situações que lhe forem familiares, mas é improvável que tenham experiência suficiente para esclarecer as dúvidas dos clientes ou solucionar problemas que extrapolem a sua esfera normal de influência. Não só isso, é quase sempre o caso de o tal empregado não ter oficialmente a atribuição de atender clientes e só o faz por algum acaso ou circunstância especial. Psicologica-

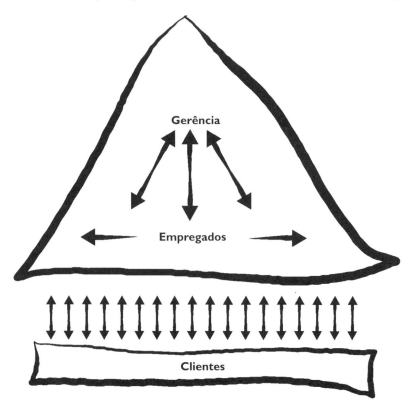

Ilustração 47 *Empregado: interface cliente-empresa.*

mente, isso o coloca em desvantagem e o faz relutar em "correr o risco" em favor do cliente. Como as empresas são organizadas em módulos operacionais — divisões, departamentos e outros tipos de silos organizacionais —, existe a tendência natural de o empregado ser limitado — e se limitar — ao âmbito da responsabilidade pessoal. Um indivíduo do departamento A não terá inclinação para resolver problemas de cliente que sejam da competência dos departamentos B e C.

Os gerentes do setor operacional, por terem responsabilidade em relação aos lucros, precisam manter os orçamentos e atingir as metas e, assim sendo, não incentivarão os membros da sua equipe a irem além dos papéis já definidos. Dessa forma, a preocupação com as pautas e diretrizes pessoais predominará, em detrimento do bem comum. Esse problema ocorre em todos os níveis; o governo trabalhista do Reino Unido cunhou a frase "aliste-se no governo" como uma expressão do seu desejo de promover o trabalho integrado de todos os departamentos do funcionalismo público, acabando com o sistema arcaico em que cada um cuida apenas dos próprios interesses.

Em decorrência dessa situação, os consumidores nem cogitam dos fatores de organização interna com que as empresas se defrontam — tudo o que lhes importa é o serviço que recebem. Nos contatos com a empresa, seja numa loja, por telefone, mensagem eletrônica ou carta, a conclusão natural deles é a de que aquele empregado fala e age em nome da marca. E cada vez que esse empregado transfere para uma colega, de forma ineficaz ou inadequada, a dúvida de um cliente, sua autoridade sofre uma diminuição — e a força da marca na mente do consumidor também se reduz. Claro que o empregado está ciente da sua relativa limitação — e o seu status inferior dentro da hierarquia é reafirmado nesse processo. Não é de surpreender que a "síndrome da alçada" se tenha desenvolvido ao longo dos últimos séculos como um sofisticado mecanismo de defesa em situações como essa. O empregado que diz "Isso está fora da minha alçada" pensa que, ao definir seus limites com essa convicção, está demonstrando responsabilidade e autoridade, mas, para a maioria dos clientes, essa afirmação é irritante e soa como exemplo de presunção e teimosia.

Outro desafio enfrentado pelas empresas e pelos empregados realmente comprometidos é que muitos consumidores com quem eles entram em contato enfeixam toda uma rede de relacionamentos interligados e podem, via comunicação boca a boca, afetar bastante a reputação da empresa. Não se conscientizar desse aspecto pode levar empresa e empregados a não perceberem quando estiverem diante de outro empresário ou de alguém que é casado ou se relaciona com o dono de empresa, ou representa algum sindicato, clube ou grupo de interesses — e assim perderão oportunidades ímpares de expressar a marca de maneira positiva e de fazer excelentes negócios.

Poucas pessoas nos tempos atuais vivem isoladas, sem pertencer a qualquer rede de relações. O cliente que tem uma experiência ruim com uma administradora de cartão de crédito pode ser um executivo com poderes para comprar ou cancelar os cartões de crédito empresariais da firma em que trabalha. O indivíduo que pede um táxi a uma agência de rádio-táxi e não é atendido, ou é atendido com atraso, também pode ter o poder de escolher a agência de rádio-táxi da qual a organização dele contratará os serviços em base permanente. O cliente tratado mal no balcão de uma instituição financeira pode ser secretário de um clube ou organização que costume fazer depósitos significativos nessa mesma instituição.

Imaginemos uma organização varejista com, digamos, 500 lojas e 750 milhões de interações com clientes por ano — das quais apenas 1% representa "momentos da verdade". Se multiplicarmos esse número por 10 para indicar o potencial de influência que essas interações podem exercer sobre outras pessoas por meio de boca-a-boca positivo, o resultado será um número assombroso de interações com potencial para construção da marca. Tudo isso representa um desafio muito grande para a empresa. Escutar com empatia possibilita alcançar em grande parte a reação desejada, mas isso não é o bastante — se a empresa realmente desejar que a sua marca provoque um impacto estrondoso sobre os clientes. O teste real dos modos da marca ocorre quando os empregados entram em contato com clientes inesperados, ou que se mostram zangados, assustados, confusos ou com qualquer outra disposição mental, em posição ou contexto fora do usual. É nos "momentos da verdade" — ou seja, quando o cliente se encontra no grau máximo de vulnerabilidade e instabilidade —, que o comportamento apropriado pode causar uma impressão verdadeiramente positiva e indelével sobre ele. Como já vimos, o problema não raro faz parte da solução.

Mary Spillane, diretora-presidente da Image Works, em seu livro *Branding Yourself*, citou uma pesquisa da Universidade de Toronto, Canadá, que nos dá uma visão fascinante da nossa capacidade de fazer julgamentos acurados quase instantaneamente. Numa experiência controlada, a Universidade pediu a profissionais de recrutamento de executivos para entrevistar 500 candidatos e os instruiu para interromper cada entrevista após 15 segundos e anotar suas opiniões e conclusões a respeito da contratação ou não daquele candidato. Deviam então retomar a entrevista e realizar nova avaliação depois de 30 minutos. Espantosamente, a avaliação final corroborava 97% das impressões registradas após 15 segundos de entrevista. Esse tipo de informação é útil para todos os que se encontram em "posição de venda", porque indica a necessidade de se desenvolver a aptidão em cada uma das áreas-chave que afetam a maneira como a comunicação é recebida pelo "comprador". Em linhas gerais, a forma prevalece sobre o conteúdo.

Esse conselho, porém, é usualmente reservado para os gerentes seniores, em especial aqueles que exercem funções ligadas à venda, sendo relativamente raro que essas informações cheguem aos membros "comuns" da equipe. Mas obviamente o desenvolvimento de aptidões tem valor inestimável onde quer que haja contato entre o empregado e o cliente. Sendo assim, a capacidade de julgamento instantâneo não deveria ser utilizada onde existem mais interações com o cliente? A questão-chave é que a avaliação é feita em 15 segundos e constitui uma via de mão dupla. O cliente em potencial avalia o empregado (que em geral nem percebe que está vendendo ou que o cliente está comprando), que também faz uma avaliação instantânea do cliente. É essencial que cada empregado se conscientize dessa dinâmica interpessoal para desenvolver a própria capacidade de enfrentar com eficácia os "momentos da verdade".

Se o empregado recebeu algum tipo de treinamento acerca desses aspectos da comunicação e está imbuído de uma motivadora compreensão dos valores da marca, o essencial é manter-se em estado de alerta para reconhecer os potenciais momentos da verdade quando surgirem. O pessoal de vendas aprende a explorar a própria capacidade de avaliação instantânea e a nivelar-se prontamente com o possível comprador. Com isso, os vendedores "lêem" a fisionomia e o comportamento dele, avaliando sua linguagem corporal, absorvendo o tom, ritmo e firmeza de sua fala e respondendo de forma a espelhar esse comportamento observado, estabelecendo assim o contato. Qualquer empregado que tenha a chance, mesmo que pequena, de se envolver com os clientes precisa entender essa dinâmica e aprender a colocá-la à disposição da marca. Ele precisa da autoconfiança nascida de um bom treinamento e nutrida por um estilo gerencial que dê sustentação à equipe, para correr o primeiro e mais básico risco em favor da empresa e em benefício do cliente e da reputação da marca. Esse "risco" consiste em "apoderar-se" do cliente em todas as circunstâncias, principalmente quando as necessidades dele estiverem aparentemente fora da sua alçada naquele momento.

Como dispõem de uma compreensão cada vez maior do comportamento empresarial, os clientes aprovam inteiramente a divisão do trabalho com base em objetivos tão bons quanto eficiência e manutenção do foco de cada setor. Eles entendem que alguém do departamento de cosméticos de uma grande loja não conheça necessariamente todos os detalhes sobre o trabalho na confeitaria, nem é de se esperar que alguém do *free shop* saiba tudo sobre os portões de embarque no aeroporto. Mas é aí que se revela a capacidade de enfrentar o momento da verdade. A reação inesperada de um empregado que se coloca à altura da ocasião, que sai do seu "guichê" particular e resolve o problema de um cliente, exerce impacto justamente por ser tão pouco usual. Para aquele que procede assim, essa pode ser uma experiência pessoal extraordinariamente gratificante — uma afirmação da sua individualidade, porque ele agiu com presteza, seguindo os próprios instintos e sem se reportar aos seus superiores. Fazer uma venda quando na verdade se trabalha no setor administrativo, acalmar um cliente aborrecido quando normalmente se lida com tecnologia ou salvar a vida de alguém ao se identificar um defeito grave num produto, a despeito da pouca experiência nessa área, tudo isso constitui exemplos do que a auto-expressão e a improvisação têm de melhor. Além disso, confrontar com sucesso e controlar os momentos da verdade reafirma o poder do indivíduo sobre o seu ambiente de trabalho e contribui substancialmente para a sua satisfação profissional a longo prazo.

Embora uma pesquisa meticulosa sobre a natureza das interações entre a marca e seus compradores possa preparar a empresa para os tipos mais freqüentes, é evidentemente impossível prever os momentos da verdade. É preciso, portanto, criar uma cultura e um conjunto de modos da marca em que os empregados se sintam autoconfiantes e preparados para cumprir a promessa da marca. Um exemplo excelente de mudança da cultura foi orquestrado dentro da Vauxhall Motors, o braço da General Motors no Reino Unido.

Estudo de caso: A "DIFERENÇA DA VAUXHALL"

A Vauxhall, como muitos outros fabricantes de motores que contam com uma rede de revendedores composta principalmente por concessionárias, lutava constantemente para uniformizar o padrão de serviços em toda a rede. A Vauxhall notou, por exemplo, que em geral a primeira pessoa que o possível comprador encontrava no pátio da frente da loja era um estagiário lavando os carros em exposição — e não um vendedor qualificado. A empresa entendia ser natural que os clientes, quando queriam marcar horário para fazer a revisão do carro, preferissem falar com o vendedor que lhes vendera o veículo e nem cogitavam que seria mais apropriado telefonar para a recepção do Serviço de Revisão. Ela sabia que os clientes, no momento de retirar seu carro novo, experimentavam um imenso entusiasmo — que muito provavelmente não tardaria a se desvanecer se ocorresse uma demora de 45 minutos na preparação dos papéis de liberação do carro.

Em conseqüência, tendo por ponto de partida alguns elementos-chave do Projeto Saturno, dos EUA, a Vauxhall desenvolveu um processo de mudança cultural maciça, chamado de a "Diferença Vauxhall" (Ilustração 48). Isso não só possibilitou a reciclagem dos empregados, mas também a criação de parcerias. O ponto principal do programa era o desenvolvimento do relacionamento com os revendedores e todas as outras partes-chave envolvidas, numa estratégia projetada para aperfeiçoar os processos e o foco sobre o cliente em toda a Vauxhall Motors.

A "Diferença Vauxhall" foi um programa de muitas fases. Teve início no Reino Unido em 1994 e cresceu até se tornar uma evolução cultural pan-européia. A Vauxhall investiu recursos bastante significativos para esse fim, empregando 5

Ilustração 48 *Logotipo da Diferença Vauxhall.*

pessoas em tempo integral para executar o projeto, as quais, por sua vez, contrataram alguns instrutores de fora para realizar boa parte do trabalho. Como indicador da escala gigantesca da "Diferença Vauxhall", a empresa construiu uma base especialmente projetada para treinamento em Xerez, na Espanha. Espantosamente, e como um primeiro indício do cuidado com os detalhes e do comprometimento com a excelência que caracterizava o projeto de desenvolvimento cultural, a escolha desse local resultou de detalhada análise de boletins meteorológicos e fotografias de satélite. Essa análise identificou o lugar mais ensolarado num raio de duas horas de vôo a partir do aeroporto de Luton — o mais próximo da Vauxhall! A localização também era boa para a Opel, o braço europeu da General Motors, que, valendo-se do piloto da Vauxhall no Reino Unido, usou a base em todas as suas operações. As instalações especialmente projetadas e construídas em Xerez foram equipadas com uma série de estruturas para a prática de escalada/montanhismo, atividade que revelou algumas surpresas: alguns vendedores que se apresentavam como "machões" tinham medo de altura, enquanto alguns contadores — que passavam horas trabalhando diante de suas escrivaninhas — eram ágeis como macacos a 12 metros acima do chão! (Ilustração 49). Esse foi o grande nivelador e o ponto crucial na formação de grupos e catalisação dos processos pessoais de autodescoberta que a "Diferença Vauxhall" promoveu. A fim de obterem êxito para as suas equipes nos vários exercícios, muitos indivíduos tiveram de confrontar seus próprios "momentos da verdade", contando com o estímulo e os ensinamentos dos colegas.

No total, mais de 20.000 pessoas fizeram parte do programa "Diferença Vauxhall": cerca de mil empregados da Vauxhall, 2 mil dos seus fornecedores e 17 mil gerentes e empregados das concessionárias. Assim, todos os *stakeholders* em conjunto com a Vauxhall participaram do projeto. Todos passaram pela experiência, a começar pelos lavadores de carro, num plano em seis etapas que foi extraordiná-

Ilustração 49 *Estrutura para escalada em Xerez.*

rio, considerando-se as despesas que as concessionárias tiveram para enviá-los para Xerez. A "Diferença Vauxhall" nivela os padrões tanto no nível do varejo quanto do atacado. Dentro de cada departamento e subdepartamento da Vauxhall existe um responsável por verificar os padrões específicos daquele setor operacional. No início, estabeleceram-se padrões apenas para as vendas por atacado; para estendê-los para os varejistas, foi de fundamental importância que a Vauxhall lhes desse suporte em aspectos essenciais como fornecimento ágil de autopeças e de veículos, além da definição de padrões de excelência para a entrega dos carros. Também era preciso dar total suporte às garantias, disponibilizando-se os recursos técnicos necessários para que os reparos ou a substituição de peças fossem executados corretamente na primeira vez.

Essas forças-tarefa internas, que são responsáveis pelos seus próprios padrões, permanecem *in situ*. O comprometimento com uma mudança total de cul-

Os momentos da verdade   251

tura foi a razão por que se incluíram no programa os fornecedores da Vauxhall, bem como seus clientes internos. A companhia transportadora é uma parte basilar do processo de entrega de veículos — e o motorista que bloquear ruas, arranhar carros ou se comportar com rudeza será considerado inadequado para os padrões estabelecidos pela "Diferença Vauxhall". Um comitê constituído por representantes dos departamentos-chave da Vauxhall, por suas concessionárias no varejo e pelas empresas fornecedoras formulou os padrões — que foram objeto de amplas discussões e de acordo, numa demonstração do comprometimento da Vauxhall com um estilo transparente de administração.

A fase "Cúpula" teve lugar na Espanha e durou três dias, envolvendo o pessoal que ocupava postos de liderança tais como operadores do varejo, gerentes de departamento ou regionais, fornecedores seniores e principais gerentes das lojas. O principal propósito do curso de liderança em Xerez foi divulgar os padrões de venda no varejo, conquistando o comprometimento de todos com esses padrões, e enfatizar a importância da atitude e do comportamento no gerenciamento bemsucedido da relação com o cliente. Por exemplo, o padrão estabelecido em referência ao acompanhamento após a prestação do serviço é que o revendedor deve telefonar para o cliente depois de três dias e verificar se a experiência foi boa, se está tudo bem com o carro e, caso contrário, efetuar os reparos necessários. Isso pode parecer óbvio, mas, antes do começo da "Diferença Vauxhall", em 1994, mais de 50% das concessionárias da Vauxhall não adotava esse procedimento de forma rotineira. A melhor prática nessa área-chave é vital para os negócios da concessionária. O índice de retenção do cliente em função dos serviços de manutenção no primeiro ano de propriedade de um carro novo, durante a vigência da garantia, atinge uma média de 70% e 80%. Esse percentual cai para 60% e 70% no segundo ano e para 30% e 40% no terceiro, porque as pessoas costumam achar que as oficinas autorizadas cobram mais caro. Qualquer melhoria nesses percentuais exerce um grande impacto sobre a lucratividade e sobre o potencial das vendas futuras de veículos. A "Diferença Vauxhall" era essencialmente um exemplo de como se deve gerenciar o relacionamento com o cliente; a meta não era ter apenas clientes entusiasmados na hora da compra, mas ter clientes fiéis. A prestação de serviços de manutenção é o segredo para se manter a relação com o cliente e fazê-lo voltar quando quiser trocar de carro. As concessionárias podem escrever cartas, enviar folhetos e telefonar, mas não há nada que se compare com o contato pessoal que a oferta de manutenção regular propicia. É quando as oportunidades de "momentos da verdade" podem surgir e, se forem gerenciadas com sucesso, criarão laços duradouros com o cliente.

Além do curso em Xerez, realizaram-se também eventos com um dia de duração no Reino Unido, cujo propósito era divulgar a principal mensagem cultural. Depois que, por meio do treinamento da Vauxhall, todo o pessoal no nível do varejo tomou conhecimento dos conceitos, o programa adquiriu vida própria graças ao desenvolvimento das concessionárias, criando para elas uma infra-estrutura de melhor prática e auto-ajuda. E esse processo ainda ocorre, quando e onde necessário. Jamais descrita como um "programa", mas sim como um processo em contínuo andamento, a meta da "Diferença Vauxhall" sempre foi integrar o novo comportamento e atitude no pensamento cotidiano e no planejamento da empresa. Seis anos depois, é verdade que a "Diferença Vauxhall" não é mais tão ruidosa como no início, quando havia slogans afixados nas paredes como lembrete das mensagens-chave e para exortar as pessoas a cumprirem o que estava dito ali. Mas onde é importante, isto é, na maneira como as pessoas se comportam e se relacionam e na cultura geral da organização, o projeto se institucionaliza. Portanto, a Vauxhall na verdade já não precisa de uma grande máquina que a mantenha em movimento porque esse processo já faz parte da empresa — e não há melhor indicador de sucesso do que esse.

Os padrões de varejo disseminados na Espanha foram condensados num questionário para os compradores, cujo objetivo era pesquisar o cliente logo após a compra e depois da experiência de manutenção do carro. Essa pesquisa era importante para a obtenção de resultados mensuráveis e para a monitoração das principais tendências, a fim de avaliar a eficácia do processo de transformação cultural. São feitas perguntas relativas aos padrões de serviço estabelecidos pela "Diferença Vauxhall". O *feedback* é usado como guia e os padrões se aprimoram com o aperfeiçoamento mensurável do atendimento dado aos clientes, conforme relatado por eles mesmos. Também é feita uma pesquisa de opinião para averiguar se os padrões "Diferença Vauxhall" estavam sendo utilizados no atacado, sob o ponto de vista das concessionárias. Aqui também houve uma melhoria considerável, na medida em que a Vauxhall também prestava conta às concessionárias — esse foi o comprometimento mútuo consolidado em Xerez, Espanha.

A empresa não se apressou a usar a "Diferença Vauxhall" em sua propaganda em razão do sério risco de prometer muito e não conseguir cumprir. Era preciso primeiro operar mudanças significativas. Com efeito, as expectativas do cliente avançaram substancialmente desde o início da "Diferença Vauxhall". Assim, avaliar números que expressassem a satisfação do cliente poderia ser dolorosamente difícil, porque a marca estava nadando contra a maré ao elevar a expectativa dele. Por volta de 1998, a Vauxhall sentiu que havia progredido o suficiente e que já era hora de expressar tanto a marca quanto o seu etos para o público externo. Para tanto, a empresa pesquisou algumas traduções diretas da "Diferença Vauxhall" nas comunicações com o cliente, mas esse sistema não funcionou. Quando lhes apresentavam uma série de padrões e metas de uso originalmente interno, os clientes reagiam com: "E o que isso tem a ver comigo?" Esse é um exemplo clássico da dimensão "política" e conduziu a um intenso período de redescoberta da marca ou redefinição da grife — o que acabou resultando numa nova proposta de marca resumida no slogan: "Elevando o padrão". Esse posicionamento obviamente espelha os temas da "Diferença Vauxhall", além de expressar e abranger o conceito de aperfeiçoamento contínuo, a idéia-chave que a empresa quer disseminar. Existe também um vínculo entre o logo da Vauxhall e o seu motivo heráldico formado por um grifo e uma bandeira (Ilustração 50). Esse slogan se tornou um convite aos ralis e uma declaração externa de tudo o que a Vauxhall fizera nos últimos seis anos.

Ian Coomber, diretor executivo de Marketing de Vendas e Atendimento ao Cliente e um dos principais condutores da "Diferença Vauxhall", expressou assim a sua visão do processo de mudança cultural:

Ilustração 50 *O logo com o Grifo Vauxhall.*

A "Diferença Vauxhall" tem demonstrado uma inusitada longevidade e ainda está bastante viva e passando bem. Não foi substituída pelo modismo do mês seguinte, como acontece com tanta freqüência nesse tipo de iniciativa. Em termos de resultado de vendas, é difícil apontar as causas diretas e os efeitos, mas seguramente os frutos da satisfação dos nossos clientes estão amadurecendo e, assim, se usarmos o bom senso para examinarmos esse tipo de fatores, concluiremos que graças a eles estamos vendendo mais carros. A otimização do trabalho interno sem dúvida diminuiu os custos das nossas operações; ao encontrar e adotar a melhor prática, você acaba fazendo as coisas de maneira mais eficiente e o mesmo ocorre com o revendedor final. Nós decididamente estamos acompanhando o ritmo da crescente demanda de clientes em relação à nossa organização e às nossas concessionárias, o que não teríamos sido capazes de fazer se não tivéssemos criado a "Diferença Vauxhall". Portanto, é mais provável que estejamos falando sobre evitar perda de participação no mercado nos últimos seis anos do que propriamente sobre ganhos. O fato é que nos últimos dois anos a nossa participação no mercado aumentou; existem muitos fatores por trás desse sucesso e a "Diferença Vauxhall" é definitivamente um dos mais importantes.

O ponto principal do estudo de caso da Vauxhall é que, para obter êxito no relacionamento com os clientes e principalmente no enfrentamento dos "momentos da verdade", a empresa necessita de espírito de equipe e comprometimento desde a cúpula até a base. Esse é o segredo do sucesso da Vauxhall. Além disso, cada pessoa deve conscientizar-se de que seus pontos fortes numa área muito provavelmente serão contrabalançados por pontos fracos em outra, que devem ser reforçados e desenvolvidos. Esse é o único modo de fazermos que o todo seja maior do que a soma das partes individuais.

Por fim, a própria escala e longevidade da "Diferença Vauxhall" representaram um fator do sucesso. A qualidade do treinamento de liderança em Xerez, o número de pessoas envolvidas e os investimentos feitos em conjunto pelo fabricante, pelos fornecedores e concessionárias criaram um vínculo muito forte entre

254 EM SINTONIA COM A MARCA

parceiros nos negócios e uma estimulante sensação de "força maior" capaz de sobrepujar quaisquer dificuldades encontradas ao longo do caminho.

Dentro de uma indústria considerada dura, competitiva e "ferrenha" como o é a automobilística, constituem um testemunho do poder da visão da General Motors e da "Diferença Vauxhall" os excelentes resultados de um processo de transformação cultural que dependia tanto de comprometimento emocional quanto de padrões racionais para dar certo.

Cabe à gerência equipar os empregados para exibirem um desempenho excelente em cada "momento da verdade". O meio mais eficaz de se atingir esse objetivo consiste em simplificar o processo de trabalho, tornar os sistemas amigáveis para o usuário e ensinar às pessoas os requisitos básicos para o seu trabalho, promovendo significativa melhoria na experiência do cliente. Também é preciso que a empresa reconheça que os empregados que lidam diretamente com o público são as pessoas mais importantes da organização no que diz respeito à apresentação dos modos da marca.

O CEO precisa providenciar para que todos os empregados que possam eventualmente ter contato com os clientes sejam treinados para desenvolverem a capacidade de reconhecer as oportunidades e de aproveitá-las. O nível e a duração do comprometimento com esse processo e os recursos empregados funcionarão como um importante sinalizador para a empresa. Os exercícios de formação de equipes podem ser usados para se romperem barreiras interdepartamentais e políticas internas, servindo também como simulações dos "momentos da verdade", colocando pessoas do primeiro e do último escalões em posições inversas em termos de qualificação e confiança. Essas dinâmicas de grupo servem de reforço mútuo e compensação, conforme os diversos níveis de aptidão. Em conjunto com a experiência emocional dos exercícios de formação de equipe, convém contar com o suporte essencialmente racional dos padrões mensuráveis e repetíveis de comportamento dos modos da marca — por exemplo avaliação, incentivos e pesquisas de mercado do cliente. Os empregados que experienciarem "momentos da verdade" com os clientes devem ser incentivados a relatá-los, sejam bons ou ruins, com o intuito de se enriquecer o aprendizado de todos.

Seção Cinco
"Satisfação"

Tendo criado "Boas surpresas" na experiência do cliente, o ciclo de aperfeiçoamento avança para trazer "Satisfação" para a vida por meio de: prestação de excelente serviço ao cliente, prometer menos e cumprir mais, empregados capacitados e recrutamento para a marca.

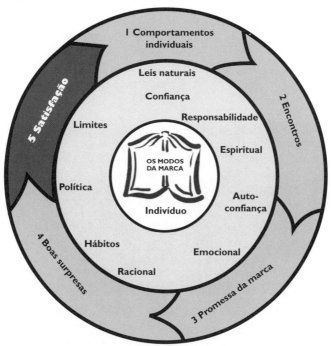

Ilustração 51 *Seção Cinco: O Ciclo de Aperfeiçoamento dos Modos da Marca — satisfação.*

Capítulo 25

Como definir o excelente serviço ao cliente

O principal propósito deste capítulo é definir um dos conceitos mais importantes nos modos da marca: o que conta como um excelente serviço prestado ao cliente. Tem havido muita discussão sobre a noção de dar aos clientes mais do que apenas um serviço médio. Por exemplo, fala-se muito sobre "encantar" os clientes, mas com freqüência não fica claro o que isso quer realmente dizer na realidade cotidiana de uma empresa.

Uma tese central dos modos da marca é que o gerenciamento de expectativas constitui um dos aspectos cruciais para proporcionar satisfação às pessoas, não apenas em termos comerciais, mas na vida. Políticos como Margaret Thatcher conseguem implementar programas radicais por meio do gerenciamento perspicaz das expectativas. Anunciar uma iniciativa controvertida com bastante antecedência e manter-se firme diante de ataques severos possibilita o debate e permite que as pessoas se acostumem com a nova idéia. Na época em que se tornar uma realidade legislativa, o tema não despertará reações acaloradas, em razão de já ter sido assimilado pela consciência política.

O mesmo processo ocorre nas relações empresariais e interpessoais. Parece ser um aspecto fundamental da psicologia humana descontar sistematicamente os exageros das informações, como um processo de autodefesa, quando soa o alarme. Nós não gostamos de choques repentinos no sistema, mas o mesmo choque pode se tornar pouco mais que um suave arrepio se nós tivermos um bocado de notícias de sua chegada. Nós somos criaturas de hábitos e nos sentimos desconfortáveis quando os nossos hábitos são perturbados. Contudo, se formos bem administrados, podemos sair da rotina, romper com os costumes e práticas ao longo do tempo, se tivermos uma direção clara e liderança convincente.

A criação de um sistema de modos da marca proporciona os meios para gerir as expectativas do pessoal interno da empresa, de seus clientes, investidores, enfim, de todos os seus *stakeholders*. Se a empresa pode fazer isso sistematicamente, então é possível gerenciar de modo a atrair o sucesso e afugentar o fracasso.

É certamente por isso que diferentes indústrias ou diferentes setores do mercado têm padrões de serviço diferentes. Com efeito, mesmo dentro de uma área em particular, o serviço pode variar de acordo com o canal de distribuição, época do ano ou qualquer outra variável. Entretanto, os seres humanos realmente parecem ter uma capacidade incomum de conceber em sua mente o que seria considerado um "bom serviço" em praticamente qualquer situação, mesmo as absolutamente novas. Para usar alguns exemplos

Figura 6 *"Escolha difícil"*.

futuristas, mesmo que as viagens espaciais comerciais ou o videofone se tornem realidade, parece provável que seus clientes embarcariam na primeira espaçonave ou fariam uma chamada videofônica com uma idéia bem precisa de como avaliar se o serviço prestado é bom ou não.

Também é verdade que não é fácil comparar os serviços de uma indústria com os de outra. Uma boa experiência num trem não tem relação imediata com uma boa experiência num cinema. Uma ligação telefônica para uma central de suporte técnico não tem necessariamente os mesmos parâmetros de qualidade de uma carta ou mensagem eletrônica. O que parece acontecer é que nós construímos para nós mesmos uma noção de bom serviço referente a cada uma dessas situações em particular. Outra dimensão é a da percepção individual em cada um desses casos. O que conta como bom serviço prestado ao cliente para um disc-jóquei ou uma duquesa pode não ser o mesmo que conta para um lixeiro ou um *designer*. A questão é demonstrar que não existem medidas objetivas absolutas do bom serviço para o cliente; só o que podemos fazer é lidar com relatividades e tirar conclusões bastante genéricas dentro de determinados setores e em relação a públicos-alvo bem amplos.

Se um cliente imaginasse um passeio a um shopping center para comprar sapatos, ele de imediato construiria em sua mente o paradigma de bom atendimento ao cliente que lhe proporcionaria uma boa experiência de compra. Esse modelo se basearia em sua experiência passada referente a essa atividade e seria bastante condicionado por sua própria personalidade e atributos físicos e preferências em relação a sapatos. A faixa de preço em que ele pretende comprar e, portanto, o tipo de loja que visitará também afetarão seu modelo. Sem dúvida ele também terá uma idéia das prováveis condições do shopping num sábado, no final das férias escolares ou durante uma liquidação, em oposição a um período de preços normais, no meio da semana. Afora essas considerações instintivas, ele terá sintetizado uma idéia geral do que é "bom serviço" e assim lá vai ele em sua tarde de compras, tendo tudo isso em mente.

Contudo, infelizmente, ele também sabe que a noção de bom serviço que ele tem na cabeça muito raramente se encontra na realidade. Anos de experiências de um serviço ruim ou indiferente em sapatarias o colocam numa atitude mental de esperar menos que 100% de realização de seu ideal de bom serviço. É muito mais provável que ele entre na primeira sapataria com uma expectativa de 80%, na melhor das hipóteses (Ilustração 52). O mesmo processo subconsciente de confrontar as expectativas pessoais com a realidade ocorre em cada experiência de serviços prestados aos clientes. Se os embaixadores da marca e os arquitetos dos modos da marca da empresa entenderem inteiramente isso, então a oportunidade de prestar regularmente um excelente serviço ao cliente estará lá para ser aproveitada.

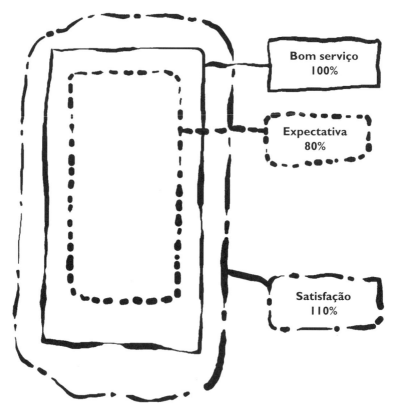

O embaixador da marca rompe as regras em favor do cliente e atinge 110% do ideal de "bom serviço" — a verdadeira satisfação do cliente.

Ilustração 52 *Satisfação do cliente.*

Se a marca fez sua pesquisa, deve estar ciente de tudo isso. O vendedor de sapato terá uma boa idéia dos fatores que contribuem e dos parâmetros dentro dos quais o bom serviço e o mau coexistem em seu ramo de negócios. Em outras palavras, eles devem ter passado exatamente pelo mesmo processo na qualidade de clientes, em outros setores do mercado. O aprendizado com essas pesquisas deve ser transmitido a todos os gerentes e empregados que atendem clientes na loja, mas também aos que interagem com eles por outros meios. Assim, a primeira meta da empresa é assegurar que os níveis de seu serviço subam para 100% do ideal que existe na mente do cliente. Como a maioria dos consumidores já entrou em sua loja com uma expectativa de algum desapontamento, é na verdade relativamente fácil exceder suas expectativas simplesmente fechando os 20% de "lacuna entre o serviço real e o ideal". O percentual preciso variará de acordo com a indústria, o segmento e a marca, mas pode ser estabelecido como norma por meio de pesquisa de mercado.

A coisa realmente excitante que advém de usar modos da marca e gerenciar expectativas é que isso possibilita superar sistematicamente o ideal de serviço do cliente e lhe proporcionar uma experiência excelente. Não é possível, nem desejável, que cada cliente que entra em cada sapataria da rede da marca receba tal serviço, porque por definição trata-se de uma questão de relatividade. Se cada cliente tivesse de receber um serviço excelente todas as vezes em que visitasse a loja, esse serviço se tornaria a norma para ele naquela loja e, portanto, a marca estaria numa azáfama infindável para encontrar meios de exceder o nível outra vez. Como existe um custo para superar o desempenho, é improvável que essa estratégia valha a pena, em termos da relação custo/benefício.

O poder do boca-a-boca é tal que um percentual relativamente pequeno de todas as visitas de clientes que resultam em experiência pessoal excelente gerará, graças ao seu efeito multiplicador, um impacto muito maior sobre a reputação da marca. A experiência sugere que uma média entre 10% e 15% de todos os clientes afetados de modo extraordinário abrirão uma vantagem competitiva significativa num determinado segmento do mercado. Veja com que rapidez a Virgin Atlantic conseguiu estabelecer esse tipo de reputação quando tinha apenas uma rota de transatlântico e um número relativamente diminuto de passageiros. Da mesma forma, veja o estrago feito na reputação na marca Virgin por seu malsucedido envolvimento em estradas de ferro. É melhor posicionar o nível do serviço e o índice de experiências excelentes nesses níveis, observar os concorrentes fechando a lacuna e então avançar para novos padrões de serviço que venham a representar o nível mais alto de 100% dos clientes da marca.

A pesquisa qualitativa entre um amplo espectro de grupos demográficos revela um padrão notavelmente semelhante de reações nas situações de serviço. Também é relativamente fácil discernir os fatores-chave comuns que unem uma proporção muito grande de experiências de serviço excelente prestado ao cliente. Quando lhes pedem para lembrar suas melhores e piores experiências, os clientes o fazem com muita facilidade. As descrições das piores experiências são apimentadas com frases como: "eles me trataram como se eu fosse um número, não uma pessoa"; "eu precisava muito de ajuda, mas a atitude deles era a de quem não se importava nem um pouco"; "eu tive de falar com seis pessoas diferentes em três departamentos diferentes antes de fazer contato com alguém que parecia saber alguma coisa sobre o meu problema"; e "sou freguês antigo, mas teria dado na mesma se fosse a primeira vez que eu entrava na loja".

Em contraste, ao descreverem suas experiências mais positivas, os clientes contam que foram tratados como pessoas e que se sentiram bem porque a pessoa que os atendera lhes dera uma atenção especial. As descri-

262 EM SINTONIA COM A MARCA

ções não são diferentes das referentes a líderes carismáticos. As pessoas que os encontram contam que eles as fizeram sentir como se fossem as criaturas mais importantes do mundo. O desejo do cliente por reconhecimento é muito poderoso, como também a sensação de empatia e de prestígio interno criada pelo reconhecimento, por parte de outra pessoa, de seu problema e de suas necessidades pessoais num lugar determinado, num momento determinado. Contudo, no topo dessas necessidades profundamente humanas, a coisa mais poderosa de todas, a que cria uma experiência de serviço excelente, é quando o representante da marca está preparado para romper regras em favor do cliente.

De novo e de novo, as anedotas com clientes descrevendo suas melhores experiências de serviço voltam ao tema de abrirem uma exceção para eles, contrariando as regras. Exemplos típicos seriam a extensão da garantia que expirou apenas alguns dias antes de o eletrodoméstico quebrar; o caso em que, apesar de o avião estar completamente lotado, miraculosamente conseguem encaixar o cliente na primeira classe ou quando o verdureiro da esquina resolve colocar umas batatas a mais por conta própria, sem cobrar nada. Esses pequenos favores distintivos, prestados pelo representante da marca numa situação em que o cliente costuma aborrecer-se, não apenas resolve o problema, proporcionando alívio, mas também os faz se sentirem indivíduos muito especiais que estão sendo tratados melhor do que a média das pessoas. Isso faz maravilhas por sua auto-estima e tem um enorme impacto sobre a reputação da marca. Ao mesmo tempo confere enorme poder ao empregado, primeiro porque ele tem a liberdade de prestar um serviço excelente e depois por causa do *feedback* positivo que ele obtém de seu cliente e do gerente, que viu um problema potencial ser transformado em vantagem.

A fim de fazer esses modos da marca funcionarem e de gerenciar as expectativas com eficácia, duas coisas são necessárias. A primeira, e mais óbvia, é que, para sentirem que as regras foram quebradas em seu favor, os clientes precisam antes de mais nada conhecer as regras. Assim, é imprescindível que a marca tenha estabelecido os direitos do seu cliente, o posicionamento da marca e uma promessa da marca e ter comunicado eficazmente tudo isso, além do sonho geral da marca, para o cliente. A segunda é que os representantes da marca que interagem com os clientes têm de ter claramente definidos os parâmetros dentro dos quais eles podem operar ao romper as regras da empresa. Isso requer uma pesquisa minuciosa e um sistema gerenciado que possibilite fazer concessões em benefício da marca, em concordância com um esquema de avaliação geral e incentivos que governem o processo todo. O treinamento é essencial a fim de os empregados da linha de frente desenvolverem a capacidade de reconhecer os momentos da verdade que podem ser capitalizados e transformá-los em exemplos excelentes de serviço prestado ao cliente e de experiência da marca. Em cada ato de romper as regras da marca, essas regras devem, na verdade, ser reforçadas por meio de comunicação clara de como elas são normalmente e de que modo foram quebradas para beneficiar aquele cliente especial.

Uma marca do Reino Unido, a Pret a Manger, que está sendo lançada nos EUA, constitui um exemplo interessante dessa abordagem responsiva no serviço prestado ao cliente.

Estudo de caso: PRET A MANGER

Pret a Manger é uma rede de lanchonetes do Reino Unido, fundada por Julian Metcalfe e Sinclair Beecham em 1986. Sua primeira lanchonete em Victoria, Londres, tinha a cozinha no porão e os valores e a metodologia utilizados na época vigoram firmemente até hoje. Todas as empresas que fornecem os ingredientes usados pela Pret a Manger foram selecionadas diretamente pelos proprietários, que vasculharam as ruas de Londres em busca dos melhores alimentos, recusando-se a sacrificar a qualidade em favor dos lucros. Eles evitam todos os aditivos químicos e conservantes e examinam cuidadosamente os ingredientes contidos em determinados ingredientes, para garantir que todos são absolutamente naturais.

Esse entusiasmo no princípio de qualquer aventura não é surpreendente, mas 14 anos — e cem lojas — depois, Sinclair Beecham, fundador e co-proprietário, passou os últimos seis meses revivendo o mesmo processo nos EUA. Eles abriram sua primeira loja em meados de 2000. Recusando-se a comprometer a qualidade em prol dos lucros, estabelecer a Pret em Nova York não foi fácil. Por exemplo, um dos tipos de pão usados no Reino Unido não existe em Nova York. A opção de importar o pão foi rejeitada devido aos efeitos da viagem sobre a qualidade do alimento, então, em vez de substituir o pão por outro não tão bom, Sinclair contratou uma pequena padaria do Brooklyn para preparar o pão diariamente para a Pret — e esse pão era quase igual àquele usado no Reino Unido. Outro obstáculo foi a dificuldade em conseguir alimentos frescos nos EUA que tivessem a mesma qualidade do padrão da Pret do Reino Unido. O custo é alto, porque muitos dos alimentos produzidos nos EUA são geneticamente modificados ou contêm muitos conservantes, o que a Pret se esforça para evitar. Novamente eles tiveram de se recusar a mudar suas crenças e insistir na busca por alimentos frescos, tarefa que consumia tanto tempo quanto dinheiro, mas no ponto de vista deles é algo essencial para a integridade da marca.

A fidelidade da Pret a essas crenças básicas é, evidentemente, uma das razões principais do sucesso da marca, mas, como a empresa não faz propaganda, é interessante considerar como ela se comunica com seus clientes e o papel que essa comunicação tem na construção da empresa. Como qualquer outra marca do varejo, a Pret conta com as lanchonetes, os empregados e as embalagens para transmitir a proposta de sua marca. Mas talvez seja a ubiqüidade do nome e do número de telefone do co-proprietário Julian Metcalfe, que estão impressos em todos os guardanapos e nas embalagens, que são o maior símbolo do serviço prestado pela Pret a Manger ao cliente, e representa um ponto forte da marca na situação pós-venda.

264 EM SINTONIA COM A MARCA

Nos primeiros anos, os clientes que telefonassem para aquele número realmente falavam diretamente com Julian, mas agora a escala dos negócios da Pret impõe a existência de uma equipe de atendimento ao cliente para atender as ligações. Contudo, se um cliente pedisse especificamente para falar com Julian, a equipe passaria a chamada para ele ou, no caso de ele não estar disponível, garantiria que Julian entraria em contato assim que possível. A Pret a Manger usa bastante ativamente esse *feedback* dos clientes. Talvez o melhor exemplo do poder da voz do cliente seja a história do *croissant* com ovo e *bacon*. No início de 2000, a Pret resolveu que esse produto não se coadunava com a imagem deles e que era hora de retirá-lo das lojas. O impacto dessa decisão jamais poderia ter sido previsto. Em que medida a principal lanchonete da rede da Pret a Manger em Londres, a dos comerciantes da "City", passara a contar com os *croissant* da Pret era algo inacreditável e a comoção dos clientes, fenomenal. Centenas de clientes angustiados enviaram por fax desenhos de *croissant* dizendo "Traga-me de volta" e ameaçando nunca mais voltar ao Pret, a menos que o *croissant* retornasse ao cardápio. Em seis semanas, o produto retirado das lanchonetes voltou para as prateleiras. Além de relançar o produto, a Pret escreveu para todos os clientes que haviam reclamado e informou que o produto voltara ao cardápio em atenção ao pedido deles. Com esse tipo de procedimento a Pret a Manger conseguiu reiterar constantemente sua marca e usar os eventos negativos em seu favor.

Quando um produto está fora do estoque eles explicam o motivo e acrescentam que não querem comprometer seus padrões de qualidade substituindo o produto por outro que contenha ingredientes de categoria inferior. Essa atenção aos detalhes e à transparência por parte da empresa reforça constantemente a imagem da marca. Os populares doces da Pret, uma boa opção para o café da manhã na City, são servidos num envoltório de papel encerado acetinado. A razão disso, conforme explicado no verso da sacola, é que um dos clientes reclamou que os doces grudavam no envoltório antigo de papel comum. É esse tipo de ação que faz da Pret a empresa bem-sucedida e respeitável que é — eles realmente escutam os clientes e mudam seus processos em conformidade.

Sua transparência tanto reafirma quanto convence. Muitas empresas proclamam usar ingredientes saudáveis, mas poucas vão tão longe quanto a Pret a Manger para educar e informar os clientes exatamente como eles fazem isso. Seus "Fatos da Paixão", que estão disponíveis em todas as lojas, detalham a origem e a preparação de cada prato do cardápio. Por exemplo, o "Fato da Paixão da Pret número 2": "O presunto Pret vem das Fazendas Independentes aprovadas pelo RSPCA — Royal Society for Prevention of Cruelty against Animals (Sociedade de Prevenção de Crueldade contra Animais), que garante que os porcos são criados ao ar livre, com uma dieta vegetariana. A cor, a textura e o sabor do nosso presunto formam um mundo à parte das fatias de carne quadradas, brilhantes e escorregadias comumente encontradas na maioria das cozinhas. Todos os nossos presuntos são untados à mão com mel e cravo e depois assados no forno."

A Prett pesou o fato de que as pessoas se importam de fato com o que introduzem em seu organismo e que constitui uma vantagem real fornecer essa informação aos clientes. À medida que novos processos são descobertos ou que as

Como definir o excelente serviço ao cliente   265

idéias são aperfeiçoadas, a Pret comunica aos clientes o que foi feito e por quê. Por exemplo, recentemente eles mudaram o material das embalagens de sanduíche do antigo plástico para papel. A explicação está impressa na caixa: "A Pret acredita que a vida de seus sanduíches na prateleira não dura mais do que um dia, portanto não é necessário acondicioná-los em embalagens que duram mais do que isso. Assim, a 'nossa cartada' do alimento fresco e do meio ambiente é inteiramente adequada."

São inesgotáveis os exemplos que ilustram que a Pret a Manger oferece um serviço excepcionalmente bom aos clientes, mas o tema geral é que eles mantêm a promessa e, o que é crucial, fazem mesmo tudo o que proclamam fazer. Isso constitui um instrumento poderoso; um serviço pós-venda como esse é o mecanismo que gera o volume de retorno dos clientes que a Pret tem conseguido alcançar. As paredes da sede da Pret a Manger são forradas com cartas de clientes comentando a popularidade da empresa. Desse modo, a equipe que não lida diretamente com o cliente permanece em contato com o sucesso da Pret em termos de satisfação do cliente e isso os mantém motivados para retribuir com um bom serviço. Todas as segundas-feiras circula pela sede um jornal interno, que detalha tudo o que aconteceu, desde os novos produtos até as reclamações dos clientes, e isso proporciona uma excelente comunicação, mantendo todo o mundo da organização bem informado.

Dentro das lojas existe uma oportunidade para os clientes comentarem os serviços ou produtos preenchendo um cartão que está sempre disponível. Esses comentários são discutidos por toda a equipe todas as manhãs e qualquer coisa que eles não possam resolver é encaminhada para a sede, para Julian solucionar. O benefício de ter essas reuniões regulares nunca é enfatizado o bastante, pois elas permitem que cada lanchonete esteja no controle de seus próprios problemas e celebrem suas próprias vitórias. Examinar pessoalmente esses comentários assegura que a equipe inteira pode ver claramente seu papel na organização e o impacto que exerce sobre o cliente. Com freqüência, um sistema desses costuma voltar para a central de comunicações, o que em geral resulta em perda de autoridade e, assim, de eficácia.

A abertura da Pret a Manger à comunicação com os clientes, representada pela visível acessibilidade dos fundadores, tem sido um componente poderoso de seu sucesso. Ao contrário de outras marcas de *fast food*, a Pret concentrou um bocado de atenção ao processo de pós-venda e assim oferece uma lição útil sobre bons modos da marca.

Um excelente serviço prestado ao cliente não acontece simplesmente. Ele resulta da compreensão dos modos da marca e da criação de uma organização autoconfiante que os execute. A gerência precisa assegurar que a organização realmente entenda o comportamento e as expectativas dos clientes em relação ao setor de mercado da marca, seu conjunto competitivo e o relacionamento com todas as principais variáveis que possam afetar a experiência do cliente. Em particular, as funções de marketing, comunicações e recursos humanos têm de estabelecer os modos da marca e então transmiti-los com eficácia tanto interna quanto externamente para criar o clima de expectativa em relação ao produto ou serviço da marca.

Os embaixadores da marca, que interagem com os clientes através de qualquer que seja o canal, precisam ser treinados na compreensão de quais são as expectativas do cliente em relação ao serviço em seu contexto em particular e como reagir em conformidade. Eles precisam de um sistema dentro do qual os representantes da marca tenham bem definidos seu poder de decisão e grau de liberdade a fim de assumirem riscos em favor do cliente e da empresa. A empresa precisa de um processo de monitoração para traçar os níveis de satisfação do cliente em relação à sua marca e à dos concorrentes principais.

A triste realidade da vida cotidiana é que o bom serviço é exceção, e não a regra. As lojas de eletroeletrônicos, que vendem produtos de preço elevado e esperam que os clientes se sirvam sozinhos, pois o pessoal da equipe não faz nada além de ler o que está escrito nos rótulos, são um exemplo. Outros exemplos que poderíamos citar são os guichês de banco ou dos correios em que os empregados têm um ar de quem está a quilômetros de distância dali; a empresa de transporte cujos empregados falam mal dos empregadores para os clientes; a fila para apresentação de passaporte nos aeroportos, onde a equipe lhe diz: "reclame com o governo"; as desorganizadas filas do táxi do lado de fora dos aeroportos e assim por diante. A boa notícia é que há um bocado de espaço para melhorias! Então, reveja cada aspecto da comunicação da marca no ponto de venda para certificar-se de que está em acordo com o posicionamento e a promessa da marca:

• fachada da loja e escritório dos fundos
• embalagem do produto/serviço
• apresentação das vitrines
• vestuário da equipe e apresentação pessoal
• tom de voz/estilo verbal
• estilo de redação em cartas e mensagens eletrônicas
• conhecimento e estilo na prestação de serviço no ponto de venda
• o "teatro" do varejo
• comunicações de propaganda e marketing.

Capítulo 26

A importância de prometer menos e cumprir mais

Como vimos, a excelente experiência de serviço tem um caráter quase inteiramente subjetivo e é condicionada pelo confronto entre o serviço prestado e as expectativas. Este capítulo trabalha com a idéia de como gerar, de modo sistemático e regular, experiências excelentes de serviço para o cliente.

A criação de expectativas na mente dos clientes é fundamental para se estabelecer uma estrutura psicológica dentro da qual a marca possa cumprir sua promessa. Todas as marcas devem comunicar ao seu público-alvo quais são realmente as suas promessas, a fim de estabelecerem seus *benchmarks* e as expectativas em confronto com as quais o produto ou serviço da marca será julgado. Se isso for bem feito — e se o serviço prestado pelos representantes da marca ao cliente puder exceder os padrões publicamente estabelecidos —, o resultado será a sensação do cliente de ter recebido um excelente serviço.

Em outro ponto deste livro, nós mostramos que somos criaturas de hábitos e que precisamos de um meio ambiente estruturado para termos conforto e segurança em nossa vida. Nós parecemos ser naturalmente refratários a mudanças e em geral ficamos descontentes com acontecimentos inesperados. Os mesmos sentimentos se aplicam aos relacionamentos interpessoais, incluindo aqueles envolvidos nas interações vendedor/comprador. Nós, portanto, desfrutamos de grande satisfação quando correspondem às nossas expectativas. O técnico que combinou um horário para consertar um eletrodoméstico em casa e não apareceu pode proporcionar-nos uma experiência muito desgastante. Não só pelo tempo desperdiçado esperando alguém. Não só pelo prejuízo de passarmos tanto tempo ausentes do trabalho. Nem pela irritação de continuarmos com o aparelho quebrado. Tanto quanto qualquer desses motivos, aborrece-nos simplesmente a incerteza, a impossibilidade de sabermos se o técnico vai chegar ou não. A nossa ansiedade e a frustração poderiam ser facilmente evitadas com um simples telefonema dando uma explicação — telefonema esse que, curiosamente, quase todas as empresas de assistência técnica se abstêm de fazer.

O mesmo acontece quando ocorre atraso de trens, aviões e no trânsito, nas vias expressas. Se houvesse o costume de manter o cliente bem informado, os seres humanos suportariam notavelmente bem esses atrasos. O que parecemos incapazes de suportar por mais de dez minutos é a falta de informações sobre as causas, a provável solução e a previsão da duração do atraso, o que nos leva à sensação de perda do controle e a uma ânsia crescente. Uma das regras de ouro para a comunicação de qualquer marca consiste em estabelecer um certo nível de boa vontade na mente dos clientes, o que garante um crédito imenso para a empresa usufruir, "fazendo retiradas" se eventualmente enfrentar dificuldades. Cultivar a marca é como cultivar aspargos, nós devíamos ter começado cinco anos atrás! De muitas maneiras, a simples longevidade de uma campanha de promoção da marca é um dos seus pontos mais fortes, capaz de proporcionar segurança aos clientes em razão de sua coerência e familiaridade.

Ao se desenvolver uma campanha de promoção da marca, a comunicação deve ser feita a partir dos componentes-chave que já enfocamos neste livro, quais sejam: as dimensões racional, emocional, política e espiritual. Naturalmente, as empresas desejam proclamar sua marca do modo mais ruidoso possível, dentro das limitações do produto, do desempenho do serviço e da estrutura de controle de mercado. Ocasionalmente os marqueteiros exageram, quase sempre com resultados adversos. Por exemplo, a recente introdução, pela Procter & Gamble (P&G), de um papel higiênico radicalmente inovador pretendia tomar o mercado do Reino Unido de assalto. Charmin, o mais vendido papel higiênico da América do Norte, foi introduzido na Grã-Bretanha em janeiro, com uma campanha de marketing de £28 milhões. Contudo, subseqüentemente surgiram evidências de que o uso desse papel, fruto da mais avançada tecnologia, podia causar problemas. A

A importância de prometer menos e cumprir mais **269**

P&G teve de concordar em reduzir à metade a "resistência temporária do papel molhado" depois que seus concorrentes e as empresas de fornecimento de água advertiram que o Charmin entupia os canos da rede de esgoto. Em conseqüência, o Charmin teve de ser reformulado para uma especificação mais baixa, com conseqüente perda de credibilidade perante os clientes.

A grande rival da P&G, a Unilever, havia anteriormente enfrentado um problema semelhante com seu novo detergente em pó, o "Persil Power", que continha manganês. Esse miraculoso ingrediente foi removido em 1995, depois que se descobriu que destruía o tecido das roupas, fato que a Procter & Gamble se esforçou muito para pôr em evidência, procedendo ela mesma a rigorosos testes, com o objetivo de demonstrar o problema para as autoridades competentes e para a mídia, que se deliciou com manchetes no estilo Bart Simpson, que diziam "o Persil Power comeu a minha coleção de shorts!"

O segredo do sucesso na divulgação das várias dimensões de uma marca para os seus clientes reais ou potenciais consiste em colocar a comunicação num nível que lhe proporcione uma vantagem competitiva, mas que também deixe espaço para que na prática o desempenho do produto ou serviço da marca se supere em termos de excelência. No que diz respeito às promoções de vendas, é quase sempre melhor evitar os descontos nos preços porque eles literalmente redefinem o preço num patamar inferior e tendem a gerar uma espiral descendente com descontos sucessivos, prejudicando a lucratividade. As promoções que agregam valor, nas quais se oferece um outro produto gratuitamente, ou se combina um produto da Marca A com outro da Marca B, ou uma promoção "compre um e leve dois" (BOGOF: *Buy One Get One Free*) são melhores para a promessa da marca. No setor de serviços, as promoções do tipo "apresente um amigo", ou as que estendem benefícios ou oferecem benefícios indiretos têm o mesmo apelo. Quando a marca lança mão dessas estratégias, a sensação é de que ela ainda tem auto-estima e acredita que vale a pena dar mais de si mesma para o cliente pelo mesmo preço, em vez de dar a mesma coisa por um preço menor.

Com respeito à natureza e tipo da comunicação publicitária a ser usada, continua prevalecendo a crença, na mente de muitos marqueteiros, de que a venda pesada (*hard sell*) é mais eficaz do que as abordagens mais sofisticadas (*soft sell*). Confirmando a complexidade das técnicas modernas de gestão de marcas, a análise de Tim Ambler sobre os vencedores do IPA *Advertising Effectiveness Awards* 1998 — prêmios conferidos pelo IPA aos anúncios publicitários mais eficazes — (Ilustração 53) mostrou que a combinação dos fatores racionais, emocionais e outros psicologicamente complexos constituiu a abordagem mais bem-sucedida dentre as utilizadas para a promoção das marcas. As estratégias que se basearam em enfoques puramente racionais representaram apenas uma pequena minoria.

Em que nível os novos concorrentes do
IPA Advertising Effectiveness Awards — 1998
acreditam que sua campanha publicitária funcione?

Apenas racional	4%
Apenas emocional	22%
Combinação persuasiva de racional e emocional	22%
Reforço de comportamento preexistente	6%
Combinação dos fatores acima, ou mais fatores	46%

Fonte: Banco de dados do IPA.

Ilustração 53 *Estatísticas de propaganda do IPA.*

Esse fato demonstra com bastante clareza que a probabilidade de eficácia de uma postura que une o racional e o emocional é maior do que a de um enfoque meramente racional. Acrescentar as dimensões política e espiritual aumentaria ainda mais essa eficácia. Em termos práticos isso significa que, se você trombetear de modo bombástico as virtudes da marca, berrar seus benefícios e lançar logotipos espalhafatosos, terá menor probabilidade de obter sucesso do que se adotasse um enfoque mais sutil, mais envolvente. Embora para alguns a estratégia mais sutil possa dar a impressão de não estar à altura da promessa da marca, na verdade está é criando o potencial para a empresa exceder a promessa. Duas famosas marcas norte-americanas, ambas citadas freqüentemente em estudos de caso, usaram a estratégia de prometer menos e cumprir mais. A Federal Express se tornou famosa por garantir que entregaria encomendas antes das oito horas da manhã do dia seguinte em mais de 5.000 códigos de endereçamento postal dos EUA. A Domino's Pizza prometeu que as pizzas seriam entregues em domicílio vinte minutos após o pedido ou não seriam cobradas. Nos dois casos a organização fez pesquisas, constatou que o tempo de demora da entrega era um fator vital para a satisfação do cliente e, assim, estabeleceu publicamente alvos que ela sabia que teria condições de ultrapassar sistematicamente. Essas empresas projetaram o cumprimento em excesso do que oferecia a seus clientes.

Um outro exemplo de empresa que se beneficiou por prometer menos e cumprir mais foi o da marca britânica Ronseal. O charme desse caso é que o sucesso foi conquistado com orçamentos de comunicação de marketing relativamente pequenos, num mercado altamente competitivo dominado por um punhado de varejistas com uma enorme capacidade de distribuição.

Estudo de caso: A RONSEAL "FAZ EXATAMENTE O QUE ESTÁ ESCRITO NA LATA"

A Ronseal Limited, com sede em Sheffield, opera no mercado britânico de tintas e produtos para decoração e se especializou no segmento de tratamento da madeira. A empresa foi a número um do mercado várias vezes ao longo dos anos, começando com sua tinta para madeira nos anos 1930 até o primeiro tingidor de madeira para exteriores à base de água (Ronseal Quick Dry Woodstain) e o primeiro produto à base de água para dar textura de madeira (Ronseal Paint & Grain), nos anos 1990. Foi em 1956 que o primeiro verniz Ronseal entrou em campo. Eles continuaram a progredir ao longo dos anos e foram reconhecidos como líderes tanto em participação no mercado quanto em avanço tecnológico. A empresa norte-americana de tintas e vernizes Sherwin Williams adquiriu a Ronseal Limited em 1997.

O número de proprietários de imóveis no Reino Unido é alto e os preços dos imóveis, no final dos anos 1990 e começo do novo século, vêm subindo acima da inflação. Em conseqüência, "os proprietários de imóveis estão preferindo reformar a casa antiga a comprarem uma nova", de acordo com Paul Barrow, diretor-gerente da Ronseal. "Do mesmo modo, os consumidores estão empregando cada vez mais a sua renda disponível em produtos FVM ('faça você mesmo') e não com roupas e viagens de férias. E à medida que, em razão da falta de tempo, eles procuram produtos que poupem trabalho, a facilidade da aplicação assume importância maior." O desafio nesse mercado é, portanto, considerável e a Ronseal não poupou esforços para superá-lo, investindo substancialmente em P&D e marketing centrado em clientes para assegurar que é capaz de reagir a essa demanda. A Ronseal acreditava firmemente que as mudanças no perfil do consumidor exerciam impacto sobre cada aspecto de sua organização e fez questão de que todo o pessoal fosse bem treinado, motivado e capacitado para responder às necessidades tanto dos usuários finais quanto às dos revendedores, seus clientes empresariais. Em decorrência, resolveu adotar uma filosofia de melhoria contínua e criou uma infra-estrutura para dar suporte a esse processo e assim atingir seu objetivo.

Paul Barrow definiu o posicionamento da marca da seguinte maneira: "O propósito da Ronseal é simplificar técnicas e processos para agilizar e facilitar o trabalho do consumidor, oferecendo a garantia de um excelente acabamento." O desenvolvimento de novos produtos desempenhou um papel-chave no sucesso da marca e a variedade e homogeneidade da qualidade dos produtos oferecidos pela Ronseal foram demonstradas pelo seguinte episódio: em 1998, a Ronseal Paint and Grain conquistou um cobiçado prêmio no comércio FVM. O kit de 1,5 litro se tornou campeão de vendas de todo o segmento de tratamento de madeira e ganhou o *Prince of Wales Award* na categoria inovação. O produto continuou a fazer sucesso e, em 1999, foi premiado como *Best New International Product* (Melhor Produto Novo Internacional) na National Hardware Show (Feira Internacional de Equipamentos para Casa, Jardim, Pintura e Manutenção), em Melbourne, Austrália.

Talvez o elemento de maior impacto em seu marketing mix tenha sido a sua campanha publicitária, realizada pela agência The Advertising Brasserie. Num exame superficial, um leque de produtos para tratamento de madeira pode não parecer uma grande inspiração para o trabalho criativo da agência e, à primeira vista, os roteiros podem ter parecido tão diretos que beiravam o monótono. Em essência, a campanha era composta de uma série notavelmente semelhante de comerciais em que um apresentador mostrava a lata do produto para a câmera e salientava os resultados em termos de acabamento (Ilustração 54). A produção era simples e bastante profissional — nada de locações exóticas ou cenários extravagantes construídos especialmente para a marca! Na verdade, o que distinguia o enfoque da Ronseal era o fato de evitar a maioria dos truques técnicos e efeitos especiais que costumam levar muitas propagandas modernas do Reino Unido a se constituírem em exemplos do triunfo da forma sobre o conteúdo. Ao retomar um dos formatos mais antigos de comercial de televisão — o apresentador diante da câmera —, transformando-o quase numa paródia do gênero, a Ronseal criou um verdadeiro *cult*. "A maioria das pessoas achava que todos os anúncios sobre FVM deviam ter apresentadores falando para a câmera, mas não era isso o que acontecia, então nós resolvemos adotar esse estilo", observou o diretor de marketing Ged Shields.

A Ronseal adquiriu renome pela franqueza da sua publicidade; não havia mensagens complexas, apenas sentenças triviais, enunciadas de forma trivial, até mesmo contida, afirmando que o produto era honesto, não enganava o consumidor e que tudo o que ele tinha de fazer era ler a lata. O anúncio foi descrito da seguinte forma: "O comercial diz ao público o que é o produto, o que ele faz e em seguida repete." Valendo-se de um discurso direto e sem afetação, que explorava a clássica "lei dos três" (que dizia que o receptor só memorizava três mensagens de cada vez), a Ronseal transmitia uma mensagem simples e clara — e assim reforçava a facilidade do uso dos seus produtos e dava ao consumidor a certeza de que poderia obter o efeito desejado para proteger ou decorar a madeira. Com esse tipo de apresentação, a Ronseal conquistou uma proposição de venda motivadora e persuasiva e seu comercial constituía um chamado poderoso para a ação, sem apelar para exageros.

Ilustração 54 *O comercial da Ronseal. "Faz exatamente o que está escrito na lata."*

Seria possível, por exemplo, imaginar estratégias alternativas em que se enfocasse a almejada mudança no estilo de vida ou o aumento do valor da propriedade que resultaria do uso da marca Ronseal. Embora o embelezamento da casa por meio do FVM pudesse atingir essa realidade, seria bastante provável que desse a impressão de ser discurso demais para um simples produto para tratar madeira. Em essência, a comunicação impassível da Ronseal demonstrava o poder de prometer menos e cumprir mais. "O slogan 'Faz exatamente o que está escrito na lata' foi fantasticamente bem-sucedido, porque é simples e vai direto ao ponto", comentou o diretor de marketing Ged Shields. A campanha se iniciou em 1990 e, em 1999, a Ronseal investiu mais do que qualquer outro fabricante desse segmento em campanhas publicitárias de âmbito nacional. A mais recente reiteração da campanha, embora mantendo a coerência com o comercial bastante singelo do passado, pela primeira vez mostrou mulheres no comercial e fez a Ronseal elevar o investimento para £3 milhões.

Conquanto esse orçamento fosse o maior do segmento, o investimento da Ronseal não parecia tão grande quando comparado com o nível geral de investimento em propaganda no Reino Unido. Além disso, o enfoque criativo adequado não custa barato. Num estudo ADWATCH conduzido pela revista *Marketing* em 2000, perguntaram aos consumidores quais comerciais de TV eles se lembravam de ter visto recentemente e os resultados revelaram que 49% se lembravam do comercial da Ronseal. Em 1999, a campanha da Ronseal alcançou mais de 80% de seu público-alvo básico e a pesquisa de audiência da própria Ronseal mostrou que mais de 60% de seu público-alvo conseguia descrever o comercial. A pesquisa também mostrou que se associa o tratamento de madeira mais à marca Ronseal do que a qualquer outra, o que significa que a campanha da empresa é extremamente bem-sucedida em promover a marca. Além da mídia, a marca lançou mão do desenvolvimento de produtos, de inovação na embalagem e de exibição de consumidores enfatizando a mensagem "Faz exatamente o que está escrito na lata".

Os resultados no mercado também foram significativos. Seus esforços na inovação dos produtos e o comprometimento com as comunicações de marketing conduziram a 34% de participação no seu segmento, percentual que é um terço maior que o do seu concorrente mais próximo. Em 2000, a Ronseal tinha uma participação de 66% no mercado de verniz e ainda estava na vanguarda das tendências gerais do mercado.

A campanha publicitária acabou por se tornar um ponto central da filosofia da Ronseal. A afirmação de "fazer exatamente o que está escrito na lata" diz respeito não só ao produto em si, mas também ao serviço oferecido. Paul Barrow resumiu a política da empresa da seguinte maneira: "A Ronseal está comprometida em agir de acordo com o que promete graças a investimento substancial em pessoal, equipamento, tecnologia e treinamento."

Este capítulo, que complementa o anterior, trata dos serviços prestados aos clientes.

A gerência precisa assegurar que as promessas feitas em nome de suas marcas sejam realistas e divulgadas com clareza para o mercado e também dentro da empresa. Prometer menos proporciona um potencial maior para se cumprir além do prometido.

Sempre que possível, devem-se incluir padrões objetivos de ação na promessa da marca ou no que se oferece aos clientes, a fim de permitir que clientes e empregados verifiquem se a promessa é cumprida e percebam quando é ocasionalmente excedida. No setor de serviços, informe aos clientes, onde quer que eles estejam, se ocorrer algum imprevisto — conquiste a compreensão deles e não a sua fúria.

Gerenciar expectativas e depois excedê-las é uma das formas mais eficazes de proporcionar ao cliente uma experiência de serviço excelente.

Capítulo 27

Empregados capacitados cuidam melhor dos clientes

É extremamente vantajoso contar com empregados capacitados, que interajam com os clientes internos e externos em conformidade com um conjunto de modos da marca estabelecido de comum acordo. Se eles tiverem poder de decisão dentro de determinados valores e parâmetros, os problemas dos clientes poderão ser resolvidos antes de se tornarem uma ameaça para o relacionamento.

O resultado não se limita ao aumento da eficiência, mas abrange também o impacto muito maior que exerce sobre os clientes. À medida que o ritmo de vida se acelera e o número de transações diárias por empregado cresce em razão dos avanços da tecnologia da informação, a capacidade de executar as tarefas com exatidão na primeira vez se torna o recurso máximo para controlar os custos e manter a lucratividade.

Ao mesmo tempo, os empregados capacitados assumem o controle de si mesmos, bem como do relacionamento com os clientes. Ao procederem assim, obtêm uma satisfação muito maior com o trabalho, além de desenvolverem a auto-estima e experimentarem uma sensação de segurança. Suas metas profissionais e pessoais se aproximam mais umas das outras e reduzem a dissonância entre trabalho e família. Como resultado, a inquietação dos empregados é minimizada, o índice de faltas é reduzido e a lealdade a longo prazo é recompensada.

A administração deve ter como objetivo dar condições aos empregados para atuarem como proprietários da marca. Em outras palavras, deve ter por meta colocar o maior número possível de empregados em cargos de responsabilidade e com poder de tomar decisões que fomentem o relacionamento com os clientes. Ao mesmo tempo, é preciso haver um bom nível de confiança para se evitar o risco de *downside* e para garantir-se um processo fluente, que torne fácil e eficaz a delegação de tarefas para o empregado sempre que necessário.

Imaginemos, por exemplo, uma empresa com 1.000 empregados. Cada um deles tem, digamos, dez interações diárias com clientes, tanto internos quanto externos. Num cálculo aproximado, isso daria 2,6 milhões de interações por ano, considerando-se uma semana de cinco dias e supondo-se que cada interação seja completa em si mesma e dispense, portanto, o concurso de outros empregados. Observa-se de imediato que, mesmo que apenas um terço dessas transações — cerca de 30% — apresente problemas e exija a intervenção de um segundo empregado e que dessas transações 50% sejam re-

"*Agora que nós já enxugamos o quadro de pessoal, já terceirizamos, apelamos para a reengenharia, melhoramos a qualidade, relocamos e subcontratamos, eu não consigo me lembrar... o que é mesmo que a gente faz aqui?*"

Figura 7 *"O que é que a gente faz?"*

passados para um terceiro empregado, que encaminha 75% do que recebeu para um quarto empregado, o número de transações aumenta 50% no geral. O impacto negativo desse processo de transferência sobre a produtividade, devido à falta de uma resolução no nível anterior, é evidente, sem mencionar a frustração do cliente e o prejuízo para a marca. Os CEOs e os membros do primeiro escalão precisam examinar detalhadamente as interações entre empregados e clientes, a fim de discernirem a natureza e o volume dos incidentes que ocorrem por se "fazer errado na primeira vez", para então definirem os graus adequados de liberdade de ação necessários para minimizá-los.

No Reino Unido, por exemplo, o custo médio do preenchimento e envio de um pedido de compra pelo correio é de £8, não importa qual seja o item adquirido. No segmento de vestuário, o índice de devolução de pedidos chega a 30% do total. É provável que esse percentual se eleve à medida que os clientes se habituam a esse sistema de compras e perdem o constrangimento de solicitar dois ou três tamanhos ou variações de cor de um mesmo item, ficando com um (espera-se) e devolvendo os outros. Agora calcule o prejuízo se, além dos custos inerentes da transação, os empregados envolvidos na venda direta, incluindo aqueles das inúmeras empresas pontocom que estão ingressando no mercado, errarem na hora de atender ao pedido!

Um dos benefícios da era da Internet é a convenção de os *sites* divulgarem as perguntas mais freqüentes — ou FAQ, como são conhecidas. Trata-se de um processo interativo em que as perguntas dos usuários possibilitam ao proprietário da marca distinguir determinados padrões e, com base neles, elaborar respostas que resultam numa considerável economia de tempo, tanto para o cliente quanto para a empresa. Esse banco de dados formado pelas perguntas dos clientes também é útil para os representantes da marca, na medida em que os prepara para reagirem com eficácia quando surgirem problemas. A Nationwide Building Society, do Reino Unido, já testou a tecnologia para reconhecimento de íris, numa de suas agências. É bastante provável que se dissemine o uso da biometria nas instituições bancárias, a fim de se aumentar a proteção contra fraudes. Esses novos processos de identificação também ampliarão a capacidade da equipe de reconhecer seus clientes e atendê-los de uma forma mais personalizada, sem perda de eficiência em razão do tempo gasto com a identificação. Mas, não importando o quanto os sistemas sejam bons, ainda há a imprevisibilidade inerente das interações humanas. Não há como fornecer aos empregados um "*script*" pronto para toda e qualquer interação; eles precisam ter autoridade e autoconfiança suficientes para agirem *ad libitum* e improvisarem dentro do cenário geral criado pela marca.

O extremo máximo da autoridade é constituído pelo conceito de franquia, em que o proprietário da marca delega responsabilidade operacional ao franquiado. Desse modo, a pessoa pode combinar os benefícios de ter uma visão de marca e de produtos/serviços já testados e aprovados — sem mencionar o apoio da infra-estrutura e dos sistemas operacionais —, com a energia e a motivação de "abrir um negócio próprio". São abundantes os exemplos de empresas extremamente bem-sucedidas que adotaram o modelo de franquia. É o caso da Pizza Express, do Reino Unido, da Kentucky Fried Chicken, dos EUA e, é claro, de quase todas as marcas de carro do mundo inteiro.

Contudo, parece haver um padrão no crescimento de muitas operações de franquia. Uma vez que a marca se estabelece, a rede pode expandir-se em termos geográficos e crescer rapidamente, graças ao capital e aos recursos administrativos adquiridos com a cessão da franquia. No estágio seguinte, é comum o proprietário da marca se defrontar com um grande número de poderosos detentores de múltiplas franquias, indivíduos esses que podem ter visões divergentes sobre a administração da marca, sem mencionar que é muito difícil controlá-los. Em conseqüência, ou a marca entra em apuros — como aconteceu com a KFC e a Burger King —, ou todos os contratos de franquia são sistematicamente rescindidos pelo proprietário da marca, para quem o controle é repatriado.

Curiosamente, em junho de 2000, a Abbey National, do Reino Unido, anunciou sua intenção de abrir franquia das agências, como uma maneira de reagir à "saturação" de instituições bancárias no centro financeiro britânico. Será interessante observar se essa estratégia produzirá melhorias no serviço prestado aos clientes — num segmento que sofre de má reputação já há alguns anos — e também se a Abbey National conseguirá manter a autoria da sua marca. Trata-se de experiência bastante oportuna, feita sob uma grande pressão para se aprimorar a qualidade dos serviços, tendo em vista as vantagens do banco eletrônico via Internet e a facilidade com que as contas correntes podem ser transferidas de uma instituição para outra.

Os proprietários da marca também podem oferecer a seus embaixadores algumas "pontas" ou "cenas mudas" — para usar uma linguagem teatral —, que ampliem a proposta da marca ao mesmo tempo em que lhes propicia uma participação maior, além de proporcionar satisfação a eles e aos clientes. Fala-se muito sobre "teatro do varejo" e é surpreendente que praticamente nada do gênero seja realizado nas ruas de comércio ou nos shopping centers. Um bom exemplo de um novo conceito de varejo, que se valeu desse recurso em sua proposição da marca, é o da Girl Heaven — que visa dar "a uma garota tudo com que ela sempre sonhou" e tem como público-alvo meninas de 2 a 10 anos, bem como as mães, tias, avós e na verdade qualquer um que goste de presenteá-las com um vaporoso traje cor-de-rosa!

Toda hora, do lado de fora da loja, a equipe forma uma fila e executa uma coreografia ao som do último sucesso pop, arrebanhando a clientela jovem onde for possível e lhes ensinando alguns passos (Ilustração 55). Esse é um *showstopper* — espécie de show para fazer os consumidores pararem diante da loja, como acontece em shoppings britânicos como o Bluewater, em Kent, onde a Girl Heaven foi lançada, e que tem ajudado a atrair uma boa publicidade para a marca, além de divertir tanto os consumidores quanto os empregados. O teatro do varejo também é utilizado pelo "Princess Makeover Studio", onde as crianças pequenas podem fantasiar-se, pintar o rosto e frisar o cabelo para tirar fotografias instantâneas no "Trono da Princesa" (Ilustração 56).

Ilustração 55 *A coreografia da equipe da Girl Heaven.*

Ilustração 56 *Trono da Girl Heaven.*

É possível os empregados do setor varejista imbuírem-se dos valores da marca graças simplesmente à influência do ambiente de trabalho, se esse expressar a identidade corporativa da marca. Os escritórios da Ralph Lauren, por exemplo, são decorados com o mesmo estilo das lojas e essa similaridade amplifica a sensação de integração e de harmonia entre os membros da equipe. Não lhes parece que esse expediente — já utilizado pelas marcas ligadas à indústria da moda, uma vez que as considerações estéticas estão sempre na sua pauta — deveria ser adotado por todas as empresas do setor de marketing, que poderiam persuadir as outras empresas a empregá-lo também? Centrais de atendimento telefônico, escritórios e fábricas não precisam menos de decoração. É triste ver, por exemplo, que uma empresa do Reino Unido, a Thornton's, cuja marca é definida como "Paraíso do chocolate desde 1911", tenha instalações tão modernas, destituídas de qualquer indício visual dessa promessa, com um aspecto tão utilitário e pouco inspirador.

Para a maioria das empresas, o ideal é conquistar uma situação que lhes permita manter absoluto controle sobre a marca e capacitar seus empregados a se comportarem, na medida do possível, como empresários ou franquiados. Um exemplo de uma marca que avançou nessa direção, no Reino Unido, é a Hong Kong & Shangai Banking Corporation ou HSBC.

Estudo de caso: HSBC

Jessica Gorst-Williams, em seu artigo publicado no *Daily Telegraph* de 30 de outubro de 1999, fez uma descrição bastante interessante da sua caixa postal. Ela contou o número de cartas que havia recebido de leitores que reclamavam de várias instituições financeiras. Considerando-se o esforço que representa correr a caneta pelo papel, colocar o papel no envelope, selar o envelope e colocá-lo na caixa do correio, a maioria das pessoas vê as cartas enviadas à imprensa como a ponta de um *iceberg* de bom tamanho. A Ilustração 57 mostra os resultados do ano até o momento e apresenta a maioria dos principais bancos do centro financeiro. Dentre os seis principais, notam-se algumas diferenças entre os mais citados e os menos citados e é claro que instituições como o Halifax e o NatWest, em particular, têm motivos para prestar atenção ao modo como têm tratado seus correntistas.

Instituição Financeira	Número de reclamações no ano
Halifax	150
NatWest	120
Lloyds TSB	100
Barclays	100
Royal Bank of Scotland	80
Abbey National	60
HSBC	3

Ilustração 57 *Número de reclamações contra bancos no ano.*

Empregados capacitados cuidam melhor dos clientes 281

Um fato que saltou à vista foi o número notavelmente pequeno de cartas reclamando contra o HSBC e contra o First Direct, seu banco subsidiário virtual. Apenas três no ano. Curiosa para descobrir a razão disso, Gorst-Williams fez algumas indagações ao banco e fez uma fascinante descoberta sobre como o HSBC e o First Direct se organizaram para manter o bom humor dos seus clientes.

Ela conversou com Carole Gibbs, chefe do departamento de Relações com o Cliente do HSBC, que lhe contou algumas das medidas que seu banco toma para prestar um excelente serviço aos clientes. Em termos bem simples, o banco capacita os empregados para resolverem sozinhos o máximo possível de problemas em seu primeiro ponto de contato. Assim, delega a eles autoridade para que tomem decisões com destreza — em situações em que, nas outras instituições, se exige que o empregado consulte a gerência antes de tomar qualquer providência. Essa liberdade de agir por iniciativa própria — aliada a uma comunicação fluente e ágil nos casos em que há necessidade de intervenção de outra pessoa — foi citada como a principal razão do sucesso.

Além disso, o HSBC estabelece uma margem em termos financeiros que a equipe pode utilizar para negociar com os clientes, sem consultar os superiores e em circunstâncias previamente definidas. Se surgir algum problema mais complexo, que demande o concurso de outra pessoa dentro da organização, então o HSBC se orgulha de, numa atitude proativa, entrar em contato com o cliente para informá-lo do andamento da sua reclamação ou do seu problema. Existe também uma linha dedicada na matriz para dar suporte ao correntista e tratar de problemas que não possam ser resolvidos na agência, embora o HSBC sempre tente solucionar as queixas no próprio local.

Partindo do artigo original de Gorst-Williams, nós nos aprofundamos na cultura de gestão do relacionamento com o cliente e aprendemos mais com Carole Gibbs sobre os segredos do sucesso. Ela resumiu assim a filosofia do banco: "Nós damos as boas-vindas às reclamações, nós tornamos fácil, para o cliente, expressar as suas opiniões, nós nos desculpamos e corrigimos as falhas o mais rápido possível." O HSBC investiga todas as reclamações de cliente, sem distinção. "Algumas das cartas que recebemos vêm datilografadas em papel de excelente qualidade, enquanto outras foram escritas à mão em papel de embrulho. Mas cada uma é levada tão a sério quanto as outras", Gibbs revelou. "Com freqüência é o comentário mais simples que representa o problema mais grave e o segredo é tratar todos os clientes como indivíduos." O HSBC promete acusar recebimento de todas as cartas ou telefonemas em 48 horas, mas, sempre que possível, ele o faz ainda mais depressa. Existe um processo a ser obedecido, mas o mais importante, para o banco, é a crença de que, quanto mais cedo o problema for resolvido, mais cedo o cliente tornará a ficar do lado deles. Cada resposta dada pela equipe do HSBC é pessoal, pois não existe resposta-padrão. Os empregados simplesmente informam ao cliente *qual* é o problema no entendimento deles, a *quem* cabe resolver e *quando* prevêem que chegarão a uma solução. Procedendo assim, eles "se apropriam" do problema do cliente e gerenciam as suas expectativas — e isso é fundamental para se viver a marca por meio de modos da marca eficazes.

282 EM SINTONIA COM A MARCA

Carole Gibbs descreveu da seguinte maneira as técnicas do HSBC para estabelecer contato e criar empatia:

> Nós sempre tentamos imaginar o que o cliente está sentindo. Não existe uma fórmula no manual para se lidar com as reclamações; o segredo é tratar cada uma individualmente e não esquecer que o relógio está andando. Há apenas 9 pessoas na equipe básica de Relações com os Clientes, de forma que todos sempre sabem o que o outro está fazendo; essa equipe é depositária dos mais de 200 anos de experiência da empresa. Sim, estamos sempre atribulados, mas isso significa apenas que não deixamos nada de lado, nós resolvemos os problemas.

A atitude da equipe do HSBC parece confirmar o velho adágio que diz "se você quer que alguma coisa seja feita, encarregue alguém ocupado de fazê-la".

De acordo com Gibbs, freqüentemente são os pequenos detalhes que podem acalmar os ânimos. "A primeira coisa que digo a um cliente é: — Posso telefonar de volta para o senhor? Já é ruim o bastante o senhor ter razões para se queixar. Eu não gostaria que além de tudo o senhor também tivesse de pagar a ligação telefônica — Em geral, quando o cliente está muito aborrecido e agitado, nós apenas perguntamos: — O que posso fazer para melhorar as coisas para o senhor? — Mostrar essa preocupação e admitir o problema quase sempre já basta para solucionar o caso."

Em muitas empresas, as reclamações são temidas por aqueles que têm a incumbência de resolvê-las, mas o pessoal do HSBC não as teme e, embora possa parecer um ponto relativamente insignificante, essa atitude mental exerce um impacto muito grande sobre a maneira como eles lidam com os clientes. O HSBC tem uma cultura "sem acusações" muito forte. Quando os clientes reclamam, o banco não tem medo de pedir desculpa e os representantes da marca sempre terminam a conversa dizendo "obrigado pelo seu tempo e pelo trabalho que o senhor teve para nos contar o seu problema". Afinal de contas, se as pessoas não reclamarem, eles jamais saberão como está o seu desempenho, nem como é possível aprimorar o serviço prestado ao cliente. Contudo, nem tudo é notícia ruim: o HSBC também recebe o incentivo de muitos elogios!

Manter o cliente a par dos fatos é vital; se não puder resolver uma determinada reclamação, a equipe procura garantir que quem quer que vá fazê-lo, faça-o do modo adequado. Dentro de cada departamento do HSBC existem os "Donos das Reclamações" — empregados especialmente designados para funcionarem como elo entre a equipe de Relações com o Cliente e os especialistas das áreas específicas, para que se dê prioridade à resolução das reclamações quando elas surgirem. Dispor desses representantes dos clientes no banco inteiro assegura que as reclamações serão levadas a sério e não se perderão na azáfama das tarefas cotidianas. Segundo Gibbs, "todos cometemos erros de vez em quando; é o modo como enfrentamos as conseqüências que nos distingue dos nossos concorrentes".

Um exemplo da atenção constante do HSBC às tendências de mudanças e aos respectivos processos de correção é a maneira como são tratados os parentes dos correntistas falecidos. O HSBC constatou a ocorrência de várias queixas

Empregados capacitados cuidam melhor dos clientes 283

de pessoas nessa situação e examinou a questão com mais cuidado. Uma das queixas descrevia o caso da viúva de um cliente que foi a uma agência para fechar a conta e o caixa imediatamente lhe entregou o formulário, em vez de dizer "Puxa, lamento muito". O HSBC analisou esse tipo específico de interação e descobriu um modo de agir sem fazer o cliente sofrer ainda mais. Os empregados foram incentivados a adotar respostas como "O senhor não precisa fazer isso hoje, se não estiver disposto" e como resultado o problema foi minorado.

Outra mudança foi a dos folhetos nas agências com o título "Como reclamar", que foi substituído por "Queremos ouvir seus comentários". A equipe das agências costumava ficar preocupada quando via um cliente apanhar um daqueles folhetos, mas agora todos se sentem com autoridade para perguntar "Posso ajudá-lo em alguma coisa?" quando vêem o cliente com o folheto nas mãos — e se esforçam para transformar essa interação numa experiência positiva. Os empregados da linha de frente constantemente procuram o pessoal de Relações com o Cliente em busca de orientação, quer se trate de algum cliente problemático ou apenas de reclamações mais simples. O importante é que existe uma cultura no banco em que ninguém tem medo de enfrentar esses problemas.

O departamento de Relações com os Clientes promove seminários de um dia todos os trimestres, para que os "Donos das Reclamações" da linha de frente compareçam e comentem os problemas que enfrentam no dia-a-dia e suas soluções. Essas sessões são feitas num esquema "vale tudo", o que significa que os empregados têm liberdade para expressar suas preocupações sem receios nem constrangimentos. O assombroso é que o diretor-presidente sempre encontra tempo para comparecer, mesmo que só por alguns minutos, a esses seminários. O HSBC também tem um programa de treinamento chamado "Salto", nome apropriado para uma cultura corporativa tão profundamente imbuída da idéia de "assumir riscos em benefício do cliente". Esse treinamento é ministrado sob a forma de livros e vídeos, além de apostilas como a de redação comercial e a que ensina a lidar com clientes problemáticos. Esses cursos oferecem aos empregados a oportunidade de aprimorar seus conhecimentos e constituem um programa de aperfeiçoamento contínuo dentro do banco, respeitando o ritmo pessoal de cada membro da equipe.

O HSBC acredita firmemente que, se não puder encontrar sozinho a melhor solução para um problema, o empregado deve sentir-se à vontade para buscar o auxílio dos colegas. Na opinião de Carole Gibbs, "não se trata de achar quem foi o culpado pelo erro, mas sim de saber quem vai resolver o problema". No escritório do departamento de Relações com o Cliente está afixado um pôster onde se lê: "Nenhum de nós é melhor do que todos nós." Algumas pessoas afirmam que "não é uma questão do que se diz, mas do modo como se diz", mas o HSBC vai ainda mais longe: "o que importa não é o que se diz, nem como se diz, mas sim o que o cliente escuta!" Isso realmente resume o estilo de trabalho do HSBC e explica bem a substancial vantagem competitiva desse banco sobre os demais que aparecem na lista de Gorst-Williams.

O HSBC envia cerca de 100.000 pesquisas por mês aos clientes pessoa física e aproximadamente 120.000 por trimestre para os clientes empresariais. Para dar um exemplo, uma das perguntas feitas é: "Você já reclamou ou teve vontade de reclamar?" Essa informação possibilita às agências telefonar para os clientes para responder às suas reclamações ou comentários, personalizando o serviço ainda mais.

Uma boa indicação do quanto o HSBC leva a sério a capacitação dos empregados para que possam escutar com eficácia, entender os clientes e lhes oferecer um serviço excelente, é o contato regular entre o departamento de Relações com o Cliente e o CEO, Bill Dalton. Carole Gibbs confirma que "eu o vejo quase todos os dias e nós conversamos sobre os problemas dos clientes e também sobre como aperfeiçoar nossos serviços. Ele se envolve bastante com o processo todo e tem um interesse enorme por tudo o que acontece".

Criar um ambiente onde os empregados tenham liberdade e iniciativa para trabalhar com base no *feedback* do cliente é essencial para os modos da marca. Tentar entender o que o cliente sente é um bom exemplo do que se pode fazer. Para além do racional, o emocional (sentimento) e o político (o que é um bom negócio?) entram em cena. Incentive a equipe a resolver problemas e adote uma postura "sem acusações", em que os representantes da marca se sintam capacitados para assumir riscos em benefício dos clientes.

Analise o comportamento transacional entre a empresa e seus clientes e preste atenção aos padrões, aos gargalos, às questões mais freqüentemente perguntadas e aos problemas comuns que surgirem.

Mapeie o andamento das reclamações e analise sua relação custo/benefício em termos do que representam para o cliente e para a empresa. Observe a mudança das reações conforme o nível hierárquico em que os problemas são resolvidos.

Ponha na balança os custos de uma solução na própria linha de frente e os custos quando é necessário reportar-se a dois, três ou até quatro níveis hierárquicos superiores. Tendo isso por base, estabeleça uma margem dentro do seu orçamento com valores que os representantes da marca tenham autoridade para empregar.

Monitore a resolução do problema de maneira regular e detalhada e inclua esse tema nos programas de treinamento, na avaliação e na remuneração do empregado.

Explore as opções de franquia onde forem factíveis. Onde não, tente criar o tipo de ambiente motivador que os empregados desfrutariam se fossem detentores de franquia da marca.

Capítulo 28

Recrute em consonância com os valores da marca

Como principal providência para garantir que o cliente obtenha o máximo de satisfação com a marca, nós sugerimos que as empresas sejam tão minuciosas no recrutamento de pessoal como o são ao definir o seu público-alvo. Ao procederem assim, elas colocam em consonância seus valores internos e externos e reforçam a eficácia da apresentação da marca a seus clientes.

Em geral, a empresa gasta grandes somas com pesquisas de mercado projetadas para ressaltar os atributos específicos da sua marca aos olhos dos consumidores. Para tanto, salientam-se os benefícios racionais e emocionais e, cada vez mais, políticos e espirituais. Ao mesmo tempo, as pesquisas definem o perfil dos consumidores e dos segmentos em grande detalhe para garantir que a comunicação dos benefícios da marca seja feita sob medida para as necessidades desses consumidores. Contudo, quando se trata de recrutamento de pessoal, ou seja, daqueles a quem realmente será atribuída a responsabilidade de dar suporte e proporcionar aos clientes a experiência com a marca, raramente se dispensa uma atenção especial aos critérios de seleção.

A maioria das empresas, ao recrutar pessoal, avalia conhecimentos e competência e presta relativamente pouca atenção a fatores como personalidade e atitude, limitando-se a uma avaliação geral da "química pessoal", para verificar se o candidato "combina ou não". É muito difícil mudar o comportamento natural das pessoas e forçá-las a se adaptarem a um ambiente que não consideram confortável. Seria muito mais fácil recrutar indivíduos que tenham uma afinidade básica natural com a marca e seus valores, de modo que eles possam, sem qualquer esforço, comportar-se em harmonia com o sonho corporativo de uma forma livre, expressiva e interpretativa, sem necessidade de regras, diretrizes e regulamentos excessivos. Eles se sentirão mais satisfeitos e os clientes, também.

Para o recrutamento, a empresa deveria elaborar questionários e técnicas de diagnóstico feitas sob medida, que buscassem equalizar pessoas, valores e comportamentos relevantes. Isso não significa que a empresa deva contratar apenas um tipo de candidato; evidentemente isso seria uma limitação, pois existem muitas dimensões numa organização e em suas operações. Mas é preciso que os empregados que representam a marca perante os clientes tenham os valores adequados, para que possam dar suporte à marca e fortalecê-la de maneira mais eficaz.

Um dos principais pontos fortes das empresas ou sociedades de pequeno porte, que são menos impessoais, é que o líder freqüentemente tem um papel muito importante, se não decisivo, na escolha de empregados para a empresa. O chairman, que favorece bacharéis formados por uma determinada faculdade ou universidade (às vezes de sua propriedade); o sócio principal, que sorri para os candidatos que partilham sua paixão por remo e o diretor administrativo que se identifica muito com aqueles que preferem música erudita, todos tendem a recrutar os que refletem sua própria imagem. Um grande benefício dessa cultura é que, por definição, ela se coaduna com a liderança e, se o candidato for competente e tiver os conhecimentos básicos adequados para o cargo, poderá constituir-se numa grande vantagem competitiva, principalmente nas organizações de prestação de serviços.

Contudo, durante o último quarto do século 20, esse enfoque que dá preferência aos "ex-colegas do chefe" para a seleção começou progressivamente a sair de moda. Ele foi acusado de ser "elitista", esnobe e de não oferecer igualdade de oportunidades. Como conseqüência, tornou-se politicamente incorreto e potencialmente ilegal concentrar-se nos "atributos sutis" dos aspectos da personalidade num CV e se colocou uma ênfase muito maior nas qualificações e conhecimentos técnicos. Enquanto isso, nas empresas maiores, em que a tarefa de recrutar é delegada ao departamento de Recursos Humanos e a gerentes num nível hierárquico bem abaixo da diretoria, a homogeneidade da seleção fica inevitavelmente muito diluída.

O resultado líquido disso é que as empresas lutam para conseguir uma sensação de cultura dentro de sua organização. Não é provável que um grupo díspar de empregados — recrutados por motivos principalmente racionais, sem um histórico aceitavelmente distintivo nem critérios baseados no caráter — exiba personalidade ou espírito coletivo. As chances de esse agrupamento humano heterogêneo se coadunar com os valores dos produtos e serviços da marca que a companhia produz são remotas. Uma parte fundamental da criação de um conjunto distintivo de modos da marca para uma corporação é "agarrar o touro à unha" do recrutamento e impor um novo conjunto de critérios acima daqueles relativos a conhecimentos e competência. Esse enfoque proporcionará um fluxo de empregados muito mais harmônicos com o caráter, a personalidade e as aspirações da corporação conforme expressos no sonho da marca.

Quando você se aproxima de um revendedor autorizado da Rolls-Royce como a H. R. Owen, na Berkeley Square, Londres, é bastante provável que você o faça com uma idéia muito clara do tipo de experiência como cliente que você está prestes a desfrutar. Você também tem uma expectativa sobre o tipo de pessoa — sua atitude, seus trajes e até o tom de voz — que o receberá assim que você atravessar a porta. É provável que os adjetivos e expressões que ela usará para descrever o carro serão os adequados para a experiência do cliente e o comportamento do representante da marca será praticamente do mesmo nível do veículo Rolls-Royce e da expectativa de dirigi-lo.

No caso do Rolls-Royce, pode parecer relativamente simples conseguir o melhor equilíbrio entre empregados e marca. Mas é justamente porque a marca é tão bem definida e há tanto tempo que, sob a orientação do fabricante, os revendedores autorizados, como H. R. Owen, têm laboriosamente recrutado pessoal adequado em todos esses anos. A tese deste livro é a de que qualquer companhia ou organização deve dar-se ao trabalho de fazer a mesma coisa e colher os benefícios que resultarão de ter um pessoal totalmente alinhado com a promessa da marca.

Algumas marcas são bem-sucedidas ao fazer isso de forma intuitiva e por meio dos mecanismos de seu processo de recrutamento. A Majestic Wine, por exemplo, confia inteiramente nos empregados que já pertencem ao quadro para recrutar os novos. Presumindo que a equipe encarregada seja composta por representantes adequados da marca, então, se eles fazem parte do processo de recrutamento e têm autoridade para contratar o candidato que lhes agradar e parecer ter o perfil certo para se encaixar na equipe, será atraído para a empresa um tipo de personalidade que se auto-replica.

Outro exemplo de empresa que confia inteiramente nos empregados para o recrutamento é o da Digitas, empresa de alta tecnologia originária da Califórnia. Seu comprometimento com a qualidade do pessoal e do ambien-

288 EM SINTONIA COM A MARCA

te de trabalho é tal que eles têm um "diretor-presidente de pessoal", atualmente Rob Galford, que ocupa a posição de vice-presidente executivo, um dos apenas quatro da empresa. Essa função está em absoluto contraste com tantas empresas em que o setor de Recursos Humanos está no nível dos grupos de serviço, em que o empregado mais graduado em RH em geral se reporta ao diretor financeiro. Nesses ambientes, o diretor financeiro freqüentemente é visto como "o diretor do 'não'", dedicado como é à contenção e corte de gastos, e não alguém em posição estratégica para construir a cultura e alinhar os empregados com os valores da marca da empresa. Um dos principais valores da marca da Digitas é o de ser "desbravador", mas o curioso é que eles atualmente não fazem testes formais dessa política, embora no momento estejam cogitando ativamente criá-los. Enquanto isso, utilizam-se do papel de paradigma do gerente sênior e da filosofia de conceder aos empregados liberdade e segurança para serem desbravadores em benefício de seus clientes. O controle é exercido por um procedimento "três *strikes* e está eliminado" numa cultura que incentiva o risco calculado.

A cultura da Digitas é evidentemente atraente: 40% de suas novas contratações vêm de apresentações feitas pelos empregados da empresa, que recebem, a título de estímulo, um valor que chega a 5.000 dólares por pessoa apresentada. No mundo das empresas de alta tecnologia, em que a competição pelo tipo certo de talento é intensa, a cultura do pessoal da Digitas constitui uma enorme vantagem. O enfoque da Digitas confirma a nossa tese, pois seus empregados podem comportar-se naturalmente no local de trabalho e ser mais descontraídos, ter um senso maior de autocontrole e ser mais autoconfiantes. Como eles não precisam ajustar seu comportamento natural para se encaixar numa cultura estranha, todas as suas energias podem ser carreadas para dar suporte aos valores da marca, aos quais a empresa aspira e dos quais o serviço ao clientes depende.

Para conseguir esse resultado, a empresa necessita analisar o que a sua marca oferece aos clientes em termos de valores e atributos da imagem que ela construiu na mente deles. Existem muitas dimensões pelas quais se pode descrever uma marca. Por exemplo, de preço baixo a preço alto, de alta qualidade a baixa qualidade, de produto de alto consumo a produto especial, de tratamento apressado a tratamento cuidadoso, de jovem a velho, de homem a mulher, de grande envolvimento a pouco envolvimento, de sensual a rotineiro, de inovador e moderno a tradicional e mais estabelecido, de artesanato a alta tecnologia, de nicho de mercado a mercado de massa, de durável a efêmero e de compra planejada a compra por impulso, para citar apenas alguns exemplos.

Cada marca individual pode ser representada por sua combinação particular desses tipos de atributos, agregados de uma forma especial. Tendo tirado uma fotografia da imagem nesses termos com esses descritores, a empresa está na posição de fazer duas coisas. A primeira é um programa de comunicações internas e externas que possa transmitir e reforçar esses aspectos de sua marca. A maioria das empresas modernas tem a intenção de fazer isso e muitas se saem bastante bem. Mas a segunda aplicação da análise é muito raramente ou nunca aplicada aos critérios de recrutamento de empregados. Você já viu algum procedimento de seleção de pessoal que busque algo parecido com essa riqueza de informações acerca de um candidato? Essa é uma nova e excitante área para o desenvolvimento dos modos da marca.

As pessoas ainda precisarão, para conseguir emprego, dos seus conhecimentos e competência — e técnicas como os exercícios situacionais, tão populares nos EUA, além de testes psicológicos que usam técnicas como a de Myers-Briggs, sempre terão um papel a desempenhar. Na França, até 90% das empresas usam a grafologia como parte do processo de seleção e, no Reino Unido, o British Institute of Graphologists (Instituto Britânico de Grafólogos) sugere que até 3.000 empresas britânicas também a utilizam, mas não gostam de admitir!

Um exemplo de empresa que está fazendo um trabalho interessante e potencialmente influente na área de recrutamento baseado em valores é a SHL consultoria de recrutamento, que opera em mais de 40 países e tem uma clientela de 2.500 empresas, grandes e pequenas, privadas e públicas. Atualmente ela está desenvolvendo um novo e bastante interessante modo de recrutar pessoal. Como fazem as outras, a SHL já desenvolveu uma auditoria que abrange toda a empresa e que examina a cultura e os valores corporativos, que envolve conversar com toda a diversidade de pessoas da empresa para extrair as características de comportamento e os valores específicos que constituem o núcleo do etos organizacional. Como complemento, ela agora está em processo de desenvolvimento de um questionário individual, para tentar extrair de cada indivíduo quais são seus próprios valores e expectativas pessoais. Seu recurso já foi testado em 63 países e, quando conta com o apoio de uma entrevista comportamental, cria um procedimento de seleção muito mais rico, que permite aos empregadores não só combinar as qualificações individuais com o tipo de trabalho a ser feito, mas também coadunar os valores individuais e os da empresa. Isso é bastante coerente com a meta dos modos da marca de alcançar uma situação "ganha/ganha" para as duas partes e satisfazer os quatro tipos básicos de necessidade das pessoas: o Racional (ter a qualificação certa), Emocional (ter os mesmos valores), Político (interessar-se pelas mesmas questões) e Espiritual (fazer algo que seja significativo).

O reconhecimento desse novo conjunto de valores e atributos pessoais e sua utilização como critério para seleção de pessoal acima da qualificação

290 EM SINTONIA COM A MARCA

e dos conhecimentos fará admitir o empregado que se coadune com os valores da marca que a empresa está determinada a oferecer ao mercado. Isso se tornará uma poderosa alavancagem das qualidades do pessoal empregado. Implementar essa estratégia de recrutamento com base nos modos da marca, gerenciar a implementação e depois treinar a equipe da empresa com cursos e avaliações a partir daí, deve ser responsabilidade de um dos principais executivos seniores da empresa. Quanto mais a empresa percebe os benefícios da comunicação contínua com seus empregados e o poder de uma equipe afinada de representantes da marca que, por sua vez, comunica os valores básicos da marca ao cliente, mais os papéis dos diretores de Recursos Humanos, de Comunicações e de Marketing se unirão em apoio ao CEO e à linha administrativa.

Estudo de caso: BOASE MASSIMI POLLITT

Um bom exemplo do poder desse enfoque pode ser visto numa agência publicitária de Londres, a Boase Massimi Pollitt (como era conhecida antes de sua aquisição pela Omnicom e da fusão com a Doyle Dane Bernbach, quando passou a ser BMPDDB). Martin Boase e Stanley Pollitt criaram sua nova agência no final dos anos 1960 a partir da idéia revolucionária de Planejamento de Contas (*Account Planning*). Muito se tem escrito sobre esse conceito e vale a pena ler *Excellence in Advertising*, organizado por Leslie Butterfield e publicado por Butterworth Heinemann em associação com o IPA, a fim de obter informações detalhadas sobre sua teoria e prática, bem como acerca de importantes áreas correlatas. Em essência, o planejamento de conta permite levar o universo da pesquisa de mercado do consumidor para o coração do processo de desenvolvimento criativo. Isso foi conseguido com a criação da nova função de Planejador de Conta e da associação dessa pessoa com a função tradicional de Gerente de Conta (ou Executivo de Conta, como se diz nos EUA), criando uma nova equipe básica análoga ao do par formado por redator de publicidade e diretor de arte no departamento de criação.

Essa nova e poderosa dupla até partilhava um escritório, em outro exemplo de inovação radical de território — antes o pessoal da pesquisa ficava bastante fora de mão, em outro andar ou no fim do corredor. Juntos, o gerente da conta e o planejador da conta se unem ao cliente e coordenam os departamentos internos da agência para prestar o serviço voltado para ele. Isso inclui estratégia, planos, idéias criativas, pesquisa para fazer o pré-teste da qualidade, produção do anúncio e então fazer avaliação quantitativa por meio de estudos de monitorização de mercado, pesquisas de usos e atitudes, dados sobre as vendas no mercado e distribuição, além de pesquisa dos hábitos de compra dos consumidores.

Os primeiros planejadores de conta eram na verdade transferidos do departamento de Planejamento de Mídia porque esse era o único pessoal disponível com número suficiente para a tarefa e capaz de entender os bancos de dados quantitativos como o *Target Group Index* (TGI) e também com consciência da importância fundamental das comunicações em marketing. Contudo, Stanley Pollit não tardou a perceber que, a fim de garantir que sua idéia radical de planejamento de conta sobrevivesse e prosperasse, ele teria de desenvolver seu próprio pessoal, na falta de oferta de pessoal pronto no mercado. Ele tinha de fazer isso apesar da feroz oposição constituída, na época, pelo velho estilo "barão ladrão" no Serviço de Atendimento ao Cliente ou na Gerência de Conta, que viram sua autoridade perante o cliente ser ameaçada pela voz do consumidor em seu meio.

Sua estratégia era simples: ir até as melhores universidades e recrutar os estudantes mais inteligentes que acreditassem que, nas palavras de Martin Boase: "um bom anúncio não precisa ser ruim". Isso resumia o etos criativo da BMP e sua reação contra o estilo publicitário de venda pesada (*hard-sell*) norte-americano que ainda predominava no mercado dos dois lados do Atlântico, a despeito dos esforços pioneiros de agências como a Doyle Dane Bernbach.

A BMP prometeu a seus clientes anúncios que privilegiariam a criatividade como forma de persuasão. Como seriam vistos antes pelos clientes no contexto de entretenimento de TV, eles teriam de atingir a meta de serem "relevantes e inesperados". Para conseguir isso, a BMP pregou o evangelho revolucionário da obrigatoriedade de pré-teste de qualidade, feito por seus Planejadores de Conta, de todos os comerciais de TV propostos, usando *animatics* — esboço do comercial com ilustrações e movimentos básicos — ou o roteiro filmado para transmitir a idéia criativa para os consumidores nos grupos focais.

Muitos dos bacharéis que endossaram essa filosofia tinham sido formados em Oxbridge ou outras das mais importantes universidades, e muitos eram de centro ou de esquerda, em termos de ideologia política. A maioria partilhava a autoconfiança descontraída de Martin Boase e a curiosidade intelectual de Stanley Pollitt — e inúmeros tinham a mesma excentricidade cativante desse último. O mais importante é que a BMP recruta religiosamente estagiários recém-saídos da faculdade todos os anos, mesmo durante os períodos de grande recessão do início da década de 1970 (crise do petróleo), da de 1980 (Thatcher versus sindicatos) e da de 1990 (redução do crédito ao consumidor). A BMP então os submete a um programa rigoroso de treinamento — ministrado durante muitos anos pelo diretor de Planejamento, David Cowan —, que tinha no currículo uma disciplina que ensinava a entender todas as bases de dados de pesquisa de mídia e de clientes e, o que era fundamental para a filosofia do Planejamento de Conta, as técnicas de pesquisa qualitativa. A BMP era e continua sendo extremamente protetora em relação a esses planejadores, de tal forma que eles se tornaram conhecidos como os "morangos de Stanley". Ele literalmente os mantinha numa "estufa" — o programa de estágio graduado — por no mínimo seis meses e sempre lhes dava apoio ao longo de sua carreira na agência.

Existem quatro principais indicadores da força da idéia original de Stanley Pollitt. O primeiro é o fato de que a agência é hoje dirigida por uma equipe básica de pessoas, James Best, chairman do grupo, Ross Barr e Chris Cowpe, diretores administrativos adjuntos, que foram estagiários graduados respectivamente 25 e 28 anos antes. A BMP é renomada no volátil setor de propaganda do Reino Unido pela continuidade, coesão e criatividade de sua cultura. O segundo é o contínuo trabalho criativo que tem produzido ao longo dos anos. Seu comercial "Marcianos" para o Cadbury's Smash foi o mais votado na revista especializada em publicidade líder do Reino Unido, a *Campaign's*, na revisão dos "Cem melhores anúncios do século", em dezembro de 1999 e a agência foi eleita "a mais criativa" de 1999, de acordo com pesquisa da Gunn. O terceiro é sua reputação de produzir anúncios que funcionam, conforme evidenciado por sua hegemonia nos mundialmente famosos IPA Advertising Effectiveness Awards. Agora em seu vigésimo ano, a BMPDDB ganhou o Grand Prix três vezes nas dez possíveis nesse evento bienal, e 15 prêmios principais nas modalidades First, Gold e Five Star Awards. Num cálculo informal do total de prêmios auferidos nessa competição tão exigente, a BMPDDB lidera no campo de alta qualidade de agências do Reino Unido com uma margem de vantagem considerável. O quarto é que parece que a diáspora da BMP se espalhou por todo o setor publicitário do Reino Unido até o ponto em que praticamente não há uma agência que não tenha sido tocada pelo planejamento de conta e de fato o modo como o profissional de propaganda britânico opera é essencialmente baseado no modelo Pollitt. O planejamento de conta também fez incursões bastante significativas nos Estados Unidos, por meio de agências como a Chiat Day, cuja primeira diretora de Planejamento foi Jane Newman, ela mesma um "morango" de Pollitt. Sua mudança pioneira para a América do Norte foi seguida por outros como Jon Steel, que se juntou a Goodby Silverstein, e Damian O'Malley, que foi para a DDB em Nova York. Na verdade, o conceito de Planejamento de Conta agora se disseminou pela maioria dos mercados publicitários de língua inglesa em todo o mundo e fortemente influenciados pela indústria global. Nos EUA, a Account Planning Group Conference, conferência anual sobre Planejamento de Conta, atraiu 950 delegados. A combinação de uma idéia sedutora de marca, o planejamento de conta, e uma estratégia coerente e altamente específica de recrutamento mudou literalmente o modo como as comunicações de propaganda e marketing são feitas na maioria das economias ocidentalizadas.

Nós recomendamos um processo triplo para entrevistar um recruta potencial. O primeiro é uma entrevista de "afinidade" para verificar se os valores do indivíduo se coadunam com os da marca e da cultura da empresa, o segundo é uma entrevista de "conteúdo" para avaliar a capacidade e o terceiro, uma entrevista de "trajetória" para avaliar onde a pessoa se encaixaria melhor e qual o melhor caminho para a carreira dela. O processo deveria ser adotado e ampliado para testar a afinidade com os modos da marca e a capacidade.

A gerência precisa reavaliar a importância dos recursos humanos dentro da empresa. É essencial que as avaliações de pessoal na empresa sejam otimizadas e conduzidas por um diretor da área administrativa ou de recursos humanos que ocupe um dos postos mais graduados da organização e tenha autoridade para recrutar e para falar em nome da marca.

É necessário desenvolver questionários personalizados de recrutamento e técnicas de entrevista de modo que o pessoal contratado pela empresa tenha características intrínsecas, valores e atitudes que se coadunem com o produto ou serviço da marca que a empresa oferece aos clientes. Esses critérios devem ser aplicados também ao pessoal que já trabalha na empresa, a fim de estruturar qualquer curso de reciclagem eventualmente necessário e, no limite, aconselhamento e gerenciamento da saída do empregado.

Até aqui, nós definimos o Livro da Vida dos Modos da Marca, e o Caminho, ilustrados pelas histórias da Tesco e da Orange. Depois nós fomos mais longe, desenvolvendo o ciclo de aperfeiçoamento dos modos da marca, incluindo exemplos práticos, anedotas e estudos de casos. Nós agora trataremos de reunir todo esse material, de forma resumida, por meio dos "manuais de procedimento", feitos sob medida para cada um dos atores principais: o CEO, o diretor de Marketing, o empregado, o gerente e o último, mas mais importante: o cliente. Cada um desses manuais oferece uma pauta dos modos da marca, para fornecer e sugerir as principais áreas de prioridade.

PARTE

Modos da Marca: Manuais de Procedimento

Capítulo 29

O CEO

A pauta dos modos da marca do CEO é definida abaixo, como um conjunto prático de dez pontos de ação.

I. Visão, vontade, capacidade

Os testes-chave para se avaliar a determinação de uma organização em desenvolver modos da marca verdadeiros situam-se nessas três áreas. Primeiramente, o CEO e a equipe do primeiro escalão precisam ter, ou estar preparados para desenvolver, uma visão de ordem mais elevada para a organização que ultrapasse a "declaração de missão" padrão. Essa visão deve ser orientada para o cliente e de natureza prática para a empresa, embora busque desenvolver o potencial inerente para o elemento espiritual. "Vontade" é algo difícil de testar de antemão. A gerência pode dar a impressão de estar preparada para enfrentar os tópicos mais árduos, mas não é senão quando os indivíduos são convocados a fazer sacrifícios no interesse do bem comum que a verdadeira força da corporação pode ser avaliada. Os modos da marca não se desenvolverão sem o concurso da vontade no dia-a-dia, em todos os níveis da organização, para que as melhorias sejam compreendidas. Por fim, o estado de prontidão da empresa deve ser avaliado de modo que o programa de modos da marca possa ser executado de maneira realista, pela construção das qualidades necessárias para se criar a "empresa autoconfiante".

2. Liderança de aprendizado por meio da ação

"Continue em movimento!" A motivação organizacional é difícil de se conquistar e precisa de fomento para se suster. A regra 80/20 deve ser aplicada tanto à tomada de decisão quanto à ação ... pense, aja, aprenda ... pense, aja, aprenda. A análise não deve constituir mais do que um terço do esforço, no máximo. A sensatez ao assumir riscos deve ser recompensada. É preciso ter flexibilidade para reagir com a velocidade de um relâmpago às oportunidades, sem interromper o desenvolvimento. Você se lembra do grande anúncio da Compaq? "Nós nunca damos um tempo aos concorrentes." Esse slogan resume o mundo em que vivemos hoje. A velocidade está sendo mais valorizada do que a precisão excessiva. Num número crescente de situações, as empresas devem contar com alianças, construídas sobre uma base de confiança, para estender sua capacidade e a velocidade de suas respostas. Se a Tesco lhe telefona e lhe pede para responder em dois dias se você quer associar-se a ela numa *joint-venture*, não há tempo para análises minuciosas, nem para consultar todos os que não são executivos ... é hora do *show*, como o são potencialmente todos os momentos de todos os dias!

3. Estabeleça diretrizes para a "organização autoconfiante"

Nós enunciamos idéias sobre esse tipo de organização que oscila no intervalo entre o velho e ruim estilo "comando e controle" e o estilo "sandália de dedo" de *laissez-faire*. A organização autoconfiante tem limites definidos, bem como níveis de responsabilidade e autoridade. As pessoas sabem o que o CEO iria querer, ou dizer, sem perguntar. A presença é sentida em toda a parte, e é tudo uma questão de realizar os modos da marca, sempre — seja assumindo riscos em benefício do cliente, seja desenvolvendo todo o seu potencial, seja participando de uma excitante novela corporativa, seja jamais aceitando a mediocridade. O quebra-cabeça organizacional se encaixa e as peças — trabalho, sistemas, conhecimentos, avaliações, recompensas — são projetadas para desenvolver e nutrir umas às outras. A abordagem holística é a chave para a autoconfiança. Quando uma empresa adota essa abordagem, deixa os concorrentes para trás e a Tesco é um excelente exemplo disso. O processo é irreversível, pois as recompensas estão lá e as pessoas gostam da forma autoconfiante de trabalhar. Bem-vindo ao mundo do "pode ser"!

4. Liberte o potencial real dos clientes

Manter-se próximo do cliente pode parecer uma necessidade óbvia, mas é algo difícil de executar. Pense em ficar perto de alguém — nem sempre é fácil. Superficialmente, sim; em profundidade, não. Mesmo que você saiba o que os consumidores querem hoje, amanhã eles podem não saber o que querem. Então, previsão e percepção são essenciais.

Muitas empresas não falam diretamente com seus clientes e contam exclusivamente com pesquisadores de fora para fazer entrevistas e tabular. O resultado é um monte de relatórios, com alguns comentários verbais, freqüentemente recebidos pela turma do departamento de Marketing, que então interpretam e reportam para a instância superior. Quando a mensagem chegar ao diretor de Marketing — ao CEO, então, nem se fale —, o material terá sido "interpretado" várias vezes, acrescentando-se várias "demãos" de política. A mensagem é: fale direta e freqüentemente com os seus clientes. Quanto mais graduado você for na sua empresa, mais lhe compete fazer isso.

Cada vez mais, as empresas estão olhando as oportunidades apresentadas pelos dados do cartão de fidelidade e pela "mineração de dados". Isso pode provocar descobertas valiosas, mas não substitui as discussões diretas com os clientes, face a face. Para lidar com os clientes e até para a criação e evolução do que nós chamamos de "sonho" ou visão de ordem mais elevada, algumas empresas chegam a contratar agências publicitárias. Em conseqüência, a percepção e muitos dos dados permanecem fora da empresa e os executivos então têm de "vender o peixe conforme compraram". Isso pode funcionar muito bem até os diretores de Marketing mudarem e decidirem "arregaçar as mangas" para elaborar uma nova campanha publicitária, que pode granjear-lhes uma grande fama — a política de interesses próprios que pode ser tão prejudicial para o bem maior. Com o período de permanência média no cargo de ambos — diretores de Marketing e, sem dúvida, dos CEOs — declinando, existe o perigo real de as empresas perderem a comunicação com os clientes, como já citamos em vários exemplos anteriormente. A resposta está nos processos vitais ligados ao cliente que precisam ser projetados na organização "autoconfiante".

As pessoas com maior contato com os clientes precisam ser equipadas para entabular um diálogo de modo amistoso e divertido e comunicar constantemente para seus colegas o que aprenderam sobre compras, marketing, vendas e *merchandising*. Ninguém é proprietário dos clientes — eles são um bem que se deve tratar com carinho e nutrir para que se obtenha sua eterna fidelidade. A economia da fidelidade é bem conhecida — clientes, empregados e acionistas fiéis criam quantidades enormes de valor para os acionistas. Se você não está pagando a seus empregados os salários máximos praticados no mercado, é provável que você seja empurrado para o fim da fila no seu setor de negócio. É duvidoso que competir somente nos custos seja o modo de maximizar o valor para os acionistas, quanto mais de prover uma experiência gratificante para os seus clientes ou para a sua equipe. Então, pague bem a seus empregados — recompense-os bem por realizarem os modos da marca e cuide para que as suas fontes de percepção do consumidor sejam diretas, conectadas e operando em tempo real.

5. Liberte o potencial real dos empregados

Muitas equipes de gerentes estão adotando a noção de que "empregados felizes fazem os clientes felizes". Esse é somente o ponto de partida, pois trata dos sintomas sem desencavar as causas. O verdadeiro potencial dos empregados está em ajudar cada indivíduo a entender qual é o seu lugar neste planeta e ajudá-lo a ser verdadeiro consigo mesmo. Ao descobrir quem ele

"Você se dá conta, Timpson, de que decência demais é um tremendo de um insulto?"

Figura 8 *"Decência"*.

é e o efeito que exerce sobre os demais, o indivíduo se torna altamente motivado. Sumantra Ghoshal conta uma ótima história para ilustrar isso.

> Todo verão eu levo minha família para Calcutá para visitar nossos parentes. Embora essa seja uma experiência muito agradável e gratificante — é sempre muito bom ver a família —, em conseqüência da combinação de calor, uns 40°C, e umidade em torno de 100%, eu fico praticamente sem energia nenhuma, sem vontade sequer de sair da cama. Eu comparo isso com trabalhar na INSEAD Business School, nos arredores de Fontainebleau, sul de Paris. Lá, é quase impossível sair para dar uma volta tranqüila no bosque na primavera. A combinação de temperatura, luminosidade e árvores deixa a gente agitado e saltitante!

A questão na história de Ghoshal é que a maioria dos empregados está numa situação equivalente "a Calcutá" — imagine o efeito de ajudá-los a se mudar para Fontainebleau! Isso, para nós, capta brilhantemente a imagem da oportunidade que podia e devia ser disponibilizada para os empregados para que esses tivessem uma vida mais gratificante servindo melhor aos clientes.

6. O papel do CEO na criação e realização dos modos da marca

Lidere e treine! As pessoas crescem até a liderança: elas gostam de ser associadas a uma equipe vencedora e isso eleva o padrão geral do jogo. Sumantra também compara o papel de um determinado prédio numa vila escocesa, que fica vazio a maior parte do tempo mas exerce um tremendo impacto sobre a comunidade, com a função do CEO. Esse prédio é uma igreja. A presença do CEO deve ser sentida da mesma forma. Charles Handy uma vez descreveu a liderança como ir para "um espaço solitário em torno do trabalho". Liderar é uma questão de as pessoas saberem o que você iria querer, mesmo se não estivesse presente. É a questão do porquê, do quê e, cada vez mais, do como. Muito do valor dos modos da marca jaz no "como" eles são realizados. Existem boas maneiras, existem maneiras melhores e existem as maneiras simplesmente ruins (as centrais telefônicas geralmente são um bom exemplo disso). O que nos leva ao próximo papel-chave, o de treinador. Ser treinador deve envolver amor severo, estar preparado para dar um *feedback* honesto e construtivo para pessoas que você conhece bem e com quem pode ter crescido profissionalmente. Ser um bom treinador significa que aqueles ao seu redor devem ser capazes de prosperar, com o seu incentivo, orientação e ocasionais repreensões! Isso não significa abandonar os seus deveres fiduciários como CEO, tais como probidade financeira, responsabilidades para com os clientes, empregados e acionistas e estratégia corporativa. Isso é um acréscimo às tradicionais responsabilidades do administrador. Você deve sempre deixar um legado de não-dependência em relação a você.

7. Contato direto com empregados e clientes

Isso é simples. Fique perto dos seus clientes e do seu pessoal. Passe um tempo que seja adequado na companhia deles e tente sempre entendê-los. Conhecimento de segunda mão não serve. Você deve ter conexão direta com eles.

8. Primeiro escalão, treinamento e legados

Nós abordamos o tópico da escolha da equipe de primeiro escalão no caminho dos modos da marca. Essa escolha é crucial para se alcançar os modos da marca — a equipe nuclear do CEO e a expandida devem ter visão, demonstrar vontade e fazer o esforço adicional necessário para construir capacidade futura. Uma organização atlética pode mudar de direção taticamente enquanto ainda se move rumo à conquista de sua visão de ordem superior. Os dias de definir uma estratégia linear e depois implementá-la se acabaram. A capacidade cada vez mais conduz à estratégia; ambas devem ser conectadas num contínuo círculo virtuoso. O processo de deixar uma série de legados pode constituir uma experiência enriquecedora para a organização e o seu pessoal. Ultrapassar, mas de maneira alguma abandonar, o desempenho operacional cria modos da marca.

9. A infindável e sempre repetida agenda de 20 meses para o aperfeiçoamento contínuo

Construir capacidade para o amanhã e fazer a organização de hoje mais atlética requer trabalho árduo. A atração da "questão mobilizadora única" é que esse tema pode engajar um espectro mais amplo da organização em torno de um tópico vital e acompanhá-lo até sua resolução final. Uma vez que a empresa entenda que trabalhar horizontalmente ao longo das diferentes entidades agrega valor real à operação vertical da empresa, desenvolve-se a sede de continuar a se aperfeiçoar e as pessoas sempre perguntarão : "E o que vem agora?" Assim, em adição à administração do cotidiano da companhia, o CEO pode e deve criar uma série de "questões mobilizadoras únicas" que irão catapultar a organização para um novo espaço, na frente dos concorrentes. O vínculo básico em tudo isso é o cliente e a determinação de aperfeiçoar o comportamento das marcas para eles, continuamente.

Ao impulsionar a empresa, fique longe do Fosso! É largamente reconhecido que, à medida que crescem, as empresas se moverão a partir da lucratividade inicial, geralmente com base no predomínio sobre um mercado "local", para um período de relativo perigo, quando ela não é nem pequena e ágil, nem grande o suficiente para competir com jogadores internacionais. Isso é chamado de "O Fosso". Faça a empresa passar por ele rapidamente e elabore a escala necessária para ter sucesso no espaço competitivo seguinte (Ilustração 58).

O mesmo se aplica às organizações. Dois sistemas de administração não podem sobreviver por tanto tempo juntos na mesma empresa; as leis naturais indicam que um sufocará o outro. Então, ultrapassar o modelo "comando e controle" exigirá que você atravesse rapidamente o fosso. A organização "autoconfiante" é frágil no início, pois contará com a adesão apenas de uma minoria dos empregados. O restante ainda estará se perguntando: "Por que eu deveria abandonar as maneiras antigas, já testadas e em que confiamos, que formaram a base do meu sucesso ao longo da vida?" Como CEO, você precisa conduzir o pessoal ao longo da mudança até a terra prometida dos modos da marca. Uma organização realmente autoconfiante jamais desejará regredir ao modelo antigo. Assim, inclua isso no seu desenvolvimento ao longo das suas ondas de aperfeiçoamento contínuo.

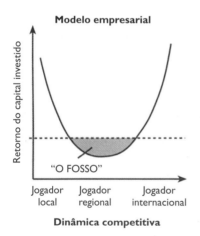

Ilustração 58 *O fosso.*

10. Espírito da corporação

A agenda contínua precisa ser parte da novela corporativa geral que atrai e entusiasma tanto os clientes quanto os empregados. O CEO precisa romper o modelo racional, do hemisfério esquerdo do cérebro, para desenvolver uma visão de ordem mais elevada e criar uma novela corporativa que forneça prazer e satisfação. O melhor do mundo pontocom tem mostrado como isso pode ser. As empresas estão se movendo a uma velocidade jamais sonhada anteriormente, com capítulos diários da novela corporativa.

Um amigo nosso, cientista italiano, passou a maior parte da vida estudando as estrelas. Ele até construiu uma torre numa ilha de Granada, no Caribe, onde instalou um telescópio de grande ampliação, controlado por computador. A última vez que o vimos, ele havia praticamente abandonado o antigo amor de sua vida, as estrelas, e estava estudando livros sobre o cérebro humano.

— O que aconteceu, Guido? — nós lhe perguntamos.

— Eu fiz os cálculos e descobri que existem tantas conexões no cérebro humano quanto átomos no universo conhecido — foi a resposta, acompanhada do habitual sorriso amplo e caloroso. — Agora, cada vez que vejo um ser humano, sinto um completo assombro, como se eu estivesse olhando para o cosmo inteiro!

Isso é reforçado pelas visões de James Kelly, amigo, autor e empresário.

— Você não pode esperar construir um relacionamento com alguém que você não respeite profundamente. As pessoas percebem se você as respeita ou não. Se elas sentirem que você não as respeita, isso se manifestará de formas sutis e você não conseguirá construir uma relação de confiança com essas pessoas.

Essas não são questões triviais, no nosso modo de ver. O espírito corporativo deve encarná-las, junto com outras verdades fundamentais, tais como profundo respeito pelos seres humanos; pontos fortes, defeitos inevitáveis e tudo o mais. O maior potencial do planeta está em liberar o poder natural do cérebro humano. Nós sabemos hoje que apenas uma pequena parte dele é usada.

Capítulo 30

O diretor de marketing

Os nove pontos da pauta dos modos da marca do diretor de Marketing são mostrados abaixo.

1. Contato direto com o cliente

É você, pessoalmente, que deve prestar contas à diretoria e na verdade a todos os *stakeholders* pela compreensão e antecipação das necessidades dos seus clientes. Você deveria ter a custódia do que os modos da marca significam na experiência do cliente. Essa não é uma atividade que possa ser delegada, nem interna nem externamente. Na verdade você deve incentivar, se não insistir, que cada membro da diretoria dedique algum tempo para conversar diretamente com os clientes e depois discutir as implicações do que ouviu, assenhoreando-se dessa experiência, naquilo que cada um precisa fazer de modo diferente no plano individual (vertical) e junto com os demais (horizontal). O bom trabalho das empresas de prestação de serviços de marketing, tanto *above the line* quanto *below the line*, deve ser usado para validar, dar suporte ou sintetizar a sua própria experiência direta com o cliente, bem como a dos membros da sua equipe e a dos demais diretores. O

306 EM SINTONIA COM A MARCA

principal é que essa percepção direta é inestimável e não deve ser delegada a agências de fora com demasiada freqüência, por ser muito valiosa.

Uma oportunidade igualmente importante para entender melhor os clientes ocorre na interface entre empregados e clientes, sejam os diretamente ligados a vendas, sejam os que lidam com recebimento de pagamento e reclamações. O perigo está em depender demais da tecnologia e dos sistemas, sem ter a percepção que se adquire apenas por meio das interações diretas com o cliente. Você deve cuidar para que aqueles empregados que estão na linha de frente da experiência do cliente tenham talento para dialogar ativamente com ele e para escutá-lo com eficácia. Existe uma linha fina que se deve seguir para conversar com os clientes sem deixá-los pouco à vontade — o segredo é manter interações adulto/adulto e evitar ser invasivo. A administração de linha de frente que dá apoio a esses empregados deve ser hábil em psicologia do cliente e perceber que seu maior valor agregado está em desenvolver aqueles que trabalham para ela, primeiramente por meio de treinamento contínuo. Recursos simples como a análise de causa raiz e o esquema "planeje-faça-reveja" podem ajudar bastante. A percepção, as informações e a experiência adquiridas pelos empregados que lidam com o cliente precisam ser conectadas aos dados de outros clientes que vêm de outras partes da empresa, incluindo compradores, vendedores, pessoal de atendimento de reclamações, fornecedores e parceiros. Compreender o cliente é a principal fonte de nutrição dos modos da marca.

2. Criar, sustentar e desenvolver o sonho

Enquanto o CEO e a diretoria têm a responsabilidade de desenvolver a visão de ordem mais elevada para a empresa, o diretor de marketing tem um papel vital a desempenhar, que é o de criar o que nós chamamos de sonho, que congrega as ações implícitas na busca de realização da visão e de capturar a imaginação das pessoas. Cada vez mais torna-se praticável conseguir feitos anteriormente considerados impossíveis no mundo dos negócios — sendo a Internet a contribuidora-chave para isso. Uns dez anos atrás, começava a se mostrar factível transformar a capacidade de uma organização graças ao aperfeiçoamento de seus processos, sistemas e capacitação de pessoal ... fazendo os sonhos virarem realidade. Um diretor administrativo nos perguntou: "Como posso ter certeza de que esse é o sonho certo?" Essa é uma pergunta difícil. O diretor de Marketing deve conduzir a criação do sonho, com base na compreensão que adquiriu no contato direto com o cliente e subsidiado por dados secundários. As empresas de prestação de serviço de marketing desempenham um papel vital ao ativarem a imaginação da empresa por meio do estímulo criativo e analítico. O papel do marketing é atrelar esses talentos externos à empresa e conectá-los com a organização, quase sempre em tempo real. Sustentar o sonho requer a mobilização da organização de uma forma tal que as informações sejam comunicadas com um mínimo de distorção e incorporadas ao processo básico da empresa. Assim como o cargo de CEO, o de diretor de marketing sofre a mesma tendência ao declínio. Resista à tentação de adquirir renome e ir embora. Você deve a si mesmo, aos seus clientes e, na verdade, a toda a organização, a garantia de uma excelente sucessão na gestão de marketing e de continuidade da compreensão existente entre a organização e as empresas de marketing com as quais ela trabalha — e também entre essas empresas de marketing. É um fenômeno natural do mundo competitivo amealhar informações e não compartilhá-las. A gestão do conhecimento é, portanto, uma parte crucial do papel do marketing. Fazer o sonho evoluir é retornar ao ciclo de contínuo aperfeiçoamento inerente às questões mobilizadoras, cujo enfrentamento conduz ao desenvolvimento da capacidade necessária para se imprimir um desempenho cada vez melhor aos modos da marca.

3. Viver a experiência do cliente — em tempo real

"Passe um dia na vida dos seus clientes" é o título de um artigo publicado na *Harvard Business Review* muitos anos atrás. Na época, alguns executivos seniores fizeram malabarismos em sua agenda de compromissos para passar um dia inteiro com um único cliente. Embora você possa argumentar que entender um cliente não requer necessariamente um dia inteiro, nós sugerimos que é necessário entender o mundo em que o cliente vive a fim de se ter condições de prever o que ele irá querer no futuro. Só se atinge uma compreensão profunda quando se dedica tempo à sua obtenção. O que significa tempo para cultivar a confiança junto aos clientes e os mesmos fatores que mencionamos antes entram em cena: credibilidade, intimidade e risco. À medida que a organização evolui e a capacidade se amplia, permaneça junto dos seus clientes — principalmente quando você faz a transição do modelo "comando e controle" para o da autoconfiança.

4. Conduza e consolide a mudança na organização

A série infinita de questões mobilizadoras únicas deve ser sempre alimentada pelo cliente. O marketing deve garantir que as mudanças, independentemente de quão distantes do cliente, aperfeiçoem — e não depreciem — a experiência do cliente. As organizações de qualquer tamanho geralmente têm

308 EM SINTONIA COM A MARCA

uma abundância de iniciativas em andamento. Os programas que fluem de cada questão única na organização devem abranger a motivação existente e prover tanto o foco quanto a direção para as iniciativas. Na verdade, costuma ser útil ter uma "lista" de projetos vitais para a missão que devem ser gerenciados com o rigor exigido para ser bem-sucedido no trabalho horizontal — clareza no que se oferece e nas expectativas, recursos adequados, gestão apropriada e processos justos de recursos humanos. Esse é o caminho para conduzir a mudança na organização e consolidá-la.

5. Implicações dos modos da marca no marketing — propaganda, *below the line* e mais além

As empresas de prestação de serviços de marketing deveriam ser parceiras e aliadas naturais. Isso significa que elas precisam realmente entender a visão de ordem mais elevada, o "sonho" e de que maneira a experiência do cliente, sob a forma dos modos da marca, deve evoluir. O investimento em propaganda deve ser estruturado para reforçar mutuamente a atividade extraordinária — a tese clássica das "comunicações integradas". Isso alcança as arenas racional, emocional e política, principalmente porque no mundo do marketing não faltam egos e opiniões. As comunicações devem visar não só o cliente, mas outros *stakeholders*-chave, incluindo empregados, acionistas e fornecedores. As atividades de prestação de serviço de marketing precisam ser introduzidas de forma coerente nos sistemas tecnológicos que dão sustentação ao marketing eficaz, tais como os sistemas de armazenagem de dados, mineração de dados, cadeia de fornecimento e gestão do relacionamento com o cliente.

6. Capacidade dos modos da marca e o papel do diretor de Marketing

A capacidade de aperfeiçoamento da experiência do cliente com uma organização que se esforça para oferecer modos da marca cada vez melhores depende muito da capacidade básica da organização. Cuide para que o marketing não se limite apenas às atividades a ele associadas — pesquisa de mercado, propaganda, promoções de vendas, relações públicas e gestão de dados —, mas também contribua para o ciclo virtuoso da construção e do desenvolvimento da capacidade. Cuide para que o pessoal da empresa possa pensar por si mesmo e não dependa demais de gente de fora para pensar por ele! Cuide para que estejam preparadas as aptidões necessárias para que os modos da marca percorram, a partir da linha de frente, toda a extensão da cadeia de valor. Trabalhe tanto com a administração quanto com o setor de recursos humanos para que isso possa acontecer. Insista no treinamento no trabalho, que é avaliado por aqueles que se preocupam em ajudar os colegas a executar melhor suas tarefas. Ou então redirecione a verba anteriormente destinada a treinamento fora da empresa para o serviço de atendimento aos clientes, seja colocando mais pessoal na linha de frente, seja promovendo treinamento e desenvolvimento personalizados. Use os cada vez mais sofisticados programas simuladores de computador para ajudar a desenvolver o pessoal numa fração do tempo que levaria normalmente, criando ambientes virtuais para um aprendizado em que se tomam decisões e providências em simulações de situações da vida real.

7. Tecnologia: auxiliar dos modos da marca para enriquecer a experiência do cliente

A tecnologia ainda está na infância, em comparação com o estágio que alcançará daqui a uns cinco anos. Não deixe que isso sirva de desculpa para deixá-la tornar-se "a patroa", em vez de condutora das melhorias oferecidas aos clientes. É loucura gastar milhões de dólares num sistema fantástico de TI, projetado por pessoal com doutorado, para ser utilizado por indivíduos igualmente valiosos, mas modestos, que lidam com os clientes dia sim, dia não. Um diretor de TI uma vez nos contou que tinha acabado de perceber que havia passado toda a sua vida projetando sistemas de TI para uma determinada especificação no papel e não para serem usados por pessoas! De acordo com a nossa experiência, infelizmente essa é a regra — embora as coisas estejam melhorando. Assim, quando embarcar num investimento em informática que afetará o cliente (e a maioria afeta, de um jeito ou de outro), gaste mais — e não menos — para mudar os processos de trabalho e construir as qualidades requeridas para encantar os clientes. Nós citamos as centrais de atendimento telefônico como uma grande oportunidade. Jamais se furte ao contato direto com o seu cliente.

Cada vez mais a tecnologia está se centrando no cliente; aparelhos digitalizadores manuais, aparelhos habilitados para WAP que cabem na palma da mão e que podem comparar preço para você antes de você entrar numa loja, intercâmbios pela Internet em que você pode obter e ver o *feedback* do cliente em tempo real. Agarre as oportunidades disponíveis para todos dessa tecnologia de ponta antes que os seus concorrentes o façam. O pessoal de marketing tem de ser especialista em tecnologia também.

8. Modos da marca na linha de frente na prestação de serviço ao cliente

Os momentos da verdade para os clientes ocorrem quando eles encontram um dos seus empregados ou interagem com um dos seus sistemas, seja o da central telefônica — ou uma simples mesa telefônica, seja um site da Internet. Faça testes regulares — você e também os seus empregados — para saber como é ser um cliente que entra em contato com a sua organização. Diferentemente do que ocorre em muitas empresas de telecomunicação, disponibilize um diretor para falar com o cliente. Cuide para que os clientes sintam que podem conseguir que a empresa tome providências quando isso é necessário para eles.

Faça uma revisão com o seu pessoal sobre o que nós conversamos aqui, em termos do racional — "O serviço/produto que oferecemos comparado com as promessas da marca" —, do emocional — "Eu realmente gostei da experiência!"—, do político — "Ninguém saiu perdendo, foi uma transação justa" — e espiritual — "Eu sinto que lidar com essa organização me enriquece como pessoa e pode até contribuir para um mundo melhor".

Concentre-se em cultivar a confiança entre a sua empresa e os clientes. Reconheça que a sua equipe, em geral o pessoal que ganha o menor salário, é a chave para conseguir esse objetivo. Recompense-os o melhor que você tiver condições de fazer.

9. Espírito da marca

Num livro anterior, *Brand Spirit*, Hamish Pringle e Marjorie Thompson explicaram o caso em que as marcas são usadas de maneira mais ética. No que diz respeito a isso, o marketing social ou ligado a causas sociais constitui um significativo passo à frente. "Os modos da marca" constituem outro passo ainda mais à frente, mas não só ligando o racional ao emocional por meio do espiritual, mas também explicando idéias relativas às políticas práticas para conquistar uma visão de ordem mais elevada, bem como o "sonho".

O verdadeiro espírito da marca, nesse contexto, deve provocar o entusiasmo tanto dos clientes quanto dos empregados. O segredo disso está em "falar" com cada pessoa enquanto indivíduo, não importando se trabalha para a empresa ou se é cliente. O espírito da marca deve estar no coração do drama corporativo e da visão de ordem mais elevada e, portanto, dos valores e comportamento da empresa.

Capítulo 31

O empregado

Para os empregados, nós definimos oito pontos principais, que apresentamos abaixo.

"Você 'só quer ser feliz'?! Estou falando de ambição, não de sonhos cor-de-rosa!"
Figura 9 *"Sonho cor-de-rosa!"*

1. O que fazer com a sua vida — o espírito do empregado

Podemos afirmar com razoável certeza que são dois os fatores que moldam a nossa personalidade e o nosso comportamento: a herança genética recebida dos nossos pais e a nossa experiência de vida, principalmente a do começo da infância. Esses fatores se combinam para fazer de nós criaturas de hábitos. Um número crescente de pessoas também acredita que nós trazemos bagagens, boas e más, de vidas anteriores — o *karma*. Corroborando a noção de *karma* está a crença de que somos responsáveis pelo que fazemos com a nossa vida e que ao longo de tempo elaboramos uma espécie de balanço da nossa atuação. Não cabe debater aqui os méritos, ou ausência deles, da reencarnação, mas nós acreditamos que algumas das lições do conceito de *karma* são bastante relevantes para os modos da marca.

Tanto o empregado quanto o cliente precisam sentir-se responsáveis pelos seus atos. O que cada um de nós faz afeta o mundo em que vivemos. Assim, uma das nossas tarefas mais importantes consiste em conhecermos a nós mesmos — quem realmente somos e a função que devemos desempenhar. Não se trata necessariamente de vocação ou algo do gênero, mas uma compreensão profunda de nós mesmos é fundamental para realizarmos nosso potencial como seres humanos. A maioria de nós, incluindo os autores, emprega tempo demais e sacrifica energia demais com atividades de importância secundária — nós nos ocupamos apenas para ficarmos ocupados. Cada um de nós precisa descobrir quantos tipos de vida quer ter — pessoal, familiar, profissional, religiosa, ligada à prática de esportes, às artes, à música, à realização de viagens — a lista pode não ter fim, mas a nossa capacidade de vivenciar simultaneamente mais do que três ou quatro planos de vida, mantendo um padrão decente de qualidade, é limitada pelo tempo disponível e pela energia despendida em cada atividade. Assim, canalize a sua energia para as áreas em que você quer ter sucesso.

A maioria de nós passa da dependência para a independência. Poucos avançam, a partir daí, para a interdependência, que constitui os alicerces dos modos da marca.

2. De onde você vem — o que realmente o conduz

Nós somos o fruto do nosso passado — é isso que faz de nós criaturas de hábitos. Há inúmeras formas de chegarmos ao que somos e ao que podemos vir a ser. O ponto de partida é a descoberta e a compreensão das dimensões que mais atuam na nossa formação. Os filhos primogênitos tendem a ser mais organizados do que os irmãos — devido à óbvia necessidade de construir seu caminho num mundo desconhecido sem a ajuda de irmãos mais velhos. Todos sofremos uma grande influência do histórico e das perspectivas dos nossos pais, bem como de alguns parentes, professores, pares, enfim, de todos os que nos servem de exemplo. Tente entender alguns desses fatores que o movem e procure descobrir como as pessoas o vêem e como você as afeta. Lembre-se de que os seus sinais não-verbais têm um poder de comunicação muito maior do que o das suas palavras. Expressão facial, postura do corpo, tom de voz, tudo isso exerce um impacto que muitas vezes não percebemos e, assim, subestimamos!

Tente descobrir o que realmente importa para você e viva em conformidade com isso. O ditado "quem se empenha, tudo alcança" é cada vez mais verdadeiro — principalmente se considerarmos que está cada vez mais viável a opção de trabalhar por conta própria, bem como a de mudar de emprego com maior freqüência. A idéia de se ter "um emprego só a vida inteira" na verdade diminuía o nosso poder. Quem quer ser enganado com a ilusão de segurança no emprego? Não existe isso num mundo cada vez mais meritocrático, em que você tem de conquistar o direito ao seu emprego, dia após dia. Assumir essa responsabilidade não só o liberta, mas também lhe oferece a chance de desempenhar um papel significativo e se dedicar ao que de fato vale a pena. O potencial deve seguir par a par com a realização e ser elevado ao nível do espírito — o "até onde" da vida. Os modos da marca exigem que você assuma riscos pelo seu cliente e também por si mesmo. Construa a sua autoconfiança sobre uma base de convicções reais e profundamente arraigadas, não sobre o medo. Aprenda a abrir mão do controle: doando cada vez mais, você receberá de volta muito mais do que teria se não doasse. Orgulhe-se de edificar uma organização autoconfiante, onde as regras são baseadas na doação de si mesmo e não no temor aos outros.

3. Compreenda os benefícios de fazer parte do Sonho Corporativo

O grande benefício de se trabalhar numa organização reside no poder do trabalho em equipe — na capacidade de empreendermos muito mais do que empreenderíamos sozinhos. Contribuindo para a criação do Sonho Corporativo, você conquista o direito de torná-lo realidade. O sonho certo deve enraizar-se na sua crença de que é possível aperfeiçoar a experiência do cliente. Os empregados da linha de frente, que atendem o cliente todos os dias, sabem exatamente o que é preciso para aprimorar os modos da marca, mas a empresa parece incapaz de buscar essa informação e tomar as medidas cabíveis. Quantas vezes seus colegas disseram "isso não é problema meu, a culpa é do patrão. Eu não posso fazer nada" — ou seja: "deram as costas" para o problema? Nunca se permita agir dessa forma! Desempenhe um papel ativo na novela da empresa. Imprima alegria e entusiasmo ao seu trabalho e assim os outros o seguirão, num processo positivo e fortalecedor.

4. Faça do mundo um lugar melhor para os clientes

Existe uma loja em Londres chamada *Low Pressure* ("Pressão Baixa") que vende equipamentos para surfe e coisas do gênero. Nós adoramos essa loja porque o pessoal é tão espontaneamente caloroso e feliz que até "contamina". Fazer compras lá é agradável e "abaixa a pressão". Num canto da loja, por exemplo, vê-se um produto interessante para a prática de um esporte divertido (atributo racional), exposto num ambiente maravilhoso (atributo emocional), dando a impressão de ser um bom negócio para as duas partes (transação ganha-ganha: atributo político) — tudo isso indica que vale a pena comprar (esporte, saúde e bem-estar: o atributo espiritual). Pense sobre essas dimensões dos modos da marca e como aplicá-las ao seu trabalho. Converse com os clientes — como indivíduos, não como operações comerciais ou meios para se atingir um fim.

5. Faça do mundo um lugar melhor para você

Seja tão generoso quanto severo consigo mesmo. Esta parte do livro enfoca a necessidade de se cuidar do próprio desenvolvimento. Ninguém pode assumir essa tarefa por você. Nós o incentivamos a manter a mente aberta — tente fazer descobertas, uma de cada vez, e então imagine de que modo elas se encaixam. Você é o único juiz do valor desse esforço.

Auto-estima, decisões, comportamento e competência

Comece pela sua auto-estima: você não pode progredir sem primeiro se reconciliar consigo mesmo. Aperfeiçoe a sua aptidão para tomar decisões, aliando a sua capacidade de analisar com a de julgar — que o faz sentir qual é a atitude correta. A regra do "jogo de tênis" interior é que não é possível tornar-se um grande tenista controlando a raquete com a mente — simplesmente porque existem variáveis demais para gerenciar. Você deve abrir mão do controle e confiar nos seus instintos; o seu subconsciente pode fazer um trabalho melhor do que o seu racional jamais faria! Trabalhe o seu comportamento. Tenha em mente que há sempre algum aspecto que não pode ser atribuído aos processos cerebrais — existe algo além do pensamento consciente. Por fim, desenvolva as suas qualidades, equipando-se o melhor possível para ocupar o lugar que lhe pertence no mundo. Assim, experimente tomar decisões e agir de forma não consciente. Os sistemas abertos sofrem mudanças à medida que o contexto se altera — portanto aprendem com a experiência. O mesmo não acontece com os sistemas fechados. Transforme o seu comportamento num sistema aberto, em que o índice de aprendizado é sempre maior do que o de mudança.

O impacto do comportamento

Conscientize-se de que a natureza e a intensidade do seu comportamento afetam os outros. Dentre os elementos positivos do comportamento podemos citar: interesse, entusiasmo, prazer, alegria. Os elementos negativos associam-se a sofrimento, angústia, raiva, hostilidade, receio, terror, vergonha, humilhação, desprezo e repugnância. Os comportamentos neutros são: surpresa e susto.

Aprenda com a sabedoria dos outros: 40 temas para reflexão

Nas organizações, nós deparamos freqüentemente com os aspectos racionais, emocionais e políticos da vida. Para obter um crescimento real, desenvolva sem pressa o seu lado espiritual — no sentido empregado neste livro. Trate o assunto como algo independente de quaisquer crenças religiosas. Leia os temas abaixo — um por dia — e medite sobre o que significam para você. Talvez lhe agrade fazer algumas anotações para ajudá-lo a organizar os pensamentos e progredir à medida que esses evoluírem. Deliberadamente, não apresentamos os temas numa ordem racional. O objetivo é auxiliá-lo estimulando a reflexão sobre os seus próprios processos de descoberta pessoal.

- A lógica é uma grande enganadora — e portanto não é necessariamente a melhor maneira para fazermos as coisas.
- Este mundo precisa, mais do que de qualquer outra coisa, de pessoas que possam julgar por si mesmas.
- As pessoas evitam correr riscos por medo das sanções.
- Trate as pessoas como indivíduos donos do próprio nariz.
- Reconheça a existência de dois mundos: o visível e o invisível — este último é mais sentido do que conhecido.
- Dentre os principais ingredientes para o desenvolvimento pessoal destacam-se: confiança, reconhecimento, auto-expressão e individualidade.
- O nosso comportamento é regido pelos instintos, pelas emoções e pela mente.
- A transformação pessoal requer equilíbrio e harmonia entre instinto, emoção e pensamento.
- Existem no homem faculdades e poderes latentes que estão enterrados há muito sob o peso do raciocínio lógico.

- Não basta saber, é preciso também ser.
- A nossa capacidade de trabalho depende do modo como nos conectamos às fontes de energia dentro e para além de nós.
- O conhecimento é inútil se não houver o ser.
- Sinta na mesma medida em que pensa... sem medo e sem orgulho.
- A verdadeira harmonia não está em ser ativo nem passivo, mas sim num terceiro estágio que abrange qualidades tão diversas como amor, liberdade e ordem, reconciliação e verdade.
- Sem sacrifício nada se alcança.
- Procure ver a si próprio, porque os outros não podem mostrar você a você mesmo.
- Você já tem conhecimentos demais — que permanecerão meramente teóricos a menos que você aprenda a compreender não com a mente, mas com o coração e o corpo.
- A vida só é real quando eu o sou.
- O mundo que não vemos é mais real do que o mundo que vemos.
- A ânsia de sobreviver nos impede de viver no presente.
- O ócio oriental consiste em sentar-se ao sol, beber chá e não fazer nada. O ócio ocidental consiste em abarrotar a vida com atividades sem importância para que não sobre tempo para o enfrentamento dos problemas reais.
- Nada na vida tem caráter duradouro. Só existe uma lei do universo que nunca muda: a de que todas as coisas mudam e são impermanentes.
- Nós morremos de medo de abrir mão do controle. Na verdade, morremos de medo de viver, porque aprender a viver implica aprender a abrir mão do controle. Arrisque-se.
- Se for esperto demais, você poderá acabar sem entender coisa alguma.
- Tudo está inextricavelmente ligado, nós temos de ser responsáveis por tudo o que fazemos, dizemos e pensamos, pois tudo isso exerce impacto sobre o mundo como um todo.
- Cada ação, mesmo a mais pequena, é prenhe de conseqüências. O *karma* é a nossa capacidade de criar e de mudar.
- A ação negativa apresenta um aspecto positivo: pode ser purificada.
- Você é o que você foi e será o que você faz agora.
- Cada ser humano é uma parte do todo que chamamos de "universo", uma parte limitada no tempo e no espaço. Nós percebemos a nós mesmos, aos nossos pensamentos e sentimentos como algo distinto, separado de todo o resto — uma espécie de ilusão de ótica da nossa consciência. A ilusão é uma forma de prisão, pois nos restringe aos nossos desejos pessoais e à afeição por algumas poucas pessoas que nos rodeiam. A nossa tarefa deve ser libertarmo-nos dessa prisão ampliando os nossos círculos de compaixão, de modo a abranger todas as criaturas vivas e toda a natureza em sua beleza.

O empregado   317

- O ego é a ausência do verdadeiro conhecimento de quem realmente somos — e o resultado dessa ausência.
- Reconheça as virtudes oníricas da vida: pratique a generosidade para com todos os seres. Ame e tenha compaixão, não importa o que lhe façam.
- É a mente que cria tanto a felicidade quanto o sofrimento. Nós não percebemos a sua natureza em razão de quatro fatores: ela está próxima demais para que possamos reconhecê-la, é profunda demais para que possamos penetrá-la, é simples demais para que possamos acreditar nela e é maravilhosa demais para que possamos contê-la.
- A maneira como vivemos hoje pode custar-nos todo o futuro.
- Quando tiver pressa, vá devagar.

> - "Para ver o Mundo num Grão de Areia
> E numa Flor do Campo o Firmamento,
> Contenha o Infinito nu'a mancheia,
> E a Eternidade num breve Momento."
> William Blake

- Os ensinamentos de todos os caminhos místicos do mundo deixam claro que existe dentro de nós um enorme reservatório de poder, o poder da sabedoria e da compaixão, o poder do que Cristo chamou de Reino dos Céus.
- Faça o que você faz melhor.
- As emoções fundamentais são o amor e o medo — escolha qual das duas será o seu guia.
- Nada de culpa, nem de julgamento.
- As coisas são o que são. "Quando como, como; quando durmo, durmo" — ditado zen.
- O esforço tende a produzir mais esforço. Menos esforço significa mais luz.
- Fé, esperança e caridade. O que significa ser caridoso?
- "Assim como sou, tu serás" — inscrição numa igreja italiana, referindo-se à Trindade.

Tendo feito todas essas reflexões, elabore um diagrama com tudo o que você sentiu ser importante e tente pautar a sua vida em conformidade. Na Ilustração 59 mostramos o que essa meditação significou para um de nós, autores. Cabe a você formular as suas próprias questões e descobrir as suas próprias respostas!

6. O que as dimensões racional, emocional, política e espiritual significam para você

Do modo mais consciente possível, procure aplicar essas quatro dimensões na sua vida profissional. Nós acreditamos que elas constituem leis naturais e que podem proporcionar um grande benefício para você. Depois que apren-

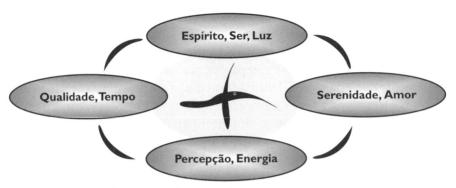

Ilustração 59 *Descoberta pessoal — uma ilustração.*

der a utilizá-las, você poderá adotá-las na experiência do cliente e também nos modos da marca. Você não pode mudar sozinho a empresa em que trabalha, mas pode mostrar o caminho. A ênfase precisa ser colocada no mostrar, não no contar. Tornando-as pessoais, as suas experiências deixarão de parecer ameaçadoras para os outros e despertarão a curiosidade e o interesse deles. Com a ajuda de algumas das outras idéias apresentadas neste livro, você pode mudar a sua vida e o mundo para melhor.

7. Torne a novela da empresa tão emocionante quanto a história pessoal — trabalhe por esporte

Abrigue em seu coração a idéia de novela corporativa — tente entusiasmar-se com a sua vida profissional a ponto de torná-la tão gratificante quanto os outros planos da sua vida. Tente o caminho "baixa pressão, alto desempenho"; levando o trabalho a sério, mas sem perder a leveza, você pode transformar as suas experiências diárias numa espécie de esporte, principalmente quando elas afetam os seus clientes. Perceba que você é a pessoa mais importante da organização. Se você seguir alguns dos caminhos para a descoberta pessoal que nós apontamos, confiamos que você colherá o enorme dividendo de uma maior autoconfiança. Faça desse um processo de aprendizado contínuo — se você não estiver aprendendo, mude de atividade. Confie em si mesmo e estimule a autoconfiança dos outros.

8. Por que o indivíduo é rei (ou rainha)

Nós acreditamos que as organizações são boas apenas na medida em que propiciam o desenvolvimento do seu pessoal — do potencial latente de cada indivíduo. Este "manual de procedimento" sugere maneiras para você desvendar os seus talentos ocultos. A empresa não pode substituí-lo nessa tarefa. Você tem de assumir a responsabilidade de fazer isso por si mesmo!

Capítulo 32

O gerente

O caminho dos modos da marca define diretrizes para o gerente transformar os modos da marca em realidade. Essas diretrizes devem ser consideradas em conjunção com outros procedimentos do "manual". A agenda dos modos da marca para o gerente compreende os cinco pontos mostrados abaixo.

Corroborando as idéias do caminho dos modos da marca, temos os seguintes pontos:

1. O potencial do cliente e do empregado

Os modos da marca adquirem vida cada vez que um dos seus empregados entra em contato, direta ou indiretamente, com um cliente. Tendo preparado as ações e os processos necessários para entender o cliente e prever suas necessidades, o papel do gerente é construir e conduzir a capacidade requerida para realizar e ultrapassar as promessas inerentes à marca de forma constante.

Os indivíduos podem trabalhar para realizar todo o seu potencial, mas é preciso que a organização os auxilie. É ela que deve servir àqueles que servem o cliente e o dividendo real advém da criação da autoconfiança que permite aos empregados assumir riscos calculados em favor dos clientes e de si mesmos. Dominic Houlder, da London Business School, usa estruturas (Ilustração 60) para mostrar como administrar a sua vida como se fosse uma empresa.

Administre a sua vida como você administra a sua empresa

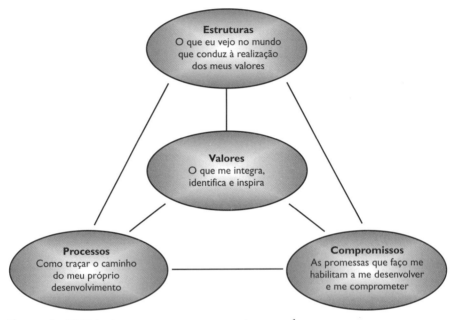

Ilustração 60 *Estruturas, processos, compromissos e valores.*

As estruturas são definidas como "O que eu vejo no mundo que seja conducente à realização dos meus valores". É tudo uma questão de manter uma postura mental voltada para os modos da marca que também reflitam a visão de ordem mais elevada que o indivíduo tem para a sua vida pessoal ou profissional — a dimensão racional. Os processos são "Como traçar o caminho do meu próprio desenvolvimento". Alinhando a pauta pessoal com a da empresa, você, como gerente, pode produzir uma energia enorme na organização. Isso pode ser atrelado à causa dos modos da marca. Assim como os processos precisam ser disponibilizados na organização para aperfeiçoar a experiência do cliente, os indivíduos precisam traçar os caminhos do seu próprio desenvolvimento e é tarefa sua treiná-los e ajudá-los — a dimensão política.

Os compromissos incluem "As promessas que faço me habilitam a me desenvolver e me comprometer". Isso traduz as pautas da empresa e pessoal para a realidade — a dimensão emocional. Por fim, os valores são "O que me integra, identifica e inspira". Essa é a nossa pauta espiritual de ordem mais elevada que, acreditamos, detém o segredo não só da realização pessoal, mas também do trabalho numa organização aperfeiçoada e de um mundo melhor para os clientes e para os empregados. Fazendo esse trabalho, você pode ajudar os indivíduos a cerrar fileiras com a organização.

2. O seu papel como gerente

Ajudar a desenvolver o sonho, que produzirá resultados de ordem elevada e modos da marca aperfeiçoados. Prepare os processos da organização, as recompensas, os sistemas e comportamentos para atingir esse objetivo. Concentre-se constantemente no treinamento do seu pessoal. Jamais gerencie com base no medo — concentre-se nos atributos positivos do comportamento, baseado mais em amor e integridade. Ajude os indivíduos a descobrirem a si mesmos. Ajude-os a se tornarem embaixadores da marca. Ajude a criar o drama corporativo que provocará a imaginação da organização.

Use técnicas de programação neurolingüística para gerenciar as interações e nas comunicações. Ao gerenciar pessoas, leve as pistas não-verbais muito a sério. O que você diz exerce menos de um décimo do impacto total sobre o seu interlocutor — o resto fica por conta da sua voz e dos sinais corporais.

Reconheça que as pessoas filtram suas experiências. Identifique com qual dos três estilos preferidos de pensamento você está lidando. Entre 50%

"Você não tem iniciativa nem ambição, Higgs, então eu o estou promovendo a meu substituto!"

Figura 10 *"Promoções"*.

e 55% das pessoas são "visuais" — estas costumam usar expressões como "Estou vendo aonde você quer chegar. Mostre mais um pouco dessa idéia, porque parece muito boa". Elas tendem a levantar a cabeça e olhar para cima quando estão raciocinando (Ilustração 61).

Fonte: A. Bradbury, Develop Your NLP Skills.

Ilustração 61 *Imagem visual, visualização e memória visual.*

Com essas pessoas, você precisa usar imagens para se comunicar com eficácia. Entre 20% a 30% dos trabalhadores são "ouvintes" — e costumam dizer: "Eu ouvi o que você disse e... soou bem. Conte mais." Elas tendem a olhar da esquerda para a direita quando pensam (Ilustração 62).

Fonte: A. Bradbury, Develop Your NLP Skills.

Ilustração 62. *Imagem auditiva, diálogo interno e memória auditiva.*

Elas respondem bem ao discurso e tendem a tomar decisões sobre o que ouviram. Cerca de um quarto da população é cinestésico e opera basicamente com as sensações — tanto físicas quanto emocionais. Então você ouvirá os cinestésicos dizerem: "Percebo o que você quer dizer... sinto que está certo. Gostaria de apreender os detalhes." O movimento dos olhos tende a ser na direção do canto inferior esquerdo (Ilustração 63).

Elas tendem a ser empáticas e gostam de ter tempo para elaborar o que sentem em relação a alguma coisa antes de agir. Compreenda a si mesmo e os efeitos que exerce sobre os outros.

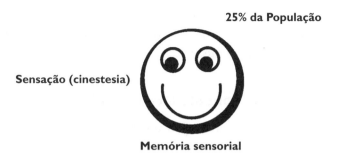

Fonte: A. Bradbury, Develop Your NLP Skills.
Ilustração 63 *Memória sensorial*.

Nós apresentamos essas técnicas, embora de forma breve e resumida, porque acreditamos que elas podem exercer um impacto significativo sobre a eficácia das suas qualidades e estilo de gerenciamento.

3. Autoconfiança versus comando e controle

Gerenciar com base no medo ainda constitui a norma na maioria das organizações, por ser o modo mais fácil e quase sempre mais confortável de administrar. Associada à mentalidade de "arranje alguém que possa", pode minar os modos da marca completamente, à medida que o medo se espalhar pela organização, paralisando as iniciativas individuais, tolhendo o desenvolvimento e deixando todos infelizes. As pessoas podem operar com 50% de seu potencial ou até menos.

Em contraste, a organização autoconfiante tem no centro o empregado que lida com o cliente e o restante da empresa lhe dá suporte, agregando valor. A autoridade deve fluir da base para o topo na organização porque o indivíduo tem condições de atuar com um mínimo de 80%, podendo chegar a 120%, de seu potencial. Quando os indivíduos têm confiança em si mesmos, e a organização é autoconfiante, a visão de ordem mais elevada conduzirá naturalmente a modos da marca aperfeiçoados. Isso não significa que não haja disciplina — longe disso. Os níveis de autoridade e as regras do jogo devem ser claros. Contudo, as pessoas têm um nível de liberdade que lhes permite assumir riscos calculados e a empresa aprende maneiras melhores de servir o cliente todo o tempo.

O seu papel aqui é conduzir a transição do modelo comando e controle para o de autoconfiança, sem cair na Vala! Se a sua organização já opera no espaço autoconfiante, o seu papel é concentrar-se em promover o aperfeiçoamento contínuo da experiência do cliente mobilizando, treinando e motivando o seu pessoal. Concentre-se em gerenciar as dimensões racional, emocional, política e espiritual. Desenvolva um espírito administrativo que capte a essência do sonho e do drama corporativos, construídos sobre liderança e confiança. Construa *karmas* pessoal e corporativo positivos.

4. Visão, vontade e capacidade

Os três indicadores de sucesso por seguir o caminho dos modos da marca são a visão, a vontade e a capacidade. Mantenha-se à frente com a sua interpretação da visão que flui das metas de ordem mais elevada, o sonho dos modos da marca e o drama corporativo. Demonstre a vontade para promover a mudança e inspire os outros a fazer o mesmo. Isso inclui cuidar da dimensão política, bem como das outras três. Essas são necessárias para você ajudar a construir a capacidade de oferecer modos da marca aperfeiçoados.

5. A tecnologia a serviço do cliente

Adote integralmente a tecnologia, mas cuide para que ela atenda primeiramente às necessidades do cliente e em seguida as dos empregados. Certifique-se de que a tecnologia se concentra no que é necessário para primeiro aumentar a satisfação do cliente e só num segundo momento, para reduzir os custos. Jamais corra o risco de afastar seus clientes.

Capítulo 33

Os clientes

Nosso último "manual" de procedimentos se destina aos clientes. A pauta é esta que apresentamos a seguir.

1. Faça do mundo um lugar melhor

Nas sociedades de consumo ocidentais, o cliente é mesmo o rei. Esse privilégio deveria vir acompanhado da responsabilidade pessoal (direitos normalmente implicam deveres). Muito já está acontecendo a esse respeito — das preocupações dos "verdes", passando pelas preocupações com o trabalho infantil e com as espécies ameaçadas, até os esforços para se reduzir o impacto das guerras, doenças e fome. O que nós gostaríamos que você, consumidor, fizesse é o seguinte:

1. Seja seletivo em relação ao que compra e o impacto que isso exerce sobre a sua família e os seus amigos.
2 Seja muito exigente quando se tratar de serviços e desempenho em relação às promessas inerentes da marca.

326 EM SINTONIA COM A MARCA

3. Mostre o caminho, exercendo um papel construtivo de modelo para que os empregados que você encontra aprendam por meio da interação adulto/adulto.

Assim, defenda os princípios dos modos da marca e use sempre algumas das dicas que você talvez tenha aprendido neste livro para mudar as coisas para melhor.

2. Rompa as barreiras

Ajude as organizações a entender como você gostaria de viver, para que elas possam prever as suas necessidades por meio do desenvolvimento contínuo de produtos e serviços que o ajudarão a levar uma vida mais gratificante. O que entusiasma nas novas tecnologias é que elas podem ajudar a unir as pessoas e fazê-las se comunicarem melhor, se forem usadas apropriadamente. Ajude a romper as barreiras, estimulando o desenvolvimento de uma vida melhor para o máximo possível de pessoas. Viva uma vida plena.

3. O espírito do cliente

Pense sobre o que as dimensões racional, emocional, política e espiritual significam para você. Preste especial atenção aos quarenta temas para reflexão propostos aos empregados e que visam ao desenvolvimento espiritual. Como é você que comanda a maioria das mudanças, é sua a responsabilidade de garantir que os recursos das organizações sejam direcionados para a melhoria das coisas. Se você preferir negligenciar o que realmente interessa e se preocupar com coisas cada vez mais insignificantes, então jamais surgirão mais bens e serviços significativos. Numa economia cada vez mais globalizada, o que você faz pode exercer um efeito maior sobre as empresas do que nunca antes, então use esse privilégio sábia e eficazmente.

4. Exija mais; jamais se contente com o ruim

É difícil fazer o esforço de jamais aceitar um serviço ruim. Contudo, isso está ficando mais fácil com o advento da Internet e a possibilidade de compartilhar informações em tempo real sobre o desempenho de produtos e serviços. As salas de bate-papo virtual são ótimas para trocar experiências. E os bancos e outras instituições perceberão que suas tenebrosas centrais telefônicas e sistemas de atendimento de telefone computadorizado estão longe de agradar você! Cada vez mais, nós somos todos consumidores, acionistas e empregados, o que significa que não estamos presos a um papel único e temos o direito de exigir o melhor. Não deixe os empregados dizerem que a culpa não é deles, mas sim do patrão. Todos precisamos ser responsáveis pelo que fazemos.

5. Consumidor consciente — o "naderismo" dos anos 2000

Ralph Nader iniciou o movimento dos consumidores nos EUA nos anos 1960. Nós precisamos, como clientes, recusar o serviço/produto de má qualidade de maneira que as organizações entendam. Novamente, a situação está se virando a nosso favor, com a privatização crescente e o escrutínio das empresas. O modo mais eficaz de promover mudanças é você trocar de fornecedores. Com os clientes as abandonando aos bandos, as empresas com mau desempenho serão forçadas a confrontar a mudança. Não apenas isso, nós estamos entrando na era do "marketing de permissão", em que você tem um poder crescente de decidir quais marcas podem comunicar-se com você e em que termos. Isso galvanizará as empresas como nunca aconteceu antes.

Ao lidar com as organizações, engaje os empregados num nível individual — não mine seu respeito próprio, mas, ao invés, estimule sua auto-estima. É quase sempre melhor usar humor e tentar descobrir como você pode influenciar, em vez de discutir com eles. Ajude o empregado a ajudar você.

6. Modos da marca para o resto da vida!

Nós esperamos que você tenha extraído algum valor da nossa tese sobre os modos da marca. Concentrando-nos no indivíduo e no potencial pessoal, nós oferecemos orientação para que cada leitor seja um ator nesta excitante peça que se desdobra aos poucos. A partir da marca, passando pelo sonho e chegando até cada pessoa que desempenha um papel valioso, nós buscamos mostrar maneiras pelas quais a vida pessoal e a profissional podem ser aprimoradas. E existe um espaço considerável para aprimoramento.

Todos nós temos coisas que nos tiram do sério — como as esteiras rolantes do aeroporto Heathrow que nunca funcionam, o serviço computadorizado de rádio-táxi que nos trata como se fôssemos números, o banco que costumava prestar um bom serviço e parou em virtude de reorganização, os empregados que têm o maior prazer em dizer não ... a lista é interminável!

Mas tudo isso representa uma enorme oportunidade para aperfeiçoamento. Nós acreditamos que o ponto vital aqui está no modo como se presta o serviço/produto e na criação de organizações autoconfiantes em que os empregados desfrutem uma vida profissional estimulante e gratificante, resultando numa experiência melhor para você, cliente. O seu papel em tudo isso, como cliente que lida com organizações autoconfiantes em que os empregados têm um alto nível de dignidade, é ajudar-nos a viver uma vida melhor e a nos conscientizar de que os modos da marca são para o resto da vida!

Conclusão

Para fazer do mundo um lugar melhor

Os modos da marca são para o resto da vida, para que possamos, como consumidores, tanto usufruir quanto contribuir para um mundo melhor e, como empregados, desfrutar uma vida mais rica e estimulante no trabalho. Quando assumimos pessoalmente a responsabilidade pelo nosso desenvolvimento e pelo relacionamento com os clientes nas quatro dimensões — a racional, a emocional, a política e a espiritual —, todos podemos experimentar um contentamento crescente com a nossa maneira de viver. Para o indivíduo, existe a recompensa do respeito próprio, da auto-estima e da satisfação. Para a empresa, existe a recompensa de ingressar no espaço administrativo da organização "autoconfiante", que a faz deixar os principais concorrentes bem para trás. Dentro da sociedade, o indivíduo, a empresa e o cliente devem desempenhar papéis mais responsáveis e valiosos.

Os modos da marca abrangem um leque amplo e rico que se inicia no "Livro da Vida", passa pelo "Caminho dos Modos da Marca" e pelos "Ciclos de Aperfeiçoamento" até chegar aos "Manuais de Procedimento" — numa trajetória que o diagrama dos modos da marca mostrado na Ilustração 64 resume. Cada empregado — assim como cada cliente e cada empresa — é diferente em inúmeros aspectos. Alguns se beneficiam no nível pessoal, outros extrairão algumas idéias revolucionárias que farão uma tremenda diferença na vida das pessoas e outros ainda talvez queiram promover todo um programa ou um processo permanente de aperfeiçoamento dos modos da marca. Nós prevemos a necessidade de um Instituto de Modos da Marca para auxiliar a fornecer *feedback* dos e para os clientes, dando suporte à jornada de aprimoramento. Diferentemente dos programas de qualidade existentes, esse focalizaria o desempenho conforme percebido pelos clientes e não os processos internos da empresa.

330 EM SINTONIA COM A MARCA

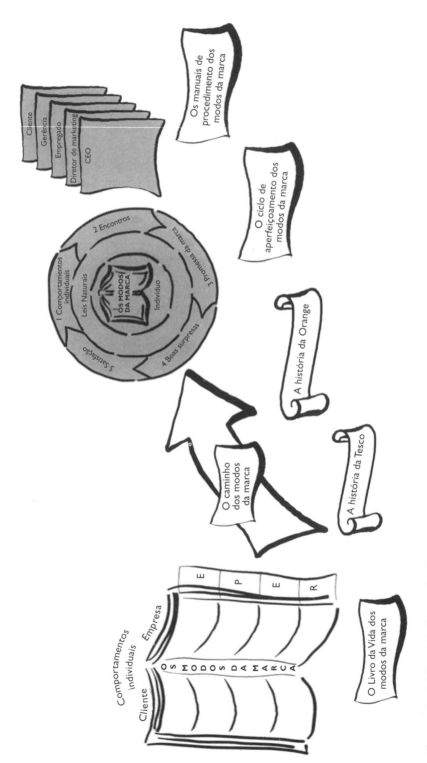

Ilustração 64 *Sumário dos modos da marca.*

Nós realmente incentivamos você a ler o livro inteiro, em vez de apenas "dar uma espiada" nos capítulos que mais evidentemente se relacionam com as suas áreas de interesse.

A razão é que os modos da marca requerem que cada um de nós examine a própria vida, analisando todos os seus ângulos, para entender como os elementos se inter-relacionam. Nós esperamos que o livro atraia a atenção de pelo menos quatro tipos-chave de leitor: os administradores, os profissionais de marketing e comunicações, os acadêmicos e os numerosos indivíduos que simplesmente buscam desenvolvimento pessoal. Nós gostaríamos de receber os seus comentários e sugestões através do nosso *website*:

www.accenture.com/xd/xd.asp?it=enweb&xd=industries%5Cproducts%5Cretail%5Creta_brand.xml

Felicidade é isso: é dissolver-se em alguma coisa completa e magnífica.

Willa Cather

Bibliografia

Access Survey, BMRS telephone omnibus 1999

Scott Adams, *The Dilbert Principle*, Boxtree/Macmillan Publishers Ltd (1997).

Júlio Rocha do Amaral, MD e Renato M.E. Sabbatini, PhD, *The Sugar Pill.*

Tim Ambler, *Marketing and the Bottom Line,* Financial Times/Prentice Hall (2000).

Chris Agyris e Donald A. Schon, *Theory in Practice — Increasing Professional Effectiveness,* Jossey Bass, (1974).

B.P. Bapkin, *Pavlov*, Victor Gollancz (1951).

Michael Franz Basch, *Understanding Psychotherapy: The Science Behind the Art*, Basic Books, uma subsidiária de Perseus Books (1988).

Michael Franz Basch, *Doing Brief Psychotherapy*, Basic Books, uma subsidiária de Perseus Books (1995).

Warren Bennis, *Organising Genius: The Secrets of Creative Collaboration,* Nicholas Brealey Publishers (1997).

Eric Berne, M.D., *Games People Play*, Penguin Books (1970).

Susan Blackmore, *The Meme Machine*, Oxford University Press (1999).

Andrew Bradbury, *Develop your NLP Skills*, Kogan Page (1997).

William Bratton e Peter Knobler, *Turnaround*, Random House (1998).

Tim Broadbent, *Advertising Works II*, NTC Publictions (2000).

Stanley A. Brown, *What Customers Value Most*, John Wiley & Sons (1995).

Jeremy Bullmore, *Behind the Scenes in Advertising*, segunda edição, NTC Publications (1998).

Leslie Butterfield, *Excellence in Advertising*, segunda edição, Butterworth Heinemann em associação com o IPA (1999).

Tony Buzan e Barry Buzan, *The Mindmap Book,* BBC Books (1993).

Robert D. Buzzell, John A.Quelch e Christopher A. Bartlett, *Global Marketing Management: Cases and Readings*, terceira edição, Addison Wesley Publishing Company (1994).

334 EM SINTONIA COM A MARCA

Robert Carroll e Stephen Prickett (orgs.), *The Bible: Authorized King James Version*, Oxford Paperbacks (1998).

Caviar Statistics on films in 1998, 1999.

David Clutterbuck, com Dez Dearlove e Deborah Snow, *Actions Speak Louder,* Kingfisher (1992).

James C. Collins e Jerry I. Porras, *Built to Last: Sucessful Habits of Visionary Companies*, Random House (1998).

Co-operative Employee Survey, março de 1998, Consumers' Association.

John Dalla Costa, *Working Wisdom, Stoddart (1995).*

Steven R. Covey, *Principle-Centred Leadership*, Simon and Schuster (1991).

Steven R. Covey, *The Seven Habits of Highly Effective People — Powerful Lessons in Personal Change*, Simon and Schuster (1998).

Steven R. Covey, *Living the 7 Habits — Stories of Courage and Inspiration*, Simon and Schuster (1999).

Hilaire Cunny, *Ivan Pavlov - His Theories*, Editions Seghers (1962).

Frank Dick, OBE, *Winning*, Abingdon (1992).

Charles Dickens, *Hard Times*, Penguin Books (1997)

Peter Doyle, *Marketing Management and Strategy*, segunda edição, Prentice Hall (1998).

Peter Doyle, *Value-based Marketing*, John Wiley and Sons (2000).

Tom Duncan e Sandra Moriarty, *Driving Brand Value*, McGraw Hill (1997).

Electronic Telegraph, *Marks and Spencer Sues Over Child Labour Claim*, 25 fev. 1998.

Susan Estrich, *What´s Driving New York´s Crime Rate Down?*, Harvard Law School.

FAA Enforcement Actions — Violations of 14 CER 91.11, *Unruly Passengers —* Quarterly Reports for Calendar Year 2000.

Future Foundation/Consumers´ Association/Richmond Events, *What do People Want from Their Ideal Company?* Richmond Events Limited (1999).

W. Timothy Gallwey, *The Inner Game of Tennis*, Random House (1974).

Howard Gardner, *Leading Minds*, HarperCollins (1996).

Malcolm Gladwell, *The Tipping Point*, Little, Brown and Company (2000).

Erving Goffman, *The Presentation of Self in Everyday Life*, Penguin (1959).

Francis J. Gouillart e James N.Kelly, *Transforming The Organization*, McGraw Hill (1995).

Lynda Gratton, *Living Strategy*, Prentice Hall (2000).

John Grays, *Women are from Venus, Men are from Mars*, HarperCollins (1992).

Charles Handy, *The Empty Raincoat*, Arrow (1994).

Charles Handy, *The Hungry Spirit — Beyond Capitalism a Quest for Purpose in the Modern World*, Hutchinson Arrow Books Limited (1997).

The Henley Centre, *Planning for Social Change*, The Henley Centre (1998).

James L. Heskett, W. Earl Sasser Jr e Leonard A. Schlesinger, *The Service Profit Chain*, Free Press (1997).

Howard League for Penal Reform fact sheets numbers 1, 2 and 29.

Dominic Hughes e Benedict Phillips, *The Oxford Union Guide to Sucessful Public Speaking*, Virgin Publishing (2000).

David Jobber, *Principles and Practice of Marketing*, segunda edição, McGraw Hill (1998).

John Philip Jones, *When Ads Work: New Proof That Advertising Triggers Sales*, Lexington Books (1995).

Charles Jonscher, *Wired Life*, Bantam Press (1999).

Debrah Kania e Beth Yaeckel, *Internet World Guide to One-to-One Web Marketing*, Cliff Allen, John Wiley & Sons (1998).

Jean Noel Kapferer, *Strategic Brand Management*, Kogan Page (1995).

Andrew Karmen, 'What´s driving New York´s crime rate down? Is improved policing responsible for the sharp drop in murder rates?', *Law Enforcement News*(1996).

John R. Katzenbach e Douglas K. Smith, *The Wisdon of Teams — Creating the High Performance Organisation*, Harvard Business School Press (1994).

Nick Kendall, *Advertising Works 10*, NTC Publications (1999).

Charles Kingsley, *The Water-babies,* Puffin Books (1995).

Naomi Klein, *No Logo*, HarperCollins (2000).

Philip Kotler, *Kotler on Marketing: How to Create, Win, and Dominate Markets*, Free Press (1999).

Jesper Kunde, *Corporate Religion*, Financial Times/Prentice Hall (2000).

Karen Leland e Keith Bailey, *Customer Service for Dummies*, IDG Books World Wide (1995).

Brian MacArthur, *How the Express Stole the Mail´s Star Man*, 7 Jan. 2000.

Chris Macrae, *The Brand Chartering Handbook,* Addison-Wesley (1996).

Thomas Maier, *Dr.Spock: An American Life*, Harcourt (1998).

David H. Maister, *Managing the Professional Service Firm*, Free Press Paperbacks (1993).

Albert Mehrabian, *Silent Messages* (1971).

MORI Data on *Corporate Reputations — Familiarity vs. Favourability* (1999).

336 EM SINTONIA COM A MARCA

Ralph Nader, *Unsafe at Any Speed: The Designed-in Dangers of American Automobiles*, Grossman (1965).

Nicholas Negoponte, *Being Digital*, Hodder and Stoughton (1995).

Kjell A. Nordstrom e Jonas Ridderstrale, *Funky Business*, FT.com

NYSE — Press Releases and Quaterly Reports www.nyse.com

New York Times, 'Obituary of Dr. Benjamin Spock' (1998).

Office of National Statistics — *Gross Domestic Product by Industry Groups at Factor Cost: Current Prices, 1991 and 1996: Regional Trends Dataset*.

Office of National Statistics Report (99) 78 1999, *Marriage and Divorce in England and Wales in 1996*.

Office of National Statistics *Labour Market Statistics: By Sub-region, 1997-98, 1998: Regional Trends Dataset*.

Wolf Olins, *Guide to Corporate Reputations*, Design Council (1990).

Richard Paschale, *Managing on the Edge*, Penguin (1990).

Tom Peters e Nancy Austin, *A Passion for Excellence*, Fontana (1986).

Tom Peters, *Liberation Management*, Knopf (1992).

Hamish Pringle e Marjorie Thompson, *Brand Spirit*, John Wiley & Sons (1999).

Proshare — London Stock Exchange Quaterly Dec. 1998 and Transactional Survey June 1998 www.proshare.co.uk

Julian Richer, *The Richer Way*, terceira edição, Julian Richer (1996).

Frederick F. Richheld, *The Loyalty Effect*, HBS Press (1996).

Matt Ridley, *Genome*, Fourth Estate (1999).

ROAR, *Trust a Little — Trust a Lot*, ROAR (1999).

Saatchi & Saatchi/Taylor Nelson AGB Omnimas, *Kid Connection — What purchases do kids influence* (1998).

Samaritans' Reports on *Young men speak out, Exploring the Taboo, Real People 1998-1999*

Arthur K. Shapiro e Elaine Shapiro, *The Powerful Placebo*, John Hopkins University Press (1997).

Mandy Shaw e Ken Pease, Central Research Unit Report: *Preventing Repeat Victimisation in Scotland: Some examples of good practice*, Scotish Official Publications (2000).

Bernd H. Shmitt, *Experimental Marketing — How to get customers to sense, feel, think, act, relate to your company and brands*, Simon and Schuster Inc (1999).

Paul Southgate, *Total Branding by Design*, Kogan Page (1994).

Mary Spillane, *Branding Yourself*, Pan Books (2000).

Dr. Benjamin Spock, *Baby and Child Care*, Simon & Schuster (1946).

Dr. Benjamin Spock, *The Common Sense Book of Baby Care,* Simon & Schuster (1993).

Gordon R. Sullivan e Michael V. Harper, *Hope is not a Method,* Broadway (1996).

Jeremy Swinfen-Green, *E-Media,* NTC Publications (2000).

Jim Taylor, Watts Wacker e Howard Means, *The 500 Year Delta — What happens after what comes next,* HarperCollins Publishers (1998).

Gillian Tett, *Japan's 'look before you leap' strategy to cut railway suicides,* publicado em 12 de maio de 2000, 16:54 GMT — FT.com

Edward Thorndike, *Laws of Psychology* (1910).

Robert Townsed, *Up the Organisation,* Fawcett (1983).

Sun Tzu, *A Arte da Guerra,* publicado pela Ed. Pensamento, São Paulo.

US Census Bureau www.census.gov — *Frequently Requested Tables from the Statistical Abstract of the United States (1999).*

US News, 15 de março de1998, *Interview with Benjamin Spock.*

Watts Wacker e Jim Taylor, *The Visionary's Handbook,* Capstone Publishing Limited (2000).

Robin Wight, *The Day the Pigs Refused to be Driven to Market,* Granada Publishing (1972).

James Q. Wilson e George L. Kelling, 'Broken Windows`, março de 1982 *in Atlantic,* revista mensal.

Michael J. Wolf, *The Entertainment Economy,* Penguin (1999).

Websites

Empresas

www.abbeynational.com
www.accenture.com
www.amazon.com
www.avis.com
www.bloomingmarvellous.co.uk
www.bpamoco.com
www.britishairways.com
www.bt.com (British Telecom)
www.burgerking.com
www.carphonewarehouse.com
www.coca-cola.com
www.cooperativebank.co.uk
www.daewoo-cars.co.uk
www.disney.com
www.disney.co.uk
www.dominos.com
www.euro.dell.com (Dell Computers European Website)
www.fedex.com (Federal Express)
www.gateway.com
www.genewatch.org (atua como vigilante dos alimentos geneticamente modificados)
www.HSBC.com
www.john-lewis-partnership.co.uk
www.jrtr.net (ferrovia japonesa)
www.kwikfit.co.uk (Kwikfit)
www.link.co.uk (rede The Link)
www.mcdonalds.com
www.monsanto.com
www.music3w.com
www.nike.com
www.nikebiz.com (o site da Nike que detalha suas diretrizes)
www.pharmacia.com

www.pizzaexpress.co.uk
www.press.britishairways.com (website da assessoria de
imprensa da British Airways)
www.ronseal.co.uk
www.saatchikevin.com (homepage de Kevin Roberts)
www.saturn.com (Saturn Car Company, revendedor GM)
www.tesco.co.uk
www.virtual-office.co.uk (The Virtual Office)
www.walmart.com

Mídia

www.bbc.com
www.bizjournals.com
www.boston.com (Boston Globe online)
www.businessweek.com
www.dallasnews.com
www.forbes.com
www.ft.com
www.guardianunlimited.co.uk
www.latimes.com (Los Angeles Times)
www.lhj.com (Ladies Home Journal)
www.nationalpost.com
http://news.bbc.co.uk/hi/english (BBC News)
www.private-eye.co.uk
http://seattlepi.newsource.com
www.smh.com.au (Sydney Morning Herald)
www.Sunday-times.co.uk
www.telegraph.co.uk
www.thealantic.com (Magazine)
www.theeconomist.com
www.the-times.co.uk
www.theseattletimes.com
www.usatoday.com
www.usnews.com

Associações e entidades

www.adassoc.org.uk (Advertising Association)
www.bba.org.uk (British Bankers Association)
www.bma.org.uk (British Medical Association)
www.british-franchise.org.uk (British Franchise Association)
www.faa.gov (Federal Aviation Authority)
www.franchise.org (International Franchise Association)
www.gmc-uk.org (General Medical Council)

www.igd.com (Institute of Grocery Distribution)
www.ipa.co.uk
www.isba.org.uk (Incorporated Society of British Advertisers)
www.mrc.ac.uk (Medical Research Council)
www.samaritans.org.uk
www.smmt.co.uk (The Society of Motor Manufacturers and Traders)
www.spunk.org (Consumer anarchist site)
www.the-dma.org (The Direct Marketing Association)

Organizações

www.FARMSOURCE.com
www.forrester.com (Forrester Research)
www.henleycentre.com
www.liberty-human-rights.org (Liberty Protecting Civil Liberties)
www.mentalhealth.org.uk (Mental Health Organisation)
www.mori.com (Markets & Opinion Research International — a maior agência independente de pesquisa do Reino Unido)
www.mtr.org (Museum of Television and Radio)
www.nop.co.uk
www.olympic.org (site oficial do Comitê Olímpico)
www.relate.org.uk
www.rice-research.org
www.the-fa.org (Website da FA)
www.unicef.org (Organização UNICEF)
www.warc.com
web.ukonline.co.uk/howard.league/index.html (The Howard League for Penal Reform)

Acadêmicos

www.ccir.ed.ac.uk (Centre for Communication Interface Research Group)
http://www.glenalmondcollege.co.uk/
www.hbs.edu (Harvard Business School)
www.hud.ac.uk/hhs/dbs/acq/index.htm (The Applied Criminology)
www.imperial.ac.uk/library/about-us/SMLASP (Science Museum Library Database)
http://library.wellcome.ac.uk (base de dados online da Wellcome Trust)
www.kcl.ac.uk (King's College, Londres)
www.london.edu (London Business School)
www.lse.ac.uk (London School of Economics)

Órgãos governamentais

www.dti.gov.uk (Department of Trade and Industry)
www.hm-treasury.gov.uk (Treasury Department)

www.homeoffice.gov.uk (The Home Office)
www.met.police.uk (Metropolitan Police Force)
www.open.gov.uk (principal website do governo)
www.standards.dfee.gov.uk (site do governo sobre padrões educacionais)
www.statistics.gov.uk (webpage de estatísticas do governo)
www.pub.whitehouse.gov
www.accenture.com/xd/xd.asp?it=enweb&xd=industries%5Cproducts%5Cre-tail%5Creta_brand.xml (Os Modos da Marca)

Outros

www.accenture.com/xd/xd.asp?it=enweb&xd=industries%5Cproducts%5Cre-tail%5Creta_brand.xml (website de Os Modos da Marca)
www.amazon.com
www.berg.demons.co.uk (Berg Publishers)
www.bl.uk (The British Library)
www.britannica.com (Enciclopédia Britânica)
www.btopenworld.com/default (Quote Finder)
www.encarta.msn.com (Enciclopédia)
www.etiquettesource.com
www.glfanclub.com (site do fã-clube de Guiding Lights)
www.google.com
www.johnmajor.co.uk (website não oficial de John Major)
www.m-n.com (dicionário)
www.maslow.org (acerca do trabalho de Maslow)
www.o-bible.com (Bíblia online)
www.randomhouse.com (Random House Publishers)
www.wileyeurope.com/wileyCDA (John Wiley & Sons)
www.zimbardo.com (home page de Philip Zimbardo)